JOHN C. WRIGHT
JUDI WRIGHT LASHNITS

Wenn Hunde machen was sie wollen

JOHN C. WRIGHT
JUDI WRIGHT LASHNITS

Wenn Hunde machen was sie wollen

und wie man sie davon abbringt

KOSMOS

Aus dem Amerikanischen übersetzt von Sabine Winkler, Werther.

Titel der Originalausgabe: „The Dog who would be King. Tales and Surprising Lessons from a Pet Psychologist“, erschienen bei Rodale Press, Inc. Emmaus, Pennsylvania 1999, ISBN 1-57954-002-3.

Published by Arrangement with John C. Wright, Ph.D. and Judi Wright Lashnits

Dieses Werk wurde vermittelt durch die Literarische Agentur Thomas Schlück GmbH, D-30827 Garbsen.

Umschlaggestaltung von eStudio Calamar unter Verwendung einer Aufnahme von Christof Salata/Kosmos.

Die Deutsche Bibliothek – CIP-Einheitsaufnahme
Ein Titelsatz für diese Publikation ist bei
Der Deutschen Bibliothek erhältlich

KOSMOS Postfach 10 60 11
D-70049 Stuttgart

TELEFON +49 (0)711-2191-0
FAX +49 (0)711-2191-422
WEB www.kosmos.de
E-MAIL info@kosmos.de

Gedruckt auf chlorfrei gebleichtem Papier

Für die deutschsprachige Ausgabe:

ISBN 3-440-08525-2
Redaktion: Angela Beck
Satz: TypoDesign, Radebeul
Printed in Czech Republic / Imprimé en République Tchèque
Druck und Binden: Těšínská Tiskárna, a. s., Český Těšín

Inhaltsverzeichnis

Wozu Hundepsychologie?

Ich kniete vor dem Aufbewahrungszwinger des Polizeireviers und bereitete mich auf einen weiteren Ausfall des Pitbulls drinnen vor. Trotz meiner bewusst scherzhaften Begrüßung – „Hallo, Bursche, braver Hund“ – war der drei Jahre alte Rüde eindeutig nicht daran interessiert, Freundschaft zu schließen. Er warf sich knurrend gegen den Zaun und biss in die metallene Barriere, die uns trennte.

Plötzlich erinnerte ich mich an eine Unterhaltung, die ich Monate zuvor mit einem texanischen Beamten geführt hatte, der gerade ein spezielles Gehege extra für Pitbulls baute. „Die verdammten Viecher können einen Maschendrahtzaun geradewegs durchkauen,“ sagte er mir. Die Einfriedung, die mich zurzeit von 45 Pfund knurrender Wut trennte, war nicht mit dem Gedanken an gereizte Pitbulls gebaut worden. Ich versuchte, nicht daran zu denken, während ich mit dem Test fortfuhr.

„Guuuter Hund,“ sagte ich. Aber der Hund griff wieder an. So viel zum Versuch der freundlichen Annäherung. Ich holte tief Luft und schlug einen anderen Ton an. Immer noch am Zaun kniend, lehnte ich mich etwas vor und starrte dem Hund direkt in die Augen. Ich senkte die Stimme und knurrte: „Wage ... es ... nicht ... mich ... anzusehen.“

Bei einer solchen Annäherung eines Fremden, die von vielen Verhaltensforschern als eine sehr milde Drohung betrachtet wird, werden freundliche Hunde typischerweise sogar noch freundlicher und unterwürfig: sie vermeiden Blickkontakt, wedeln mit dem Schwanz, grinsen, „verbeugen“ sich oder rollen sich auf den Rücken. Aggressive Hunde werden ungehalten.

Der Pitbull drehte durch. Seine Ausfälle wurden heftiger und Speichel tropfte von seinen Kiefern, als er wie wild am Zaun riss. Sein Blick bohrte sich in meine Augen, seine Zähne waren nur ein paar Zentimeter von meinem Hals entfernt. Wieder knurrte er wütend. Ich hatte keinen Zweifel daran, dass er mich in Stücke reißen würde, wenn er an mich herankommen könnte. Nur ein paar Tage zuvor war er, mit zwei anderen Pitbulls frei laufend, einem vierjährigen Jungen an die Kehle gegangen.

Ich gab nicht nach, als der Hund gegen den Zaun drückte. Dies war definitiv kein Job, den ich im Laufe meines Lebens noch viele Male tun wollte. Ich fragte mich, ob seine weiblichen Gefährtinnen in den angrenzenden Gehegen mit der gleichen Wut auf mich reagieren würden.

Endlich bekam ich das Signal meines Kollegen. Dankbar stand ich auf und wich für einen Moment vom Zwinger zurück, bevor ich zur nächsten Prozedur in meiner Rolle als „Testperson" überging. Ich arbeitete mit dem Tierverhaltenstherapeuten einer Tierschutzorganisation zusammen, um die drei Pitbulls zu beurteilen und zu filmen. Die Resultate unserer Einschätzung über Sozialisation und Aggressionsverhalten sollten als Beweismittel in dem Gerichtsverfahren gegen den Besitzer verwendet werden.

Der Besitzer jener Pitbulls wurde schließlich schuldig gesprochen und wegen fahrlässiger Tötung zu fünf Jahren Gefängnis verurteilt. Es war eine der ersten Verurteilungen hierzulande, bei denen ein Hundebesitzer wegen unverantwortlicher Haustierhaltung inhaftiert wurde.

Schlimmer kann es kaum kommen. Ein von einem Hund getötetes Kind verkörpert das größtmögliche Versagen der Mensch-Tier-Beziehung. „Des Menschen bester Freund" hat unter den falschen Bedingungen das Potenzial, ein bösartiger Killer zu werden – unfähig, zwischen einem menschlichen Wesen und einem Angriffsziel zu unterscheiden.

Am entgegengesetzten Ende des Spektrums stehen Hunde, die Blinde führen, Epileptiker vor bevorstehenden Anfällen warnen, Such- und Rettungseinsätze durchführen und in ihrer Entwicklung gestörten Menschen helfen, ihre feinmotorischen Fähigkeiten zu verbessern. Es gibt Hunde, die Häftlinge in Verantwortlichkeit und Fürsorge für andere Lebewesen schulen, die die Tage von Menschen in Pflegeheimen aufhellen und Polizei und Feuerwehr bei kritischen und gefährlichen Einsätzen helfen.

Zwischen diesen beiden Extremen bewegen sich die Millionen von Hunden, die in mehr als 50 Millionen Haushalten in den gesamten USA als Gesellschaftstiere gehalten werden. Keiner von ihnen ist perfekt. Aber die meisten Hunde werden geliebt, obwohl sie ein oder zwei ärgerliche Angewohnheiten haben, mit denen der Besitzer sich einfach abfindet, weil Buster so kinderlieb oder Duchess ein so guter Kumpel beim frühmorgendlichen Joggen ist.

Hunderttausende von Hundehaltern finden jedoch, dass sie etwas, das ihre Hunde tun, einfach nicht tolerieren können. Schließlich verzweifeln die Besitzer und der ehemals über alles geliebte Hund wird weggegeben oder ins örtliche Tierheim gebracht. Die Tierheime sind voll von diesen kerngesunden, aber ungebärdigen Tieren. Höchstwahrscheinlich hätten sie zu angenehmen Heimtieren werden können, wenn man ihnen nur ein Minimum an grundlegender Fürsorge und Aufmerksamkeit hätte zukommen lassen. Aber selbst dann führen gute Manieren an der Leine und Gehorsam auf Kommandos nicht immer zu gutem Benehmen in der restlichen Zeit. Es ist eben nicht so einfach.

Beinahe ein Drittel der Hunde, mit denen ich gearbeitet habe, sind in einer Hundeschule gewesen. Durchgefallene und solche mit erfolgreichem Abschluss werden gleichermaßen von ihren Trainern an mich überwiesen. Dies sind dieselben Tiere, die ihre Besitzer beißen, den ganzen Tag im Hinterhof heulen, die Einrichtung zerstören oder aufs Sofa pinkeln. Oder vielleicht lecken sie sich unablässig die Pfote, drehen durch, wenn ein Gewitter kommt, oder beißen den Tierarzt. Und so weiter und so weiter.

Vor noch gar nicht langer Zeit konnten die Leute nicht viel tun, um Heimtieren mit solch schweren Verhaltensproblemen zu helfen, weil niemand wusste, was zu tun sei. Obwohl Hunde bereits seit 10.000 Jahren domestiziert werden, fangen wir gerade erst an zu begreifen, was sie bewegt und wie sie lernen. Es gibt so wenig wissenschaftliche Studien über die Entwicklung von Hundeverhalten, dass viel von dem, was als „bekannt" gilt, tatsächlich bloße Spekulation ist. Wenn Verhaltensforscher mehr darüber herausfinden, was normales Hundeverhalten ist, werden wir und die Hundebesitzer besser in der Lage sein, schwierige Verhaltensprobleme zu verstehen und zu korrigieren.

Noch vor zehn Jahren rief die Vorstellung eines „Hunde-Psychiaters" in den Spätausgaben der Fernsehshows Stürme von Gelächter hervor. Heutzutage haben viele Menschen begonnen, ausgebildete Berater in Anspruch zu nehmen, die viele Jahre dem Lernen über Haustierverhalten gewidmet haben. Unglücklicherweise sind Tierbesitzer zu dem Zeitpunkt, an dem sie sich an solche Experten wenden, gewöhnlich bereits verzweifelt. Unser Service ist oft der letzte Versuch, ehe sie aufgeben.

Es gibt weniger als 50 zugelassene Tierverhaltenstherapeuten in Nordamerika, also ist es nicht leicht, die richtige Art von Unterstützung zu finden. Sogar wenn Hundehalter einen zugelassenen Verhaltenstherapeuten – von denen die meisten einen akademischen Abschluss in Psychologie oder anderen Verhaltenswissenschaften haben – ausfindig machen, wissen sie nicht, was sie zu erwarten haben. Anders als Trainer oder Ausbilder arbeiten Tierverhaltenstherapeuten nicht innerhalb der Grenzen eines sterilen Büros oder Hundeplatzes. Stattdessen bevorzugen wir es, den Hund in seiner eigenen Umgebung zu sehen. Wir sind eher wie Detektive, die nach Hinweisen Ausschau halten und Puzzlestücke zusammensetzen, um herauszufinden, was jedem speziellen Fiffi helfen kann, wieder normal zu werden. Wir möchten wissen, welche Türen der Hund vermeidet, welche Spielzeuge er bewacht, wo er frisst und sich versteckt und von wo er hervorspringt, wenn er beschließt, seine Besitzer zu beißen.

Ich bekomme nicht viele Klienten, die mit Erziehungsproblemen befasst sind, wie z.B. mit Welpen, die Schuhe ankauen, Löcher im Hinterhof graben oder Leute anspringen. Diese Dinge kann man aus einer Vielzahl ausgezeichneter Bücher oder Videos lernen und indem man Welpen eine Grundlage in Gehorsam gibt und sie anständig behandelt. Im Allgemeinen führt ein Versäumnis im Lernen von guten Manieren nicht dazu, dass Hunde in die ewigen Jagdgründe geschickt werden.

In meiner Praxis konzentriere ich mich auf lebensbedrohliche Angelegenheiten wie Aggression gegen Menschen oder andere Tiere, übermäßiges Bellen, das die Nachbarschaft verrückt macht, oder Trennungsangst, die den Hund dazu veranlasst, jeden Tag damit zu verbringen, wertvolles Eigentum zu zerstören oder sich selbst zu verletzten. Wenn ich „lebensbedrohend" sage, meine ich das Leben des Tieres, weil niemand sich diese Sorte von Problemen gefallen lässt, bis der Hund „herauswächst" – was er nicht tun wird.

Meine Anrufe verlaufen manchmal wie dieser: „Dr. Wright, meine Hündin hat einen Ausbildungskursus als eine der Besten abgeschlossen, aber sie fällt immer noch jeden Tag den Postboten an." Oder: „Hallo, ich habe einen Hund, und er dreht durch und zerlegt die ganze Wohnung, wenn ich zur Arbeit gehe. Kann ich ihn vorbeibringen?"

Wenn ich dem Anrufer sage, dass er ihn mitnichten „vorbeibringen" kann, weil ich den Hund in seinem eigenen Umfeld sehen muss, ist er zunächst schockiert. Nur wenige Professionelle arbeiten auf diese Weise, aber für mich ist es der beste Weg, mit Hunden zu arbeiten.

Manchmal ist es für die Besitzer schwer zu begreifen, dass das, was ihren Hund plagt, kein Gehorsamsproblem ist. Aber meiner Erfahrung nach garantiert ein Gehorsamstraining nicht, dass der Hund kein ernsthaftes Verhaltensproblem entwickelt. Ich bin weder ein Hundetrainer, dessen Aufgabe es ist, einem Hund gutes Benehmen beizubringen, indem er eine Reihe von bestimmten Kommandos befolgt. Noch bin ich ein Psychiater mit einer Spezialisierung auf Hunde, die sich danebenbenehmen. So etwas gibt es nicht. Was ich tue, ist, den Besitzern verstehen zu helfen, wie sie das Problemverhalten in den Griff bekommen können, ohne gleichzeitig anderes zu verändern, das dazu beiträgt, dass ihr Hund die restliche Zeit wunderbar ist.

Meine Anrufer, die oft von ihren Tierärzten oder Hundeausbildern an mich verwiesen worden sind, fragen manchmal: „Was würden Sie tun, das ich nicht schon ausprobiert habe?“ Mit anderen Worten: Sie wollen nicht für etwas zahlen, das offensichtlich ist. Auch ich würde das nicht wollen. Wenn alle diese offensichtlichen Dinge funktioniert hätten, würden sie mich nicht anrufen.

Diese Art zu fragen führt oft zu der „Garantiefrage“. Einige entmutigte Halter möchten wissen, ob Resultate garantiert sind. „Oder das Geld zurück“, wie man so sagt. Die Antwort ist natürlich Nein. Es ist moralisch niemals einwandfrei, das Ergebnis dieses oder irgend eines anderen Behandlungsprogramms zu garantieren, in dem Tiere betroffen sind, einfach weil lebende Wesen niemals so vorhersagbar sind wie ein Auto oder eine Waschmaschine.

Ich erkläre, dass ich zur Verfügung stehen werde, solange sie willens und in der Lage sind, mit ihren Haustieren zu arbeiten. Mit „zur Verfügung stehen“ meine ich für Rückmeldungen und Vorschläge und um die Fortschritte ihrer Haustiere zu kontrollieren, bis diese sich so gut wie möglich benehmen oder das Problem gelöst ist und sie nicht länger das Bedürfnis haben, mit mir Rücksprache zu halten.

Ergebnisse charakterisiere ich als eine Verringerung des unerwünschten Verhaltens von Woche zu Woche. Ein Tier reagiert vielleicht sofort oder – meistens – während der zweiten Woche der Behandlung. Manchmal bekommen wir erst in der dritten oder fünften Woche Resultate. Aber solange es in der laufenden Woche zu weniger Zwischenfällen kommt als in der Woche davor, wissen wir, dass das Tier etwas lernt.

Ich muss wissen, wann ich zu einem Klienten sage oder ihm zustimme, wenn er selbst zu mir sagt: „Dieser Ansatz funktioniert nicht. Lassen Sie uns etwas anderes versuchen.“ An diesem Punkt wende ich mich vielleicht noch einmal an die Fachliteratur oder tausche E-Mails mit meinen Kollegen aus. Wir fahren damit fort, verschiedene Maßnahmen auszuprobieren, bis wir auf die richtige für dieses besondere Tier stoßen. Es gibt keinen 08/15-Behandlungsplan für Hundeverhaltensprobleme.

Außerdem muss ich berücksichtigen, wie kooperativ der Besitzer ist und ob er sich mit Veränderungen wohl fühlt – sogar eine Veränderung zum Besseren kann stressig sein. In manchen Fällen müssen wir herausfinden, wie Besitzer zur täglichen Verabreichung von Psychopharmaka an ihre Heimtiere während des Behandlungsprogramms und noch eine gewisse Zeit danach stehen.

In den letzten paar Jahren gab es von den Medien viel Aufmerksamkeit gegenüber dem Einsatz von Medikamenten wie Prozac und es gibt einige Missverständnisse darüber, wie diese Mittel wirken. Hundebesitzer müssen wissen, dass der Einsatz von Medikamenten keine Krücke oder Lösung für sich ist, sondern ein Mittel, das man zeitweise im Zusammenhang mit einem Verhaltenstherapie-Programm anwendet.

Sehr selten bin ich auf einen hoffnungslosen Fall gestoßen. Wenn wir alles nur Mögliche getan haben, um dem Hund zu helfen, sage ich vielleicht zu dem Klienten: „Wir haben beide alles getan was wir konnten, um Bingo zu helfen. Es ist Ihre Entscheidung, ob sie nun nehmen können, was er ihnen geben kann, und es so akzeptieren können, wie es ist, oder nicht."

In meinen 18 Jahren Beratungstätigkeit hat niemand damit ein Problem gehabt. Ganz gelegentlich hat ein Klient geantwortet: „Nun, der Hund zeigt immer noch die Zähne und wir fühlen uns einfach nicht wohl dabei, wenn er in der Nähe der Kinder ist. Was für Möglichkeiten haben wir an diesem Punkt? Wir können keinen gefährlichen Hund weggeben."

Dann sage ich ihnen, dass Einschläfern etwas ist, das sie eventuell berücksichtigen sollten. Ich habe nie jemandem geraten, seinen Hund einschläfern zu lassen. Aber ich spreche über das Risiko, das der Hund für Familienmitglieder darstellen könnte, und die Lebensqualität, die das Tier zu erwarten hat – dass es sich wahrscheinlich nicht sehr wohl dabei fühlt, Leute zu beißen oder dauernd „in Ungnade gefallen" zu sein. Aber die letzte Entscheidung müssen sie selbst treffen. Ich kann ihnen diese Entscheidung nicht abnehmen.

Wenn der erste Anruf die letzte Chance ist, kommt er manchmal zu spät. Nicht für das Heimtier – weil man normalerweise einem alten Hund sehr wohl neue Kunststücke beibringen kann –, sondern für die Besitzer. Manche Leute sind emotional so erschöpft und so mit ihrer Geduld am Ende, dass die Aussicht, sechs oder acht Wochen lang jeden Tag mit ihrem Tier arbeiten und womöglich im Anschluss daran noch wochenlang Nachbehandlungstelefonate führen zu müssen, mehr ist, als sie ertragen können. Und wenn sie nicht im Voraus dieses Engagement aufbringen können, kann ich nicht einmal versuchen, ihnen zu helfen.

Nachdem wir am Telefon den Aufwand an Zeit und Mühe diskutiert haben, den sie aufbringen müssen – und ich äußere mich ziemlich direkt über die Art des Problems –, reden wir über die wahrscheinlichen Aussichten, das Fehlverhalten unter Kontrolle zu bringen oder damit umzugehen. Wenn die Umstände die Chancen sehr gering erscheinen lassen, sage ich das dem Besitzer und helfe ihm, über Alternativen nachzudenken.

Kürzlich rief mich eine junge Frau an, weil ihr Hund das Wohnzimmer zerstörte, während sie den ganzen Tag weg war. Sie hatte zwei Heimtiere: einen braven Pitbull und den Unruhestifter, einen zehn Monate alten Wolfshybriden (Anmerkung der Übersetzerin: Mischling aus Wolf und Hund). Sie lebte, ob Sie es glauben oder nicht, in einem Appartement und hatte nicht die Absicht, auszuziehen. Tatsächlich war sie gerade erst eingezogen.

Nun stellt sich die Frage: Wie stehen die Chancen für mich, jemandem unter diesen besonderen Umständen zu helfen? Realistisch betrachtet nicht sehr gut. Ich sagte ihr, dass es zwar vermutlich ein Behandlungsprogramm gäbe, dem wir folgen könnten, um den Hund gegen das Alleinsein zu desensibilisieren, aber dass er keinen Platz haben würde, wo er während der Trainingsperiode in Sicherheit wäre. Er hatte schon eine Transportbox zerlegt und sich dabei an der Schnauze verletzt.

Zusätzlich hatte keiner der Hunde die Gelegenheit, tagsüber viel Bewegung zu bekommen, was bedeutete, dass sie weniger entspannt waren, als sie hätten sein sollen. Und weil der Wolfshund während des Tages entweder in einer Box eingesperrt war oder in einem Raum gehalten wurde, der zum Hinterhof statt zum Parkplatz hinausging, war er nicht in der Lage, das Kommen und Gehen seiner Besitzerin zu beobachten. Ich erklärte ihr, dass er verrückt würde, weil er seinen „Job" nicht tun konnte, der darin bestand, im Auge zu behalten, wo sie war.

Im Verlauf unseres Gesprächs erkannte die Besitzerin, dass es die beste Vorgehensweise wäre, ein passenderes Zuhause für den Hund zu finden – falls sie eines finden konnte, in dem er weder Menschen noch andere Hunde gefährden würde, wenn er ausgewachsen wäre. Ich sagte ihr die Wahrheit über Wolf-Hund-Hybriden – dass ihre seit kurzem bestehende Beliebtheit dazu geführt hatte, dass sie in den USA zu den „Problemhunden Nummer eins" der Neunzigerjahre geworden waren – und wünschte ihr alles Gute. Gesunder Menschenverstand hätte ihr sagen können, dass sie nicht den richtigen Lebensraum für dieses spezielle Tier hatte.

Andererseits befinden sich manche Besitzer in einer Situation mit sehr geringen Chancen auf Erfolg und beharren darauf, weiterzumachen, egal was kommt. Das war der Fall bei einer Frau, die mich wegen eines Deutschen Schäferhundes anrief, dessen Temperament so extrem klang, dass ich wenig Hoffnung auf eine zufrieden stellende Lösung hatte.

Wenn ich keine Hausbesuche machen würde, hätte ich nicht geglaubt, wie sie und ihre Familie lebten, noch würde ich irgendeine Hoffnung gehabt haben, dass man es ändern könnte. Es ist meine Philosophie, dass man den Hund und das Problem nicht von der Umwelt trennen kann, in der es auftritt. Man muss das Problem zu Hause bei den Leuten bearbeiten, die jeden Tag mit dem Hund zu tun haben.

Ich entdeckte, dass ihr Hund King (den Sie im ersten Kapitel kennen lernen werden) das Haus mit eiserner Pfote regierte. Er biss jedes Familienmitglied jeden Tag. Er biss auch andere Leute, sodass sie tatsächlich keinen Besuch haben konnten. Sie gingen die meisten Abende zum Essen aus, weil er das Essen direkt von ihrem

Tisch stahl und sie biss, wenn sie versuchten, seine Pläne zu durchkreuzen. Wenn sie versuchten, Ruhe zu finden, indem sie King einsperrten, verwüstete er den Raum. Und so weiter. Was würden Sie tun? Ich weiß, was die meisten Leute getan hätten!

Hier war ein Hund, der seiner Familie das Leben schwer machte. Sie hätten ganz bestimmt das Recht gehabt, ihn loszuwerden. Aber man konnte ihn sicher nicht in eine andere Familie geben, und wenn sie ihn ins Tierheim gebracht hätten, wäre er aus gutem Grund ein Kandidat zum Einschläfern gewesen. Das bloße Erwähnen der Möglichkeit des Einschläferns ließ die Frau in Sturzbäche von Tränen ausbrechen. Offensichtlich liebte sie den Hund, obwohl er der Familie Probleme ohne Ende bereitete.

Ihr Tierarzt rief mich an und drängte darauf, dass ich irgendeine Art von Behandlungsprogramm für diese Leute vorschlagen sollte. Er bestätigte, dass sie eher bereit schienen, unter diesem hundlichen Tyrannen zu leiden als ihn aufzugeben. So nahm ich den Fall zögernd an, obwohl meine Erwartungen nicht sehr hoch waren. Und ich wurde angenehm überrascht. Obwohl King nie in der Lage war, ein Gehorsamstraining zu akzeptieren, hatten wir am Ende einen Hund, der nicht mehr länger Familienmitglieder oder Besucher biss. Es war offen gesagt mehr, als ich zu hoffen gewagt hatte. Und es war in nicht geringem Maße der unerschütterlichen Entschlossenheit der Familie zu verdanken, zu tun, was sie tun mussten, um ihr Tier zu behalten.

Eines der Dinge, die in diesem Fall halfen, war es, die Familie dazu zu bringen, alle körperlichen Bestrafungen zu unterlassen. Ihre einzige Form von Selbstverteidigung gegen King hatte darin bestanden, einen Schuh auszuziehen und über seinen Kopf zu halten. Wenn er fortfuhr zu beißen, schlugen sie ihm mit dem Schuh auf die Nase. Es funktionierte für gewöhnlich – bis zum nächsten Vorfall.

Fast unweigerlich geht Bestrafung Hand in Hand mit schlechtem Benehmen. Nur die wenigsten Besitzer tadeln ihren Hund nicht – wenn sie ihn nicht sogar hart bestrafen –, wenn er zum x-ten Mal an Tante Bessie hochspringt. Aber manche Klienten befürchten, dass ich empfehlen werde, dem Hund wehzutun, um ihm zu helfen. Sie haben vielleicht gelesen oder man hat ihnen geraten, den Hund auf den Boden zu drücken, ihn am Nackenfell zu packen, ihn zu schütteln oder andere Formen von „rauer Zuneigung“ zu zeigen.

Ich muss zugeben, dass Verhaltenstherapeuten solche Dinge vor einem Jahrzehnt empfohlen haben. Seitdem hat die Forschung uns gelehrt, dass Haustiere keine Wildtiere sind und dass Menschen niemals als Mitglieder der Familie der Hundeartigen durchgehen werden. Diese Tatsache ist noch nicht bis zur gesamten Bevölkerung durchgedrungen. Es vergeht keine Woche, in der ich nicht höre, dass jemand Hundebesitzer dazu drängt, sich wie „Alphatiere“ zu benehmen und ihre Hunde anzuknurren, wie die Mutterhündin es tat, und so weiter.

Ein paar der Besitzer, die Sie in diesem Buch kennen lernen werden, hatten den Rat von mehreren Trainern angenommen und ihre Hunde an der Leine aufgehängt, bis sie bewusstlos waren. Und natürlich denken manche Leute, dass diese Art von inhumaner Behandlung vollkommen in Ordnung ist, solange sie den Hund lehrt, „wer der Boss ist“.

An diesem Punkt frage ich für gewöhnlich: „Nun, schien es denn zu wirken, wenn Sie dem Tier ins Gesicht schlugen oder es zu Boden drückten? Hörte es auf zu beißen?“ (Oder Kot auf dem Sofa abzusetzen oder was auch immer).

„Na ja ... nein, eigentlich wurde es schlimmer,“ geben sie zu. „Aber alle sagten mir ...“ Oder: „Es stand in dem Buch ...“

Ich sage ihnen immer: „Ich verstehe, aber je mehr Sie Aggression oder Fehlverhalten mit Aggression beantworten, desto mehr werden Sie davon bekommen. Wir verwenden also keine körperliche Bestrafung in unserem Behandlungsprogramm.“

Und das macht sie wirklich neugierig. Einerseits fragen sie sich, wie ich das Verhalten ohne körperliche Bestrafung korrigieren will. Andererseits sind sie erleichtert, dass ihr Tier – das schließlich ein Mitglied der Familie ist – keine Auseinandersetzungen und Schmerzen wird ertragen müssen.

Auf diese Weise bringe ich die Vorstellung in Umlauf, dass wir Verhalten ändern, indem wir eine ruhige, glückliche Stimmung herbeiführen oder – im Falle von Aggression – etwas, das mit der wütenden oder ängstlichen Stimmung unvereinbar ist. Wenn man das tut, ist es einfacher, das Verhalten zu verändern. Die Idee ist, das Fehlverhalten loszuwerden, nicht das Tier zu bestrafen. Man will nur den Hund dazu bringen, mit dem aufzuhören, was er tut, und stattdessen etwas zu tun, das man billigt.

Wenn ich bei den Klienten zu Hause bin, frage ich nach dem Verhalten: „Was tat der Hund? Was taten Sie? Was tat der Hund daraufhin? Erzählen Sie mir das nächste Beispiel. Was tat der Hund? Was veranlasste ihn, aufzuhören? Oh, er hörte gar nicht auf – was tat er als Nächstes?"

Und so weiter. Wenn man sich speziell auf das Verhalten des Tieres und die Reaktion der Leute konzentriert, definiert sich die Bezeichnung „Tierverhaltenstherapeut" von selbst.

Dieser „Hundepsychiater" wird also kein Heimtier auf die Couch legen und seine Welpenzeit auseinander nehmen. Ich interessiere mich nicht für die Psyche des Hundes. Wir werden das Problem nicht lösen, indem wir seinen Willen brechen – was für ein schreckliches Ziel – oder ihn weniger schizoid oder weniger eifersüchtig machen. Wir werden vielmehr das Tier lehren, Dinge anders anzugehen, und den Besitzer lehren, wie er seinem Tier helfen kann, zu begreifen, welches Verhalten erwünscht ist und welches nicht. Das ist viel besser als sich in Bestrafung und verzweifelten Notlösungen zu verstricken.

Manchmal glauben Hundebesitzer, dass ihr Hund „es" – was immer „es" ist – aus Bosheit tut oder weil er einsam, gemein, eifersüchtig oder was auch immer ist. Das ist ganz normal. Aber sie müssen sich darauf konzentrieren, was das Tier vor, während und nach dem Fehlverhalten tut. Lohnte sich das unerwünschte Verhalten für das Tier? Oder wurde es bestraft und ausgegrenzt? Indem ich die Leute darum bitte, ihre Aufmerksamkeit auf diese Weise auf die Situation zu richten, kann ich ihnen helfen herauszufinden, wie wir vorgehen werden, um das Verhaltensproblem zu lösen.

Und den Problemen, besonders Aggression, muss man sich stellen. Sie verschwinden nicht einfach. Das Fazit ist: wenn der Hund nicht als Begleiter aufgezogen und richtig darauf sozialisiert wurde, Menschen als etwas anzuerkennen, das man nicht beißen sollte, oder wenn die Leute keine Hilfe suchen, wenn ohne ersichtlichen Grund Aggression aufkommt, setzen sie sich selbst und andere einem Risiko aus. Das Potenzial für ernsthafte Verletzungen ist bei einem aggressiven Tier immer vorhanden, auch wenn es sich 90% der Zeit „großartig" benimmt.

Dieses ist kein „So erziehe ich…"- Buch. Wie sie bei der Fernseh-Stunt-Show sagen: „Versuchen Sie dieses nicht bei sich zu Hause!" Die Behandlung für jeden Fall in diesem Buch ist natürlich maßgeschneidert für ein spezielles Tier in seiner eigenen Umgebung, und viele Begleitumstände wurden berücksichtigt. Manchmal mussten Besitzer feststellen, dass „kreativ" zu sein, statt den Anweisungen zu folgen, entweder gefährlich sein oder dazu führen kann, dass das Problem wieder auftaucht.

Ich erinnere mich an einen Mann, mit dem ich arbeitete, um die Gewitterphobie seines Hundes zu lösen. Ich stellte ein Programm auf und erklärte ihm, dass der Behandlungsplan eine sehr allmähliche Desensibilisierung gegen beängstigende Geräusche beinhalten würde, bei der neben anderen Hilfsmitteln eine Aufnahme eines Gewitters benutzt wurde.

Nachdem er die Prozedur eine Weile durchgezogen hatte, fand der Besitzer, obwohl der Hund entspannter wurde, dass das Programm nicht schnell genug wirkte. Daher brach er es ab und fuhr für eine Woche in Urlaub.

Als er nach Hause kam, entschied er – ohne Rücksprache mit mir – das Programm genau da wieder aufzunehmen, wo er aufgehört hatte. Was für ein Fehler! Der Hund, der tatsächlich am Anfang gute Fortschritte gemacht hatte, war vom plötzlichen Ansturm der Geräusche verschreckt. Er flitzte sofort in die Badewanne und versteckte sich dort, ein zitterndes Bündel Fell. Als der Besitzer, aufgebrachter als je zuvor, bei mir nachfragte, war der Hund bereits unnötig gestresst worden. Wir mussten mit dem Programm ganz von vorn beginnen und die „Kur" dauerte doppelt so lange wie nötig gewesen wäre, wenn der Besitzer mit dem Programm zurechtgekommen wäre und sich daran gehalten hätte.

Was Sie aus diesem Buch mitnehmen können, ist das Wissen, dass Sie abends ohne Angst von der Arbeit nach Hause gehen können (Leute, deren Hunde in ihrer Abwesenheit die Einrichtung zerstören, fürchten besonders den Feierabend); dass Sie Ihr Tier nicht weggeben oder den ganzen Tag in eine Box einsperren müssen; und dass Sie und Ihr Lebenspartner nicht abwechselnd frei nehmen müssen, um bei dem Hund zu Hause zu sein, wenn ein Gewitter vorhergesagt ist. Vor allem können Sie lernen, dass fast immer Hoffnung besteht und dass Ihr geliebtes Haustier kein böser Hund ist, sondern einfach ein Hund, der etwas tut, was nicht gut ist. Es ist immer das Verhalten, das wir ändern müssen, nicht die Persönlichkeit des Tieres.

Kürzlich öffnete ich einen Brief von einem Klienten. Darin war ein Foto von einem nun lächelnden Fiffi, der einige Monate zuvor gefährlich aggressiv gewesen war. Der Besitzer hatte eine Blase über den Kopf des Hundes gemalt und hineingeschrieben:

„Hallo, Dr. Wright, es geht mir jetzt einfach großartig! Ihre Freundin Ginger."

Das ist die Art von Ergebnis, die ich anstrebe und die jedem, einschließlich mir selbst, ein großartiges Gefühl gibt. Meine Praxis und dieses Buch sind eine Würdigung jener Hundebesitzer, denen genug daran liegt, ihren Begleitern eine weitere Chance zu geben, und der Hunde und Welpen, um derentwillen sich all das lohnt.

KING
Der Hund, der König sein wollte

Mein freundliches Klopfen wurde von einem beunruhigenden, kehligen Knurren erwidert. Es war nicht das „Türklingel-Gebell" des durchschnittlichen Haushundes. Dies war das Knurren eines Hundes mit Absichten.

„Ich verstehe, was du sagen willst, Kumpel," dachte ich unbehaglich, „und ich hoffe wirklich sehr, dass du an der Leine bist." Ich hörte sich nähernde Schritte, aber niemand sagte diesem Hund, er solle „Platz" machen oder still sein. Unglücklicherweise.

Aber das war der Grund dafür, dass ich hier war. Der Hund hatte anstelle der Besitzer das Sagen und man erwartete von mir, diese Verhältnisse umzukehren. Ich hoffte, man würde mir meine Besorgnis nicht anmerken. Schließlich war ich der professionelle „Hundepsychiater", auf den diese verzweifelten Leute zählten, um ihrem verärgerten Vierbeiner zu helfen. Ich durfte sie nicht merken lassen, dass das Biest mir Angst machte, noch ehe ich es zu Gesicht bekommen hatte.

Obwohl meine Tierverhaltenstherapie-Praxis zu der Zeit noch ziemlich neu war, hatte ich doch schon viele Male mit Aggression zu tun gehabt. Für gewöhnlich war der betreffende Hund angeleint, in seine Box gesperrt oder in einem anderen Raum, wenn ich einen Hausbesuch machte. Oder das Aggressionsproblem hatte nichts mit übertriebener Territorialität zu tun – er drehte nicht durch, wenn Leute an die Tür kamen.

Daher war es immer meine Gewohnheit gewesen, dem Klienten Guten Tag zu sagen, ihm die Hand zu schütteln und mich hinzusetzen, um die Beratung zu beginnen. Ich war niemals angegriffen worden – bis jetzt. Ich hoffte, meine Glückssträhne würde nicht an dieser Haustür eines bescheidenen Bungalows in einer Vorstadt in South Carolina zu Ende sein.

Als sich die Tür des Hauses der Farleys öffnete, stand ich von Angesicht zu Angesicht dem gegenüber, was sich als der beherrschendste Hund herausstellen sollte, dem ich jemals begegnet war. Der junge Deutsche Schäferhund bezog direkt in der Tür Stellung, bellte, knurrte und starrte mir dreist in die Augen. Das Trio seiner Besitzer stand bewegungslos an einer Seite des kleinen Flurs, und ich bemerkte schnell zwei Dinge, die meine wachsende Angst noch verschlimmerten.

Das Erste war, dass Janet Farley, ihr Mann Tom und ihr Schwager Carl alle eine Anzahl von Wunden in verschiedenen Stadien der Heilung an den Handgelenken und Fußknöcheln hatten. Das Zweite war, dass niemand eine Hand und schon gar keine Leine an dem Hund hatte.

„Das ist King", erklärte Janet ohne Vorbemerkung. „Kommen Sie herein, bevor er Sie kriegt." Die beiden Männer standen hinter ihr und kicherten nervös. King knurrte weiter.

Ich nahm meine Aktentasche von der Seite und platzierte sie zwischen mir und King. Auf das geplante Händeschütteln – mit ziemlicher Sicherheit ein Angriffssignal ersten Ranges – verzichtete ich, begrüßte meine Klienten mit so viel Begeisterung, wie ich aufbringen konnte, und betrat langsam und vorsichtig das Reich des bösen Vierbeiners.

Kings Körpersprache sagte mir alles. Nachdem ich jahrelang Hundeverhalten studiert hatte, brauchte ich kein Lehrbuch, um die klassischen Zeichen eines Tieres zu erkennen, das im Begriff war, die Kontrolle über sich zu verlieren. Ich war ziemlich sicher, dass King angreifen würde, wenn ich mich nicht sofort hinunterbeugte oder hinhockte, um meine drohende Position an der Tür zu entschärfen. Also ging ich in die Hocke.

Hunde können eine ganze Menge Sachen mit ihrem Körper machen, um einem zu sagen, dass man zurückgehen soll, ehe es zu spät ist. Und King zeigte ungefähr alle. Für Anfänger: sein Schwanz war hoch erhoben und schwang langsam hin und her.

Viele Hundebisse werden von tränenüberströmten Kindern beklagt, die rufen: „Er hat mit dem Schwanz gewedelt!" Es ist wichtig zu wissen, wie ein gefährlicher Hund aussieht, und es besteht ein grundlegender Unterschied zwischen einem warnenden Schwingen und dem typischen überschwänglichen Wedeln. Leute, die nicht gebissen werden wollen, sollten die mitteilsamen Gesten eines Hundes respektieren.

Kings Ohren waren in meine Richtung gedreht. Seine Mundwinkel waren gekräuselt und seine Lefzen nach vorn geschoben – das Gegenteil des typischen „lächelnden" Gesichts eines gelassenen Hundes. Sein Gewicht lag auf den Vorderpfoten und er starrte mir weiterhin herausfordernd in die Augen, während er sein kehliges Knurren hochfuhr. Seine Nase zeigte genau auf mich, sodass es so aussah, als ob sein hoch aufgerichteter Schwanz aus seiner Stirn herauswüchse. Alle diese Signale sagten mir, dass King in einem sehr erregten Zustand war und dass das Beste, was ich tun konnte, war, ruhig und unten zu bleiben.

Während ich niederkniete und weiterhin ganz gezielt die Besitzer anlächelte – zu diesem Zeitpunkt ein deutlich angestrengtes Lächeln –, näherte sich King mir. Ich machte einen bewussten Versuch, ihn nicht anzusehen. Wenn man den Blick auf einen Hund richtet, der einen anstarrt, wird das Tier noch aufgebrachter und kann gefährlich werden.

Normalerweise demonstriere ich diesen Punkt, um Besitzern dabei zu helfen, vertrauter damit zu werden, was ihr Hund ihnen zu sagen versucht. Wenn der Hund drei bis fünf Meter entfernt ist und mich anstarrt und der Besitzer ihn unter Kontrolle hat, sage ich: „Hat er Leute schon immer so angestarrt wie jetzt?"

Und normalerweise zucken sie die Achseln und sagen: „Das wissen wir nicht; es ist uns nie aufgefallen."

Woraufhin ich entgegne: „Schauen Sie zu, was passiert, wenn ich zurückstarre." Und während ich mit ihnen rede und lächle, wende ich nur meinen Kopf dem Hund zu und lenke meinen Blick auf ihn. Der Hund verstärkt fast immer sein Gebell oder Geknurr und seine Erregung.

Wenn ich meine Augen von dem Hund abwende und wieder die Besitzer anschaue, wird der Hund sich beruhigen und bis zu einem gewissen Grad entspannen. Ich mache diese Demonstration, um zu zeigen, dass Blickkontakt bei einem aggressiven Hund sehr provozierend ist. Es ist eins der schlimmsten Dinge, die eine Person tun kann, besonders in einer Situation wie der, in der ich mich mit King befand.

Aber da King im Begriff war, mich in Stücke zu reißen und unter niemandes Kontrolle war, hielt ich es für klüger, auf die Demonstration zu verzichten und den Farleys diesen Aspekt zu einem späteren Zeitpunkt zu erklären. Während ich weiterhin von King wegsah und harmlos die Besitzer anlächelte, um ihm zu zeigen, dass ich nichts Böses im Sinn hatte, tat King etwas, das kein unfreundlicher Hund zuvor oder seitdem mit mir gemacht hat: er kam herüber und legte mir, immer noch knurrend, das Kinn auf die Schulter.

Ich erstarrte. Er steckte seine Nase in mein Ohr, seine Schnauze nur etwa zwei bis drei Zentimeter von meiner Kehle entfernt. Jetzt konnte ich sein Furcht erregendes, tiefes Knurren tatsächlich fühlen.

Ich hatte genug.

Ganz ruhig sagte ich zu den Farleys: „Würde es Ihnen etwas ausmachen, Ihren Hund von mir wegzunehmen?"

Die drei sahen einander eine Weile an. Dann antwortete Janet zweifelnd: „Ich werde es versuchen."

In diesem Augenblick wusste ich, dass dies hier etwas war, was mir nie wieder passieren würde: Wenn ich lebend hier herauskam, würde ich nie mehr vergessen, jedem einzelnen Klienten mitzuteilen, dass der aggressive Hund unter Verschluss sein musste, ehe ich einen Schritt in die Höhle des Löwen machen würde.

Dieses Mal hatte ich Glück. Janet war in der Lage, King an die Leine zu nehmen, und behutsam schaffte ich es bis zum Sofa im Wohnzimmer und nahm an einem Ende Platz. Mit einem großen Couchtisch vor mir hatte King nur wenig Zugang zu mir und ich begann meine Fassung wiederzugewinnen. Ich stellte die Aktentasche neben meine Beine. Der angeleinte King kam heran und beschnupperte mein Knie, dann setzte er sich ein paar Schritte entfernt hin. Er starrte mich unablässig an.

Ich holte tief Atem. Ein bisschen fühlte ich mich wie ein Priester bei einer Teufelsaustreibung, als ich sagte: „Sollen wir anfangen?"

Bei unserer ersten Unterhaltung am Telefon hatte ich King schon vorläufig als einen Hund diagnostiziert, der „Familienoberhaupt" war. Diese Hunde übernehmen die volle Verantwortung dafür, die Familie zu leiten. Wann immer ein Besucher an die Tür kommt, stellen sie sich zwischen den Bewohnern und dem Besucher auf, wie King es getan hatte, und greifen an, wenn sie es für nötig halten. Es war Kings selbst gewählte Aufgabe, seine Leute zu beschützen.

Aber er musste sie auch kontrollieren. Hunde, die Familienoberhaupt sind, wollen die Kontrolle über die Art und den Umfang der Aktivitäten im Haus haben. Meistens mögen sie es nicht, wenn Leute sich zu schnell bewegen, und sie rennen hin und beißen in die Füße ihrer Besitzer, um sie zu stoppen. Alles muss zu ihren Bedingungen geschehen. King, so sagte man mir, würde jeden beißen, der nicht das tat, was er wollte.

Kings Tierarzt hatte die Besitzer an mich überwiesen, als King ihn angriff. Er dachte, er wäre ein hoffnungsloser Fall und gab den Besitzern meine Karte, als sie seinen Vorschlag, den jungen Hund einzuschläfern, ablehnten.

Um festzustellen, ob King wirklich ein Kontrollfanatiker war oder nicht, war es für mich nötig, herauszufinden, ob er in verschiedenen Situationen aggressiv gegen Fremde und die Familie war. Dies war die Diagnose-Phase: zu beschreiben, was der Hund tut, ist mindestens ebenso wichtig, wie die Entwicklung des Problems zurückzuverfolgen.

„Erzählen Sie mir bitte von einem typischen Tag mit King," bat ich also.

Während King aus einiger Entfernung feindselig herüber starrte und Tom und Carl gelegentlich Details hinzufügten, saß Janet neben mir auf dem Sofa und beschrieb sachlich ihr Leben als Untertanen eines hündischen Königs:

Um 7.00 Uhr morgens wachte King auf und ging zur Glasschiebetür in der Küche. Er kratzte an der Tür, bis Janet aufstand und ihn hinausließ. Daran ist nichts Unerwünschtes, dachte ich, als wir die Sitzung begannen.

„Aber wenn ich ihn warten lasse, kaut er einfach auf meinem Arm herum und bringt mich zur Tür hinüber", sagte sie. Ihr Blick streifte ihr linkes Handgelenk, das mit Schorf übersät war. „Dabei habe ich das meiste hiervon abbekommen."

Okay. Also war King nicht Lassie. Ich nahm einen Stift heraus und begann mir Notizen zu machen. Die meisten Hunde gehen schätzungsweise zwei- oder dreimal am Tag hinaus. Ich fragte Janet, wie oft sie King hinaus lasse.

„Wann immer er möchte," sagte sie und streichelte sich behutsam das Handgelenk. Sieben- oder achtmal am Tag war sie bereit, zuzugeben, aber ich hatte das unbestimmte Gefühl, es könnte mehr gewesen sein.

Während King draußen war, nahm Janet Leckerchen aus einer Schachtel und reihte sie zu beiden Seiten der Spüle an der Kante der Anrichte auf. Diese Gewohnheit kam ans Tageslicht, als ich fragte, ob sie King „Sitz" oder etwas anderes für sich tun ließ, wenn sie ihn zurück ins Haus brachte.

„Nein," sagte sie. „King gehorcht überhaupt keinem Kommando."

„Aber haben Sie nicht versucht, ihn für Dinge zu belohnen, von denen Sie wollen, dass er sie lernt?", fragte ich.

„Oh ja, wir belohnen ihn die ganze Zeit!"

„Wie machen Sie das?"

„Nun," sagte sie, „ich reihe diese Snacks zu beiden Seiten der Spüle auf, und den ganzen Tag über geht King hin und holt sie sich."

„Ach so," sagte ich. Dann dachte ich einen Moment lang nach. Diese Gewohnheit führte nicht wirklich dazu, King für etwas zu belohnen, was er richtig machte, aber es belohnte ihn ganz gewiss. Hin und wieder – oft genug, dass King eine Verbindung herstellen konnte – würde er seine Besitzer beißen, dann hochspringen, seine Pfoten auf die Spüle stellen und einen Hundekuchen nehmen. Dies war der ultimative Familienoberhaupt-Hund: er war sogar verantwortlich dafür, sich selbst dafür zu belohnen, Leute zu beißen!

Aber Janet sah da nie einen Zusammenhang. Tatsächlich verstärkte sie Kings Aggressionen häufig, indem sie ihm Futter gab. „Manchmal", sagte sie, „gebe ich King ein Häppchen, um ihn davon abzulenken, sich schlecht zu benehmen." Das war in etwa die richtige Idee, aber ihre Umsetzung war schlecht. Es ist ein Unterschied, ob man einem Hund Leckerchen füttert, um ihn in eine Stimmung zu versetzen, die unvereinbar mit Aggression ist, oder ihm Leckerchen gibt, *weil* er aggressiv ist.

King hatte im Grunde gelernt: *Wenn ich belle, knurre oder beiße, bekomme ich etwas zu essen. Klasse!* Und so tat er schlimme Sachen, um seine Leckerchen zu bekommen, und verdiente sich dadurch eine Belohnung für Fehlverhalten. Die Farleys hatten es jedoch noch nie so betrachtet.

Tagsüber langweilte King sich und wollte spielen. Seine Art, ein Spiel zu beginnen, war, jemanden in die Hand oder den Knöchel zu zwicken. Der Besitzer zog daraufhin seine Hand zurück, was ein erneutes Schnappen hervorrief, weil ein Hund versuchen wird, das zu beißen, was sich bewegt. Wenn die Leute genervt genug waren, schlugen sie nach ihm.

Prima! dachte King. *Jetzt ist Spielstunde!* Je aufgeregter er wurde, desto wahrscheinlicher war es, dass er beißen würde, manchmal ernsthaft. Er konnte auch an der Leine nicht kontrolliert werden. Tom, so erfuhr ich, hatte damit angefangen, King mit der Schlaufe der Leine auf die Nase zu schlagen. Schließlich begann die Leine an sich für etwas zu stehen, das das aggressive Spiel ankündigte.

Während viele Hunde einen Ruck am Würgehalsband akzeptieren und gehorsam reagieren, biss King seinen Halter in den Arm, was den Leinenzug oder die Strafe augenblicklich stoppte. King hatte auch diesen Zusammenhang begriffen: Beißen würde die unangenehme Behandlung beenden. Der Anblick einer Leine regte ihn tatsächlich noch mehr auf, statt ihn zu beruhigen. Seine Besitzer konnten ihn nicht trainieren, weil er dann beißen würde.

Merkwürdigerweise liebten die Farleys King mit Hingabe. Er hatte den passenden Namen: er regierte wirklich in seinem Reich, und seine Familie behandelte ihn wie einen König, mit einem

Respekt, der auf Angst und Liebe beruhte. Jeder Hinweis des Tierarztes, dass Kings Verhalten unbehandelbar sein könnte oder dass aufgrund der vorrangigen Sicherheit der Menschen Euthanasie eine der möglichen Lösungen sein könnte, ließ Janet in aufrichtig empfundene Ströme von Tränen ausbrechen.

„Er ist ein wirklich bösartiger Hund," gab sie zu, als ich am Telefon auf das Thema zu sprechen kam, „aber wir mögen ihn immer noch." Ich nehme mir niemals heraus, einem Besitzer zu empfehlen, ein körperlich gesundes Tier einzuschläfern, aber es ist eine Alternative, auf die man die verantwortlichen Leute aufmerksam machen muss, besonders in dem traurigen Fall eines Hundes, der selbst auf die besten Versuche, seine Aggression zu kontrollieren, nicht anspricht.

In diesem Fall hatten wir also bereits die Möglichkeit des Einschläferns ausgeschlossen. Diesen Leuten stand ein weiter Weg bevor, was den Druck auf mich erhöhte, herauszufinden, was mit King los war, und mich zu vergewissern, dass er sich ändern könnte. Ich bewunderte ihre unermüdliche Hingabe und hoffte, dass ich King irgendwie weniger dominant und ihr Leben angenehmer – und vor allem sicherer – machen konnte, da sie entschlossen waren, ihn zu behalten.

„Wie benimmt sich King in Zusammenhang mit seiner Futterschüssel?", fragte ich. „Macht es den Anschein, als bewache er sein Futter oder knurrt er Sie an, wenn er frisst?"

„Nein, er benimmt sich gut," antwortete Tom.

Gut, dachte ich und machte mir eine Notiz. Endlich ein Gebiet, auf dem King keine Korrektur brauchte.

„Es ist unsere Futterschüssel, die das Problem ist," fügte Tom hinzu. „Wir können zu Hause nicht mal mehr eine Mahlzeit einnehmen."

Ich blickte vom Notizenmachen auf. Drei nickende Köpfe sagten mir, dass er nicht scherzte.

„Ist das Ihr Ernst?"

„Allerdings," antwortete er verlegen. „Der Hund hat uns trainiert."

Offenbar kletterte King auf einen Stuhl oder legte jemandem

das Kinn auf den Schoß und starrte zu ihm hoch, ähnlich wie er es an der Tür mit dem Kinn auf meiner Schulter getan hatte. Er hatte das als Welpe getan und alle fanden es niedlich. Natürlich hatten sie die Regel aufgestellt, dass niemand den Welpen bei Tisch füttern sollte, aber natürlich tat es trotzdem ab und zu jemand.

Mittlerweile sprang King hoch und kratzte sie und legte seine Vorderbeine über ihren Schoß, bis jemand ihn vom Tisch fütterte. Wenn er kein Essen bekäme, würde er sie spielerisch beißen. Dann sprang er herunter, ging zur nächsten Person und tat dasselbe, bis er gefüttert wurde.

Sie stimmten alle überein, dass das überhaupt nicht mehr niedlich war.

Nach Janets Angaben richtete sich King eines abends auf und schnappte sich das Grillhähnchen, das die Familie im Begriff war zu genießen. Er rannte damit durchs Haus und sie jagten ihn. Aber sie konnten es nicht zurückbekommen. King dachte, sie spielten und sie alle wussten, worauf das immer hinauszulaufen pflegte.

Also standen sie heutzutage einfach an der Küchenanrichte und aßen ihren Imbiss oder gingen zum Abendessen in die Stadt. Es war einfacher so.

„Nun, King ist wirklich ziemlich herrschsüchtig," sagte ich lahm, während ich meine Notizen über diesen Teil abschloss. Herrschsüchtig, du meine Güte! Hunde wie er sind der Grund dafür, dass sich Leute der Goldfischzucht zuwenden.

„Fahren wir fort," sagte ich. Diese Leute fingen an, mir sehr leid zu tun. Aber trotz der Horrorgeschichten zeichnete sich das Bild eines Hundes ab, von dem ich glaubte, dass ich ihm helfen konnte.

„Wie ist es zur Schlafenszeit?", fragte ich, da sich bisher niemand über Kings Benehmen in der Nacht beklagt hatte. „Keine besonderen Probleme?"

„Junge, Junge," rief Carl und schlug sich auf die Schenkel. „Toller Witz!"

Mein Herz sank. Ich schlug ihm vor, es mir zu erzählen.

Die Familie verbrachte den Abend fast immer ruhig zu Hause für sich; Kings wegen kamen nicht mehr viele Leute zu Besuch.

Also spielten sie Karten, sahen fern oder unterhielten sich – etwas, wobei man sich nicht zu schnell bewegen musste, denn King mochte das nicht und zwickte sie dann in die Knöchel.

Wenn Janet nach oben ging und sich fürs Schlafengehen vorbereitete, folgte King ihr, sprang aufs Bett und wartete darauf, dass sie hineinstieg. Dann kam Tom herauf. King sprang herunter und lag im Badezimmer, während Tom sich fertig machte. Dann ging King zurück ins Bett, wenn auch Tom hineinging. In Kings Vorstellung tat er seine Pflicht, indem er seine Familie zu Bett brachte.

Ein Teil seines Jobs, wie King ihn auffasste, bestand darin, seine nächsten Angehörigen zu beschützen. Falls Carl zufällig den Kopf hereinsteckte, um Gute Nacht zu sagen, würde King vom Bett herunterspringen, an der Schlafzimmertür Wache stehen und knurren, bis er wegging. Dem armen Burschen war es nicht erlaubt, den Raum zu betreten.

Aber Tom und Janet war es auch nicht erlaubt, zu gehen. Wenn King sie einmal zu Bett gebracht hatte, waren sie praktisch Gefangene in ihrem eigenen Schlafzimmer. King sorgte dafür, dass sie blieben, wo sie waren. Tatsächlich war einer der Gründe, weswegen sie mich endlich gerufen hatten, ein bestürzender Vorfall zur Schlafenszeit.

Tom versuchte mitten in der Nacht die Treppe herunterzukommen, um sich ein Glas Milch zu holen. King lag unten am Treppenabsatz, wo er sich positionierte, nachdem alle eingeschlafen waren. Ihn dazu zu bringen, sich wegzubewegen, kam nicht in Frage, und King knurrte so bedrohlich, dass Tom Angst hatte, über ihn zu steigen. Er ging ohne seine Milch wieder hinauf.

Am nächsten Tag diskutierte die Familie die Tatsache, dass sie, wenn jemals in der Nacht ein Feuer ausbrechen würde, im ersten Stock in der Falle säßen, weil King sie niemals vorbeilassen würde. Sie waren bereit, sich sehr viel mehr als die meisten Hundebesitzer gefallen zu lassen, aber sie wollten nicht ihr eigenes Leben aufs Spiel setzen. An diesem Punkt entschieden sie sich, um fachmännische Hilfe zu bitten.

Manche Leute rufen mich alarmiert an, wenn ihr Hund sie das

erste Mal schief ansieht. Doch nach Monaten des Lebens mit King war für diese Leute der Gedanke nötig, dass er sie töten konnte, um das Hunde-Äquivalent der 112 zu wählen.

Ich fragte nach der nahe liegenden Möglichkeit, King nachts aus dem Schlafzimmer auszusperren und ihn von den Treppenstufen fern zu halten. Janet schüttelte den Kopf.

„Das können wir uns nicht leisten," sagte sie und winkte mir, ihr ins Esszimmer zu folgen, das an die Küche grenzte.

„Das ist der Ort, an dem wir zuletzt versucht haben, King eine Tür vor der Nase zuzumachen."

Auf der Küchenseite war die Tür in Ordnung. Aber die Esszimmerseite der hohlen Tür war zersplittert und die ganze Unterkante bis zu einer Höhe von 25 bis 30 Zentimetern zerstört. Ich bemerkte auch, dass der Teppichboden um die Tür bis auf die Grundfasern abgewetzt war.

„Man kann King nicht einsperren," sagte Tom, als wir den Schaden betrachteten.

„Oder aussperren," fügte seine Frau hinzu.

„Und ganz gewiss mag er seine Leine nicht," sagte Carl.

Ich schaute zu King, der nun im Esszimmer auf und ab lief wie ein Tiger in seinem Käfig und mir immer noch misstrauische Blicke zuwarf. Hastig sagte ich den Farleys, ich würde es sehr zu schätzen wissen, wenn sie die Leine dranlassen würden, bis die Sitzung zu Ende und ich zur Tür hinaus gegangen sei. Oder noch besser: die Stadt verlassen habe, dachte ich bei mir, als ich den unglücklichen Vierbeiner betrachtete.

Das war alles. Im Moment fiel ihnen kein weiteres größeres Problem ein. Nachdem sie zur Genüge demonstriert hatten, dass King die Dinge im Griff hatte, war meine nächste Aufgabe, einen Begriff davon zu bekommen, warum er sich so benahm.

Ich vermutete, dass Kings Litanei etwa so ging: *Ich bin verantwortlich für meine Leute. Ihr spielt nach meinen Regeln, oder ...*

King hatte im Grunde Kontrolle darüber, wann und wie er spielte, wann er hinausging, wo er sich aufhielt, wie er ein Leckerchen bekam und wie die Familie sich im Haus bewegte, Besuch hatte, aß, schlief und so weiter. Es war eine schreckliche Situation.

„Haben Sie früher schon Hunde gehabt?"

„Ja," sagte Janet. „Gute Hunde. Keine Beißer. Und wir haben sie alle genauso behandelt wie King."

„Aber keiner von ihnen hat sich wie dieser hier benommen," fügte Carl hinzu. „Er ist einfach nur bösartig. Geboren als fauler Apfel."

War King angeborenermaßen bösartig? Ich hoffte nicht. Es ist schwer, wenn nicht sogar unmöglich, Probleme aufgrund der Veranlagung grundlegend zu ändern. Sie ist aber für gewöhnlich nicht das Problem.

Um eine richtige Diagnose zu stellen, musste ich meinen Haustier-Sherlock-Holmes-Hut aufsetzen. Ich musste zurückgehen, um herauszufinden, was während des Ausbruchs dieser Verhaltensprobleme geschah. Das würde mir helfen zu verstehen, was sie verursacht hatte und warum sie so lange anhielten. Würden wir in der Lage sein, schnell ein oder zwei schlechte Angewohnheiten auszumerzen, oder waren Kings Probleme so durchdringend und fest verwurzelt, dass es eine völlige Änderung von Kings Behandlung im Alltag erfordern würde, sie zu lösen?

Interessanterweise hatte die Familie zuvor vier Deutsche Schäferhunde aufgezogen. Ich musste sie als ziemlich gewitzt in Bezug auf die Rasse und ihr Verhalten betrachten. Dies ist ein wichtiger Punkt, weil viele Leute die Ansicht vertreten, dass ein Hund sich nicht zum Schlechten entwickeln würde, wenn es nicht die Schuld des Besitzer wäre. Andere glauben, dass die Gene das Verhalten bestimmen. Es ist der alte Streit zwischen Umwelt und Vererbung.

Natürlich macht gute Zucht (gute Gene) einen Unterschied, was der Grund dafür ist, dass Züchter in der Lage sind, erwünschte körperliche Merkmale und Wesensmerkmale hervorzubringen. Jedoch führt in manchen Fällen dieselbe etwas raue Behandlung bei einem Welpen dazu, dass er „hochgeht", und bei einem ähnlichen (aber genetisch verschiedenen) Welpen dazu, dass seine Aggression gehemmt wird. Es tragen daher sowohl die Gene als auch die Aufzucht zur Wahrscheinlichkeit von Beißproblemen bei.

In unserem Fall hatten die Farleys, wenn ich sie beim Wort nahm, alle ihre Schäferhunde gleich aufgezogen, die gleichen Spiele mit ihnen gespielt und die gleiche Umwelt bereitgestellt. Aber diesmal bekamen sie eine völlig andere Sorte Hund heraus als die gutmütige Bande, die sie vorher hatten.

Ich glaube, dass in vielen Fällen – einmal ausgenommen solche, die absichtlichen Missbrauch beinhalten – wohlmeinende Besitzer unabsichtlich zum Ausbruch des aggressiven Problemverhaltens beitragen und es in manchen Fällen tatsächlich verursachen, falls das Tier jene unterschwelligen Neigungen hat.

Eltern mögen zum Beispiel ein Kind verhauen und mit einem gut erzogenen Kind enden, das weiß, was sich gehört. Oder sie versohlen einem Geschwister den Hintern für dasselbe Vergehen, stellen aber fest, dass dieses Kind dazu neigt, zurückzuschlagen oder auf dem Spielplatz gewalttätig zu werden. Der Unterschied im Ergebnis liegt höchstwahrscheinlich an den individuellen Unterschieden zwischen Kindern. Und mit anderen Säugetieren ist es das Gleiche.

Was passierte also mit Klein-King, einem Welpen von einem Hinterhofzüchter, der mit sechs Wochen ins Haus geholt wurde? Ich wollte herausfinden, in welchen Situationen King zuerst anfing zu beißen. Ich wünschte, ich hätte die Uhr zurückdrehen und dafür sorgen können, dass King im Wurf blieb, bis er sieben oder acht Wochen alt war. Dies sind Wochen des wilden und rauen Spiels unter Welpen, in denen sie von ihren Wurfgeschwistern und ihrer Mutter – wenn sie dabei ist – lernen, dass feste Bisse von scharfen kleinen Zähnen zu ebenso festem Zurückbeißen führen.

In meinen früheren Forschungen habe ich Welpen, die von Geburt an von Menschen handaufgezogen wurden, mit solchen verglichen, die bei ihrer Mutter und ihren Wurfgeschwistern aufwuchsen. Einer der bemerkenswertesten Unterschiede, die ich fand, war der in Aggression und Kampfspiel. Die von Menschen aufgezogenen Welpen – die Umgang mit Menschen hatten, aber nicht dem Spiel mit ihren Geschwistern oder ihrer Mutter ausgesetzt waren – neigten dazu, mehr Aggression zu zeigen. Manchmal bissen sie zu hart, weil niemand sie zurückbiss, wenn sie mit Menschen statt mit Hunden spielten.

In den ersten acht Wochen entwickeln Welpen gegenüber ihren Geschwistern einen gehemmten oder sanften Biss. Dies erlaubt ihnen, zu spielen und spielerisch zu kämpfen, ohne einander zu verletzen. Mit etwa sechs Wochen beginnen sie für gewöhnlich, damit klarzukommen, aber es dauert bis zur siebten oder achten Woche, bis sie so ziemlich gelernt haben, womit sie im Spiel durchkommen und womit nicht. Im Alter von etwa acht Wochen werden die Verhaltensmuster und die Interaktionen mit Wurfgeschwistern beständiger und vorhersagbarer.

Wenn man einen Welpen im Alter von fünf oder sechs Wochen aus dem Wurf nimmt, verlangt man von ihm, seine Beißhemmung unter menschlichen Familienmitgliedern zu lernen. Aber es ist Sache der Menschen, ihn dies zu lehren. Damit beginnen normalerweise die Probleme, weil die Leute nicht erkennen, dass es ihr Job ist, und noch viel weniger wissen, wie sie ihn tun sollen.

Und dies passierte vermutlich mit King. Er schnappte nach seinem Besitzer und das tat weh. Also schlug sein Besitzer ihm auf den Kopf oder gab ihm einen Klaps auf die Schnauze. Mit der Zeit wurde King handscheu. Wenn er Hände sah, wurde er übermäßig erregt und aufgebracht. Dies veranlasste ihn möglicherweise dazu, entweder seinen Besitzer zuerst zu beißen oder die Hand zu packen, bevor sie ihn schlagen konnte. Und dies führte natürlich dazu, dass sein Besitzer ihm wieder einen Klaps gab.

Das war es, was sich offensichtlich in der Familie Farley eingespielt hatte. Tom und sein Bruder spielten Tauziehen mit King, wozu sie ein kleines Handtuch oder ein altes T-Shirt benutzten. Wenn einer aus der Farley-Familie mit der rechten Hand zog, versuchte er aus irgendeinem unbegreiflichen Grund, King mit der linken Hand auf den Kopf zu schlagen. Oder er wechselte das Handtuch von der rechten zur linken Hand, und wenn King nicht aufpasste, bekam er mit der anderen Hand eine gewischt.

In Zoogeschäften sehe ich viele Spielzeuge, die zum Tauziehen entworfen worden sind. Ich verstehe, dass dies eine alte traditionelle Spielform zwischen Hunden und ihren Besitzern ist und es kann allen Beteiligten Spaß machen. Aber mein Rat an Hundehalter ist, in Betracht zu ziehen, ihre vierbeinigen Freunde stattdessen damit zu beschäftigen, einen Ball zu fangen, einen Stock zu holen oder nach einem Frisbee zu springen. Bei Welpen, die früh aggressive Tendenzen zeigen, kann es große Probleme heraufbeschwören, sie raue Spiele wie Tauziehen zu lehren, die Aggression ermutigen.

Eine neuere Studie hat gezeigt, dass Tauziehen nicht mit größerer Wahrscheinlichkeit Aggression hervorbringt als andere Spielformen. Aber meiner Erfahrung nach waren Zerrspiele in einem signifikanten Teil der Fälle, in denen Hunde ihre Besitzer bissen, Teil des Spiel-Szenarios. Daher empfehle ich, wenn ein Hund anfängt, während des Tauziehens aggressiv gegen irgendwen zu werden – sogar wenn der Biss unbeabsichtigt war –, den Wettstreit einzustellen und durch eine Spielform zu ersetzen, die weniger Konfrontation beinhaltet.

In der Farley-Familie endete Tauziehen für gewöhnlich damit, dass der Besitzer gewann. Mir wurde klar, dass es für die Männer der Familie wichtig war, sich von King nicht unterkriegen zu lassen. Sie charakterisierten beinahe jede Situation mit King als einen Wettstreit, den „ich gewinne“ oder „King gewinnt“. Manchmal, wenn Kings Griff allzu fest war, gab Tom dem Handtuch einen kräftigen Ruck und der kleine King wurde gegen die Wand geschleudert. Tom hatte gewonnen.

Aber als King stärker und seine Reflexe besser geworden waren, schaffte er es, ein bisschen länger festzuhalten. Das war, als das Beißen anfing. Während King sich auf seinem Weg am Handtuch weiter nach oben kaute, erreichte er schließlich die Hand von irgendjemandem. Nach ein paar Monaten war King ziemlich geschickt darin, eine Hand zu lochen, bevor der Besitzer sie wegziehen konnte. Er lernte, dass der einzige Weg, wie er verhindern konnte, auf den Kopf geschlagen oder durch den Raum geschleudert zu werden, war, vorher zu beißen.

Für diese Familie war Tauziehen mehr als nur ein Spiel. King sprang z.B. aufs Sofa und die einzige Möglichkeit, ihn dort herunterzubekommen, war, ihm ein Spiel anzubieten. Die Männer der Familie verlockten ihn zum Zerrspiel und zogen ihn mit dem Handtuch von der Couch. King lernte schließlich, dass jedes Mal Spielzeit war, wenn er aufs Sofa sprang und die Leute ein Handtuch hatten. Im Spiel biss er und sie schlugen.

King begann alle Arten von körperlichem Verweis – schlagen, Klapse und sogar das Wort Nein – als Zeichen für den Beginn eines Spiels zu interpretieren. Er war bereit, sich mit dem Schmerz der Schläge abzufinden, weil er es als Spiel ansah, solange er zurückbeißen konnte.

Darum war es keine Lösung, diesen Hund körperlich zu strafen. Früher pflegten Trainer zu empfehlen, einen Hund zu packen und niederzuhalten, um Aggression zu stoppen. Dies funktionierte nie besonders gut, und heutzutage empfiehlt man es nicht mehr. Es mit einem unkastrierten Rüden zu tun, dessen Sexualhormone gerade ihre Wirkung entfalten, ist noch weniger ratsam – und bei King würde es ganz bestimmt nicht funktionieren.

Natürlich würden viele Hundehalter unter gar keinen Umständen daran denken, einen Welpen zu schlagen. Und es erscheint logisch für Nichtschläger, zu schlussfolgern, dass es verständlich war, dass King bösartig wurde; er wurde misshandelt. Aber als ich die Farleys befragte, fand ich heraus, dass dies dieselben Spiele waren, die sie mit ihren anderen Schäferhunden gespielt hatten, und keiner von ihnen wurde ein Beißer.

An dieser Stelle kommt der genetische Teil ins Spiel und ich kann nur vermuten, dass King wahrscheinlich einen anderen Genotyp oder ein anderes genetisches Milieu hatte als die vorherigen Hunde. Er war genetisch eher bereit, in aggressiver Weise auf diese Art von Behandlung zu reagieren. King ist ein vortreffliches Beispiel dafür, dass man jeden Hund und jede Katze als Individuum behandeln muss, weil es sogar innerhalb derselben Rasse häufig zu rätselhaften Unterschieden kommen kann.

Ich bin nicht immer in der Lage herauszufinden, warum ein

Tier anfängt, etwas zu tun, das es nicht tun sollte. Glücklicherweise ist es meistens nicht wesentlich, das „Wie“ zu kennen, um dem Tier und seinem Besitzer zu helfen, weil es manchmal unmöglich ist, die Wurzel des Problems aufzuspüren.

Janet spielte nicht Tauziehen mit King, aber er biss sie trotzdem. Und sie fand heraus, dass er extrem aufgeregt wurde, wenn sie die Hand hob, um ihn zu schlagen, und, je nachdem was besser zu erreichen war, nach ihrer Hand schnappte oder vor und zurückschnellte und in ihre Fußknöchel biss.

„Aber ich habe einen Weg gefunden, ihn zu stoppen,“ sagte sie mir. Sie beugte sich vor und zog einen abgetragenen braunen Halbschuh aus. „Früher habe ich ihm damit auf die Nase gehauen,“ berichtete sie, „aber nun geht er weg und legt sich hin, wenn ich ihn so hochhalte.“ Sie riss den Arm über den Kopf hoch und schwang den Schuh durch die Luft.

Es überraschte mich nicht, dass King gelernt hatte, beim Anblick des Schuhs zurückzuweichen. Die Nase eines Hundes, wo die olfaktorischen Nerven eine Leitung ins Gehirn bilden, ist sehr empfindlich. Trotzdem war dies unakzeptabel. Es war eine Misshandlung Kings. Und wer will schon einen bissigen Hund – einen, den man nur aufhalten kann, indem man ihm einen Schuh über die Nase zieht?

Obwohl der Tierarzt seine Sorge zum Ausdruck gebracht hatte, dass es unmöglich sein würde, King zu rehabilitieren, und dass er eingeschläfert werden sollte, verließ ich das Haus der Farleys an diesem Tag in dem Glauben, dass ein wenig Hoffnung bestünde, besonders im Hinblick auf ihre Entschlossenheit, King zu behalten. Ich glaubte, dass King nicht angeborenermaßen bösartig war, sondern dass die meisten seiner Probleme aus zwei Quellen kamen: seinem gestörten Begriff von Spiel, der auf seine frühe Trennung vom Wurf zurückging, und dem törichten Versuch der Farleys, durch unpassende Spiele Kontrolle über ihn zu gewinnen.

In Absprache mit dem Tierarzt beschlossen wir zuerst, King kastrieren zu lassen, was bei jungen Rüden helfen kann, aggressive Tendenzen zu verringern, falls sie nicht mit Angst in Zusammenhang stehen. Nach dem Eingriff bat ich den Tierarzt, weibliche Hormone zu verabfolgen, um King weiter zu beruhigen, während er neue, passendere Verhaltensweisen lernte. Wir planten, die Dosis allmählich zu verringern, da die Langzeitanwendung von Hormonen zu unerfreulichen Nebenwirkungen führen kann. (Heutzutage haben sicherere Medikamente die Hormonanwendung bei dieser Art von Problemen ersetzt.)

King war nun in einer besseren Verfassung, um ein paar neue Gewohnheiten zu lernen. Aber es würde nicht leicht sein. Zunächst einmal musste ich die Familie dazu bringen, jede körperliche Bestrafung einzustellen. Kein Schlagen, Tauziehen oder etwas in der Art, was früher bei King zu Spiel, Aggression, Beißen oder Drohungen eskalierte. Ich hatte das Gefühl, dass wir das schlechte Benehmen stoppen könnten, wenn es uns gelänge, die angenehmen Konsequenzen – nämlich die Tatsache, dass King bekam, was er wollte – abzustellen, die solches Verhalten für ihn hatte. Dies war kein Hund, den man durch einen Leinenruck dazu zwingen konnte, etwas zu tun; das würde ihn veranlassen, sich geradewegs in den Arm oder das Bein der Person zu verbeißen. Also mussten wir etwas tun, das man Unterwürfigkeitstraining nennt.

Wenn King irgendeine Art von unterwürfigem Verhalten zeigte, sollten die Farleys ihn loben und ihm Aufmerksamkeit schenken. Damit diese Übung klappte, mussten sie ein bisschen Hundekörpersprache lernen. Ich zeigte ihnen die Art von Aktivitäten, die King dazu bringen würden, seiner menschlichen Familie gegenüber eine untergeordnete Beziehung zu beweisen.

Die Farleys mussten auf unterwürfige Signale von King achten, etwa dass er die Ohren zurücklegte. Ich sagte ihnen, sie sollten King beachten und loben, wenn sie welche sahen. Wir begannen King mit einem weichen, tiefen „Guuuter Junge“ zu loben. Ich bat die Familie, ihn während der ersten Tage nicht direkt anzusehen. Blickkontakt regte King auf und wir wollten ihn abregen, besonders während dieser frühen Trainingseinheiten. Wenn er weniger erregt war, würde er mit größerer Wahrscheinlichkeit aufnehmen, was wir ihn zu lehren versuchten.

Ganz allmählich, von Woche zu Woche, würden die Farleys fortfahren müssen, King zu loben, wann immer er etwas Unterwürfiges tat, und ihn zu ignorieren, wenn er schnappte oder versuchte, eine Begegnung in aggressives Spiel eskalieren zu lassen.

Anfänglich führte diese Strategie, das Gute zu loben und das Schlechte zu ignorieren, zu mehr Bissen – kein ungewöhnliches Ergebnis, wenn ein Hund beginnt, neue Verhaltensweisen zu lernen. Aber als King herausfand, dass er keine positiven Reaktionen – Futter oder Spiel – mehr bekam, fing er an, sein Fehlverhalten zu stoppen. Er lernte, dass sein aggressives Spiel ihm nicht das einbrachte, was er wollte. Nur unterwürfig zu sein zahlte sich aus.

Zur Essenszeit z.B. wurde er ermutigt, sich hinzusetzen. Ganz egal wie sehr er sich danebenbenahm – durch Jaulen oder indem er seinen Kopf unter ihre Ellbogen schob –, wurde er bis zum Ende der Mahlzeit ignoriert. Dann entschied die Familie, ob sie ihm einen Leckerbissen geben wollte oder nicht. Schließlich lernte King, dass er die Farleys nicht zu belästigen brauchte, während sie aßen, weil er etwas bekommen würde, wenn sie fertig waren.

Nach ein paar Monaten brachten die Farleys King zu einem Hundetrainer, um zu sehen, ob er ein paar Grundkommandos mehr als nur „Sitz" lernen könnte. Ich erklärte dem Trainer, dass dies kein Hund war, den er mit einem Würgehalsband behandeln sollte, wenn ihm sein Leben lieb wäre. Der Trainer erzielte ziemlich gute Resultate, vermutlich weil er während der Übungen nicht auf Kings Heimterritorium war und King bereit war, ihm etwas Narrenfreiheit zuzugestehen.

Im ersten Stock wurde King zur Schlafenszeit an die Leine genommen und zum Sitzen gebracht, während Carl im Türrahmen stand und mit Tom und Janet sprach. Kings anfängliche Proteste wurden ignoriert. Als King bereit war, die Störung ruhig zu akzeptieren, kam Carl nach und nach weiter in den Raum, jeden Abend ein paar Schritte mehr, bis King keine Einwände mehr erhob. Zur selben Zeit lernte King, Leute die Treppe hinuntergehen zu lassen ohne zu beißen oder zu knurren, und er bekam eine Belohnung, wenn Tom die Küche unversehrt erreichte.

Ebenso wurde King angeleint, wenn Leute an die Tür kamen. Er wurde für eine „Auszeit“ hinausgeschickt, wenn er übermäßig erregt oder aggressiv wurde. Da er überhaupt nicht mehr gefüttert wurde, wenn er in einem aufgeregten Zustand war, lernte er, dass ruhig sein zu Lob, einem Leckerchen und erneutem Zutritt zum Haus führte.

Weil King all diese Leckerchen bekam, mit einem neuen Hochproteinhundefutter gefüttert wurde (man glaubte zu der Zeit, dass Protein den Spiegel eines Neurotransmitters im Gehirn erhöhen würde, der beruhigende Effekte hat) und Hormone nahm, die als Nebenwirkung seinen Appetit erhöhten, nahm er ein paar Pfund zu und wurde etwas fauler. Das war okay, weil er mit etwas weniger Energie dazu neigte, mehr herumzuliegen, und weniger Interesse daran hatte, Leute zu kontrollieren oder zu beißen.

Leider projizierte Janet magische Kräfte in das neue Hundefutter. Sie schrieb ihm die meisten Änderungen im Verhalten zu und weigerte sich, es einzuschränken oder auszutauschen, als King rundlicher wurde. Es gab keinen Weg für den Tierarzt und mich, sie vom Gegenteil zu überzeugen, sogar als wir mit ihr über die körperlichen Probleme sprachen, denen ein überfütterter Schäferhund sich möglicherweise gegenüber sieht. King hatte weiter ein Problem mit dem Übergewicht, aber wenigstens biss er keine Leute mehr.

Dies war ein sehr langer Fall, etwa vier Monate vom Anfang bis zum Ende. Die meisten Probleme, mit denen ich umgehe, sind innerhalb von sechs Wochen gelöst oder auf dem Wege der deutlichen Besserung. Aber wenn man berücksichtigt, womit wir es zu tun hatten, war ich erstaunt über unseren Erfolg. Alle drei Familienmitglieder waren gemeinsam mit King umgeschult worden. Sie gingen ohne Umschweife und mit Entschlossenheit an die Arbeit und erinnerten sich gegenseitig daran, dass sie bestimmte Sachen lassen sollten und andere Dinge tun mussten. Wir berieten uns regelmäßig am Telefon.

Nach vier Monaten anhaltender Bemühungen war es sehr viel sicherer, King in der Nähe zu haben, und er hatte seinen Würgegriff um den Haushalt aufgegeben. Die Farleys hatten wieder Leute zu Besuch. Sie aßen am Esstisch, sagten einander Gute Nacht, wann immer es ihnen gefiel, und gingen zu einem mitternächtlichen Imbiss die Treppe hinunter – Aktivitäten, die die meisten Menschen natürlich für selbstverständlich halten. Aber in einem Haushalt, in dem ein Hund König war, war es geradezu ein kleines Wunder.

Rusty
Der Welpe, der nicht wusste, wie man spielt

„Er ist eben ein Schrottplatzhund," sagte Jill Slatery und schüttelte müde den Kopf, während wir zusahen, wie der magere gelbe Welpe im Wohnzimmer ihres einfachen Zuhauses herumdüste. „Vielleicht hätte ich ihn einfach dalassen sollen."

Ich sah Tränen in ihren Augen. Es war nicht das erste Mal, dass ein Klient von dem Fehlverhalten eines Haustiers zur Verzweiflung getrieben wurde, aber ich spürte eine schwerere Last auf Jills Schultern. Ich hatte keine Möglichkeit ihr zu helfen, wenn wir uns mit dieser resignierten Einstellung an die Arbeit machten.

„Ich finde es großartig, dass Sie den Welpen gerettet haben," sagte ich zu ihr. „Es ist wirklich eine große Umstellung für ihn, aber ich wette, wir können ihm helfen, sich ganz gut anzupassen." Sie antwortete mit einem matten Lächeln.

„Sie sehen ziemlich entmutigt aus," wagte ich mich vor.

„Es ist nur, weil ich alles so vollkommen haben wollte für Shawn, meinen Sohn. Und nun erweist sich dieser Hund nicht gerade als Glücksgriff." Sie wischte sich übers Gesicht und lachte ein bisschen.

Ich konnte sehen, dass Jill ziemlich viel in den dürren Köter investiert hatte, der nun an einem kleinen Turnschuh kaute. „Nein!" schrie sie und griff nach dem Schuh. Der Hund, Rusty, flitzte davon.

„Ich würde gern etwas über Ihren Sohn hören, und dann sehen wir, wie wir Rusty helfen können, ein besserer Kamerad für ihn zu werden," sagte ich.

Jill nickte zustimmend, während sie dem sich entfernenden Welpen nachsah. „Ich glaube, er weiß nicht einmal, dass sein Name Rusty ist," sagte sie. „Wir rufen ihn immer nur ‚Nein' und ‚Lass das!'."

„Nun, er wäre nicht der erste Hund der ‚Nein' heißt," versicherte ich ihr. „Ich habe einige getroffen. Aber jetzt – was ist los mit Shawn?"

In der nächsten halben Stunde erzählte mir Jill eine traurige Geschichte davon, allein erziehende Mutter eines einsamen achtjährigen Jungen zu sein, der gerade zum x-ten Mal von seinem Vater im Stich gelassen worden war. Die beiden waren kürzlich umgezogen und Shawn versuchte in der Schule neue Freunde zu finden, aber es war nicht leicht, „der Neue" zu sein. Dann war Shawn mit der Nachricht nach Hause gekommen, dass da ein Welpe auf dem Schrottplatz neben dem leer stehenden örtlichen Einkaufszentrum herumirrte, und hatte gefragt, ob er ihn mit nach Hause bringen und für ihn sorgen könne.

„Ich dachte es wäre gut für ihn, etwas zum Liebhaben zu haben, das seine Zuneigung erwidert," erklärte Jill, „also sagte ich Ja, wenn er sich um ihn kümmern würde. Aber der Hund ist einfach wild. Wir haben ihn fast einen Monat lang ertragen und ich bin fast so weit, ihn loszuwerden. Ich möchte wirklich nicht, dass Shawn noch mehr verliert, daher habe ich Sie angerufen."

Es war ziemlich viel verlangt. Hätte ich Jill vier Wochen früher getroffen, hätte ich ihr geraten, ein Haustier anzuschaffen, das besser für ein Kind geeignet war – eines, mit dem umzugehen Spaß machen würde, dessen Pflege aber weniger aufwendig wäre, wie z.B. eine Katze oder ein Meerschweinchen. Ich hätte ihr gesagt, dass sie nicht erwarten konnte, dass ihr Sohn in der Lage war, die gesamte Fürsorge für einen Hund zu übernehmen. Er war einfach zu jung für diese Verantwortung. Und bestimmt hätte ich ihr nicht geraten, sich einen Einzelwelpen von einem Schrottplatz zu holen.

Obwohl ich sie beruhigen wollte, hatte ich ein paar ernsthafte Bedenken bezüglich der Fähigkeit des Welpen, sich anzupassen – abgesehen davon, dass Rustys allgemeiner Gesundheitszustand wahrscheinlich Schaden genommen hatte. Ein Hund, der ohne positiven menschlichen Kontakt oder die Anwesenheit seiner Mutter und seiner Wurfgeschwister auf einem Schrottplatz aufwächst, neigt dazu, es später sehr schwer im Umgang mit Menschen zu haben.

Welpen finden am leichtesten heraus, wie sie sich in der Nähe von Menschen und anderen Tieren benehmen sollen, ehe sie 12 oder 14 Wochen alt sind. Rusty war gerettet worden, als er erst fünf oder sechs Wochen alt war. Man wusste nicht, wie viel Zeit er mit seiner Mutter und seinen Geschwistern verbracht hatte, deren Verbleib unbekannt war. Nach seinem Aussehen zu schließen, war er schon eine Weile allein gewesen und hatte vom Ausräumen von Mülltonnen gelebt. Diesem kleinen Überlebenden hatte es leider an Rollenvorbildern gefehlt.

Eine von Jills Klagen war, dass Rusty vor Energie strotzte, wenn er von seinen „Pinkelpausen“ hereinkam. „Ich denke dann, ich habe ihm Gelegenheit gegeben, seine überschüssige Energie herauszulassen, aber wenn wir ins Haus kommen, ist er ganz aufgedreht,“ sagte sie. „Er saust herum und bellt und spielt verrückt.“

„Ich fürchte, Welpen sind nicht besonders gut darin, ihren eigenen Energielevel zu regulieren,“ sagte ich ihr. „Rusty weiß noch nicht, wie er sich selbst beschäftigen kann, um Dampf abzulassen. Ich fürchte, Sie werden sein Bewegungspensum erhöhen müssen, bis er ‚kaputt‘ ist, wenn er hereinkommt.“

„Ich vermute, Shawn kann etwas davon übernehmen,“ entschied sie.

„Dieser Teil sollte Spaß machen,“ bemerkte ich. „Es ist eine gute Gelegenheit für die beiden, eine Beziehung aufzubauen, in der sie sich darauf freuen können, zusammen zu sein. Lassen Sie sie rennen und spazieren gehen, bis der Welpe ruhig ist, und dann bringen Sie ihn herein. Ich wette, Sie sehen einen Unterschied in seinem Verhalten.“

Nachdem ich die gesamte Verhaltensgeschichte aufgenommen hatte, sagte ich Jill, dass es an ihr und Shawn liege, dafür zu sorgen, dass Rusty in ihre Familie passte. Alles was ich tun konnte, war, ein paar Anregungen zu geben, aber wenn ich sie verließ, waren sie am Zuge. Ich vergewisserte mich, dass Jill wusste, dass sie anrufen konnte, wenn sie Fragen hatte, und bat sie, mich über Rustys Fortschritte auf dem Laufenden zu halten.

Mir war nicht klar, wie wenig die beiden über Hunde wussten, bis Jill fortfuhr und mir von einem Vorfall erzählte, bei dem Rusty sie ohne jeden Grund angeknurrt und nach ihr geschnappt hatte.

„Das klingt nicht gut.“ Ich runzelte die Stirn. „Was haben Sie zu dem Zeitpunkt getan?“

„Ich habe versucht, im Garten ein paar Blumen einzupflanzen und grub gerade in der Erde. Glücklicherweise hatte ich Handschuhe an, als er meine Hände attackierte.“

„Okay, ich verstehe.“ Ich lehnte mich in meinem Stuhl zurück. „Hat Rusty sich verbeugt und ragte sein Hinterteil ein gutes Stück in die Luft, ehe er auf Sie losging?“

„Ich weiß nicht,“ sagte Jill. „Aber ich habe ihm nichts getan.“ Ihr war nie der Gedanke gekommen, dass der Hund nur spielte. Auf ihre Hände loszuspringen und sie mit einem grimmigen Knurren zu beißen, war bei dem Welpen das Pendant zu einem Kind, das in einem Räuber-und-Gendarm-Spiel den Bösewicht spielt. Sie wollte auch keine Rolle darin spielen, wenn es Bisswunden in ihren Händen bedeutete. Wer konnte ihr das verdenken?

Wenn ein Welpe mit einem anderen Welpen ein Kampfspiel anfängt und zu hart beißt, ist es wahrscheinlich, dass der andere Welpe ziemlich hart zurückbeißt. Er lernt bald, dass er, wenn er selbst sanft beißt, sanft zurückgebissen wird.

„Dieser Welpe zwickt wirklich fest,“ beklagte sich Jill und rieb ihre Hand. „Er beißt mich jedes Mal, wenn ich ihn anschreie.“

„Was machen Sie mit den Händen, wenn Sie ihn anschreien?“

Sie sprang auf, zeigte mit dem Finger auf einen imaginären Hund und bewegte ihre Hand gleichzeitig zu dem bekannten Refrains „Nein, nein, nein, nein, nein!“ auf und ab.

Es konnte sein, dass Rusty in Jills Hand zwickte, um das Herumfuchteln zu beenden. Eins der Dinge, die er gelernt hätte, wenn er im Wurf geblieben wäre, statt sich seinen Weg durch Berge von verbeulten Radkappen zu suchen, wäre gewesen, gehemmt zu beißen. Ich glaube, das ist die wichtigste soziale Fähigkeit, die Welpen einander lehren. Wenn man sie aus dem Wurf nimmt, solange sie jung sind, muss der Besitzer das Unterrichten übernehmen.

Wenn ein Welpe nicht die Chance gehabt hat, diese Erfahrung

zu machen und zu früh vom Wurf getrennt wurde, ist es wahrscheinlich, dass er seinen Besitzer beißt. Das war es, was Jill passierte. Wenn man gebissen wird, ist der erste Reflex, um sich zu schlagen oder „Nein" zu schreien und dem Hund einen Klaps zu geben – oder, wenn man gewisse Bücher gelesen hat, ihn auf den Boden zu drücken oder ihm die Schnauze zuzuhalten und zu sagen: „Nicht beißen!" Das hatte Jill getan, aber Rusty hatte das Buch nicht gelesen und biss sie noch fester.

Vor fünfzehn Jahren dachten manche Verhaltensforscher, die das Verhalten von Wölfen studiert hatten, dass es eine vernünftige Idee sei, den Hund zu Boden zu drücken. Sie stellten sich vor, dass der Hund zu dieser Art, dafür zu sorgen, dass er nicht aus der Reihe tanzt, einen Bezug herstellen könnte. Viele Hundebisse später wissen wir, dass sie sich weitgehend geirrt haben. Bei Welpen ist es vielleicht keine so schlimme Sache, sie zu Boden zu drücken, wenn es auf mehr oder weniger spielerische Weise geschieht und sie nicht zu bändigen sind. Bei einem heranwachsenden oder erwachsenen Hund kann es katastrophale Folgen haben.

Wir wissen jetzt, dass es bessere Wege gibt, einen Hund zu lehren sich unterzuordnen, als durch Gewalt und Konfrontation. Mensch-Hund-Beziehungen sind nicht wie Wolf-Wolf-Beziehungen. Es ist das Beste, in eine Beziehung einzusteigen, in der gegenseitiger Respekt für die Rollen des jeweils anderen besteht: Der Hund versucht es Ihnen recht zu machen und unterwürfig zu sein und Sie loben den Hund dafür, dass er das tut.

Sie wollen nicht auf der körperlichen Ebene ins Extreme gehen und einen Welpen dazu zwingen, Dinge zu tun, die er nicht tun will – oder gar einen erwachsenen Hund, was das betrifft. Lassen Sie ihn sich an einen Raum zur Zeit gewöhnen. Setzen Sie ihn auf einen regelmäßigen Fütterungsplan, vermutlich anfangs etwa dreimal täglich. Achten Sie darauf, im Auge zu behalten wenn er übermäßig erregt wird, was zu Beginn wahrscheinlich ziemlich oft vorkommen wird.

Er wird oft nach draußen müssen und Sie werden mit ihm mitgehen müssen. Wenn er den Boden beschnuppert und sein Geschäft macht, loben Sie ihn. Dann spielen Sie an einem anderen

Ort mit ihm. Es gibt viele gute Bücher über die Grunderziehung und Welpenpflege (siehe Seite 294), und Sie sollten sich Zeit nehmen, sich zu informieren, bevor Sie den Welpen holen – und bevor Sie anfangen, leicht vermeidbare Fehler zu machen wie den, ihm zu erlauben, auf Ihren Fingern herumzukauen.

Es ist niemals eine gute Idee für Welpen, Menschenhände als Spielsachen zu benutzen, sogar wenn sie einen sanften Biss haben und es noch nicht wehtut. Das Schlüsselwort ist hier: „noch nicht". Wenn Hunde älter und stärker werden, ist sogar ein „sanfter" Biss imstande, echten Schaden anzurichten. Wenn Hunde lernen, dass Finger, Hände, Handgelenke und Arme keine Spielzeuge sind, werden sie sich darauf konzentrieren, andere Lieblingsspielzeuge zu entdecken.

Unser Freund Rusty hatte schon ein Lieblingsspielzeug entdeckt, und das war am Fuß von Klein-Shawn befestigt. Seinen großen Turnschuhen mit den verlockend nachschleppenden Schuhbändern konnte Rusty nicht widerstehen. Er stürzte sich auf Shawn und hängte sich an seinen Fuß, ebenso wie er im Garten in Jills Handschuhe biss. Und natürlich schrie Shawn Zeter und Mordio. All das regte Rusty noch mehr auf und daraus ergab sich eine Menge Gebell und Schnappen.

Und wenn Shawn dann seine Schuhe auszog und sie im Wohnzimmer herumliegen ließ, wie er es jeden Tag tat, fühlte Rusty sich im Recht, auf seinem „Spielzeug" zu kauen, das natürlich mit seinem Geruch versehen war. Jill gab zu, dass das Problem noch ungelöst war. „Ich habe es aufgegeben, Shawn darum zu bitten, seine Sachen wegzuräumen. Also, wie kann ich Rusty von Shawns Turnschuhen fern halten?"

Ich sagte ihr, sie solle einen Tupfen Vaseline auf die Spitze der Schuhe tun oder, wenn das nicht wirke, einen Spritzer Rasiercreme, die man leichter entfernen kann. Beide Substanzen sind nicht giftig und haben einen Geschmack und eine Konsistenz, die die meisten Hunde unangenehm finden. Dann musste Jill wenigstens drei verschiedene Arten von Spielzeug finden, die der Hund mochte, und durfte verbotene Sachen nicht auf dem Fußboden liegen lassen. Schließlich hatte Rusty keine Ahnung, dass Shawns Schuh kein Spielzeug war, wenn er immer einladend herumstand.

Manche Hunde mögen Tennisbälle oder Quietschgegenstände aus Gummi oder Kauseile. Ich schlug Jill vor, einen Stock oder einen Frisbee außerhalb der Tür griffbereit zu halten. Welpen brauchen Spielzeug ebenso wie Kinder und sie sollten lernen, dass es gut ist, diese Spielzeuge aufzunehmen und – so grob wie sie wollen – damit zu spielen und nicht mit Händen. Hände sind dazu da, zu streicheln, zu kraulen und dafür zu sorgen, dass der Hund sich wohl fühlt, nicht um darauf herumzukauen.

Zu viele Spielsachen zur Verfügung zu haben scheint manche Welpen zu sehr aufzuregen. Sie rennen entweder unkontrolliert von einem Spielzeug zum anderen oder verlieren nach und nach das Interesse daran, überhaupt mit etwas zu spielen. (Dies mag Eltern von Kleinkindern, die unter einer Spielzeugüberlastung leiden, bekannt vorkommen.) Die Idee ist, wie ich Jill sagte, die drei Spielzeuge in Funktion, Aussehen, Größe und Beschaffenheit verschieden zu wählen, sodass sie unverwechselbar sind und interessant bleiben. Wenn sie der Versuchung nicht widerstehen könne, mehr zu kaufen, solle sie sie für einen Monat im Schrank lassen und dann gegen die alten Spielzeuge austauschen, sagte ich.

„Was schlagen Sie vor, womit ich anfangen soll?“ fragte Jill.

„Rusty könnte mit einem weichen Teddybären beginnen, den er herumtragen kann, mit einem großen Gummiball und mit einem Buster Cube,“ bot ich an.

„Ein was?“

„Oh, ein Buster Cube ist ein hartes, achteckig geformtes Spielzeug mit einem Loch in der Mitte, in das man Hundeleckerchen füllen kann. Der Welpe schiebt es mit seiner Nase herum, bis etwas herausfällt.“ Ich hätte vielleicht vorgeschlagen, Rusty ein paar Sachen zu geben, die bereits im Haus waren (ein alter Socken, Tennisball und so weiter), aber da die Familie schon mit Rustys Attacken auf die Schuhe zu kämpfen hatte, dachte ich, es wäre am besten, etwas zu kaufen, das ausschließlich Hundespielzeug war.

Jill erklärte sich bereit, einen Ausflug zum Zoogeschäft zu

machen. Was das Turnschuhproblem anging, fand sie heraus, dass Rasiercreme ziemlich gut wirkte. Während der nächsten paar Wochen nannte ich Jill einige zusätzliche Spielstrategien, die Shawn benutzen konnte, wenn er Rustys Aufmerksamkeit von seinen Schuhen ablenken wollte. Zum Beispiel empfahl ich, dass Shawn stillstehen sollte, wenn Rusty seine Schuhe attackierte (Hunde regen sich über bewegte Objekte auf), und den neuen Gummiball in sein Gesichtsfeld rollen sollte. Dies veranlasste Rusty, seine Jagd umzuleiten und auf etwas Akzeptablerem zu kauen. Es brauchte nicht lange, um Rustys Schuhsucht zu durchbrechen, und Shawn brauchte nicht länger Rasiercreme darauf zu streichen. Nach und nach lernten Shawn und Rusty, miteinander zu spielen und mehr Spaß miteinander zu haben.

Rusty gewöhnte sich irgendwann daran, ein zivilisierter Hund zu sein, aber es war ein langer Kampf. Ich bin nicht sicher, ob Jill ihn aufgenommen hätte, wenn sie gewusst hätte, dass sie eine Ersatzmutter würde sein müssen, bis Rusty (und Shawn) gelernt hatten, sich zurechtzufinden. Sie hätte etwas Hilfe gebrauchen können. So seltsam es klingt – vielleicht hätte sie besser daran getan, zwei Hunde zu retten.

Hunde können einander viel lehren. Das ist der Grund, warum manche Leute sich dafür entscheiden, zwei Welpen anzuschaffen. Sie können sich miteinander beschäftigen und allgemein zusammen herumhängen. Ältere Hunde sind jedoch ein andere Geschichte, wie Annie und Clark Baker herausfanden, als sie sich entschlossen zu heiraten. Zwei Haushalte zusammenzulegen, zu denen Hunde gehören, ist etwas kniffliger als zwei Welpen nach Hause in eine Familie zu bringen. In diesem Fall bemerkten die Jungvermählten sehr schnell, dass die Flitterwochen vorbei waren.

Die beiden Hunde hätten nicht unterschiedlicher sein können, und sie waren bereits in ihren Gewohnheiten festgefahren. Annie besaß einen Hund namens Sheriff, einen kohlschwarzen Labrador, der ein ehemaliger Drogensuchhund und als Schutzhund trainiert war. Er protzte mit einem nietenbesetzten Halsband und einer direkten, bestimmten Haltung. Clarks Hund war eine zu Späßen aufgelegte, gelassene Golden Retriever Hündin namens Radar. Radar war immer die Hausherrin gewesen, ehe Annie und Sheriff einzogen, aber die Dinge änderten sich, als die Haushalte sich mischten. Sheriff war entschlossen, Radar zu zeigen, wer der Boss in der Familie war, obwohl Radar schon immer hier gelebt hatte.

Eines Tages knurrte Sheriff, packte Radar und schüttelte sie. Radar wollte nicht kämpfen, aber sie war nicht bereit, dies auf ihrem eigenen Grund hinzunehmen, daher knurrte sie zurück. Und das war nur der Anfang. Als ich gerufen wurde, wurden die beiden Hunde die meiste Zeit in verschiedenen Räumen gehalten und es lag spürbare Spannung in der Luft – nicht nur zwischen den Hunden.

Auf der einen Seite des Couchtisches saß Annie, eine Rechtsanwältin, die ihren Macho-Hund festhielt, während auf der anderen Seite Clark, ein Journalist, seinen anschmiegsamen Hund bei sich behielt. Mir schien, dass ihre Persönlichkeiten irgendwie zu denen ihrer Hunde passten. So etwas passiert dauernd. Da saß ich also auf meinem Stuhl und betrachtete die beiden und sie betrachteten mich. Bald unterbrachen sie einander mit all diesen Horrorgeschichten und fragten mich zwischen den Anschuldigungen, was sie tun sollten.

Eins der Dinge, die sie zunächst einmal hätten tun sollen, wäre gewesen, die Hunde einander auf neutralem Territorium vorzustellen. Das zu tun ist wirklich vernünftig, aber um daran zu denken, muss man die Sache vom Standpunkt eines Hundes aus betrachten. Sich auf einem neutralen Gelände – z.B. in einem Park – zu treffen, umgeht das Problem der territorialen Aggression, bei der ein Hund sich verpflichtet fühlt, seinen Grund und Boden gegen den Eindringling zu verteidigen. Auf neutralem Boden begegnen die Hunde sich als Gleichberechtigte, sodass keiner in ein Territorium eindringen oder eines verteidigen muss. Das ist für sie der beste Beginn einer Freundschaft.

Ich rate Paaren, die zwei Hunde einander vorstellen, sie mehrere Male in einen Park mitzunehmen. Wenn es dann an der Zeit ist zusammen zu ziehen, sollten sie den „heimischen" Hund zu einem Spaziergang mitnehmen und den neuen Hund inzwischen das Haus untersuchen und ruhig „Sitz" machen lassen, wenn der andere Hund zurück kommt. Dies kann im Hof geschehen, wenn im Haus nicht genug Raum für solche Bequemlichkeit ist.

Man kann so ziemlich von Anfang an sagen, ob zwei Hunde miteinander auskommen werden. Sie sollten in der Lage sein, einige Zeit miteinander zu verbringen, ohne einen Kampf zu beginnen. Die Hauptsache ist, ihnen das Gefühl zu vermitteln, sie seien beide willkommen und gute Hunde, und dass der Anblick und die Anwesenheit des anderen Hundes ankündigt, dass gute Dinge passieren werden: *Ich werde ein Leckerchen bekommen, weil ich ein braves Mädchen bin, wenn dieser andere Hund dabei ist. Er ist okay!*

Dafür war es in dieser Situation zu spät. Keiner der Hunde konnte im Moment für Wohlverhalten gelobt werden. Was es noch schlimmer machte, war, dass Sheriff sehr besitzergreifend bei Spielzeug war, besonders bei Tennisbällen. Es waren eine Menge Tennisbälle im Umlauf, da beide Besitzer passionierte Spieler waren. Wenn die arme Radar auch nur in die Nähe eines Balles kam, drohte Sheriff zum Angriff überzugehen.

Diese Bälle mussten ganz sicher verschwinden. Dann musste ich den Besitzern erklären, wie sie ihren Hunden helfen konnten, ihre jeweiligen Rollen im Haushalt zu etablieren und wie sie Sondervergünstigungen entsprechend verteilen sollten. Obwohl Sheriff erst drei Jahre alt war und Radar sechs und der ansässige Hund, würde offensichtlich Sheriff der Herr im Hause sein. Es ist natürlich für Hunde, abhängig von ihren Persönlichkeiten dominante oder unterwürfige Rollen einzunehmen. Es ist Sache der Besitzer, sicherzustellen, dass die Hunde sich in ihren jeweiligen Rollen gut fühlen und dass sie sie nicht ausnutzen. Wir schrieben einige Regeln nieder, nach denen Sheriff wichtige Ressourcen als Erster und mehr davon bekommen würde. Radar würde auch Dinge bekommen, aber vielleicht nicht in Sheriffs Anwesenheit oder an den besten Orten.

Die Hunde mussten getrennt gehalten werden, wenn die Möglichkeit von territorialen Kämpfen bestand. Zum Beispiel sollten sie nicht zur selben Zeit enge Flure entlanggehen und ganz bestimmt sollten sie nicht direkt nebeneinander gefüttert werden. Was die Halter anging, mussten sie Kontrolle über ihre Hunde ausüben und dafür sorgen, dass sie die Regeln einhielten. Ich schrieb diese Anweisungen nieder, zusammen mit der Erinnerung: „Sie sind beide dominant über beide Hunde." Diese Tatsache geht manchmal unter, wenn die Karten neu gemischt werden.

Die Rollen der Hunde in der Familie stabilisierten sich allmählich. Sheriff wurde zuerst herein- und herausgelassen, schlief an den beliebtesten Plätzen (am Fußende des Bettes) und begann weniger Kämpfe. Radar erntete eine Menge Lob dafür, nicht zuerst aus der Tür zu stürmen und die Dinge nicht mit ihrem ehemaligen Rivalen auszufechten. Schließlich war eine friedliche Koexistenz erreicht.

Dies war eine Situation, in der ein ordentliches Einführen des Hundes in den neuen Haushalt, das langsamer und mit etwas mehr Wissen über Hundeverhalten erfolgt wäre, geholfen hätte zu gewährleisten, dass die Hunde ein erfolgreicheres Kennenlernen erlebt hätten – und die Ehe einen weniger steinigen Start. Unglücklicherweise werden die verschiedenen tierischen Begleiter in einer Zeit der Zusammenlegung zweier Haushalte manchmal vorübergehend vergessen.

Die meisten Leute begrüßen einen neuen Hund als Welpen in ihrem Haus. Und nur wenige von ihnen werden beim örtlichen Schrotthändler ausgewählt, obwohl der Hund meiner Frau, ein süßer Terrier, auf den Eisenbahnschienen gefunden wurde. Es ist wundervoll, einen verlassenen Hund zu retten. Aber im Allgemeinen ist es vermutlich nicht der beste Weg, den Welpen Ihrer Träume zu bekommen, indem Sie einen Streuner aufnehmen – obwohl Sie meine Frau nicht davon überzeugen könnten.

Oft fragen Leute mich, woher sie einen Welpen holen und wonach sie suchen sollen. Sie denken, dass ich sie, weil ich ein Tierverhaltenstherapeut bin, zum feinsten Züchter der Gegend schicken werde – zu jemandem, der einen Ordner mit Ahnentafeln benutzt, um die genetische Gesundheit des Welpen zu dokumentieren und eine ganze Reihe von fein abgestuften Tests, um sicherzustellen, dass er in jeder Hinsicht außergewöhnlich sein wird. Nun, das ist eine Möglichkeit, wie man vorgehen kann, aber es ist sicher nicht der einzige – oder der zwangsläufig beste – Weg.

Wenn Sie keinen Hund von einem Spitzenzüchter bekommen oder sich einen vom Altmetallhändler am Ort holen wollen, wohin sollten Sie gehen? Nun ja, das hängt davon ab, was Sie suchen. Wenn Sie Ihr Herz an eine bestimmte Rasse gehängt und Nachforschungen angestellt haben, um sich selbst davon zu überzeugen, dass dies die richtige Rasse für Ihre Persönlichkeit, den Rest Ihrer Familie, Ihre Umgebung und Ihre Brieftasche ist, können Sie angesehene Züchter in Ihrer Umgebung finden. Diese macht man vermutlich am besten durch Mund-zu-Mund-Propaganda ausfindig, über irgendwen, dessen Fiffi man bewundert. Oder Sie können in Hundezeitschriften schauen, einige Anzeigen finden und jemanden anheuern, mit Ihnen zu kommen, der über Welpen Bescheid weiß. Genau das tat ein Freund von mir, Ted Proski, als sein geliebter Schäferhund plötzlich starb. „Du musst mir helfen, einen guten Hund zu finden," sagte er. „Meine Frau und ich möchten dies sofort tun, aber sie ist zu niedergeschlagen, um mit uns zu kommen."

Obwohl die meisten meiner Fälle beginnen, wenn ein Hund Verhaltensprobleme entwickelt hat, arbeite ich auch, um Unheil zu verhüten, indem ich Leuten helfe, den richtigen Hund für ihre Familien auszusuchen, einen Hund auf die Ankunft eines Babys vorzubereiten oder ein älteres Tier in ein neues Heim einzuführen. Ich kannte die speziellen Züchter, die Ted ausfindig gemacht hatte, nicht näher, aber ich hatte eine Menge Forschungsarbeit an Schäferhunden geleistet und konnte ihm helfen, einen guten Hund zu erkennen. Während wir zu verschiedenen Züchtern in der

Nähe von Atlanta fuhren, unterhielten wir uns über die Dinge, die man berücksichtigen sollte, wenn man einen neuen Welpen aussucht.

Zuallererst möchte ich seine Mutter und seinen Vater sehen. Ich möchte vor allem sehen, ob eines der Elterntiere Zeichen von Aggression oder Scheuheit zeigt. Bei keinem dieser Charakterzüge würde ich mich wohl dabei fühlen, einen Welpen aus dem Wurf zu nehmen, egal wie niedlich er ist. Ich möchte beobachten können, wie die Elterntiere Besucher in ihrem Zwinger begrüßen (interessiert, aber nicht übertrieben misstrauisch) und wie entspannt sie den Leuten gegenüber erscheinen, die mit ihren Nachkommen umgehen (ruhig).

Teds erste Anzeige führte uns zu einem kleinen Backsteinhaus, das rundherum durch einen Zaun abgeschirmt war. Der Hof war von Unkraut überwuchert, und als wir aus dem Auto stiegen, überfiel uns ein höchst unangenehmer Geruch. Es war kein gutes Zeichen. Es gab keine Elterntiere in der Nähe, die man ansehen konnte. Die Welpen wurden in einem behelfsmäßig eingezäunten Bereich großgezogen, der ursprünglich als Wendeplatz für die Zufahrt gedient hatte. Ted und ich sahen einander an. Wir wussten, dass dies nicht die Art von Aufzucht war, aus der wir einen Hund nehmen wollten. Wir verließen den Ort schnell.

Auf zur nächsten Adresse. Dieser Züchter lebte in einem schöneren Viertel der Stadt. Er hielt die Schäferhunde in einer großen, ans Haus angrenzenden Garage. Die Hälfte der Garage war zu einem Verschlag umgebaut und die andere Hälfte war für die acht oder neun Welpen offen zum Herumlaufen.

Die Eltern waren anwesend, aber mir gefiel nicht besonders, was ich sah. Die Hündin war einigermaßen freundlich, aber der Rüde bellte und knurrte uns an. „Jaaah, Honcho hat schon ein paar Leute gebissen," sagte der Züchter zu uns. „Er ist wirklich ein guter Wachhund." Er wies mit dem Arm auf die Welpen, die auf dem Garagenboden herumlagen oder sich balgten. „Jeder von diesen Welpen wird ein erstklassiger Schutzhund werden."

Ted und ich sahen einander wieder an. Ted und seine Frau wollten einen Begleithund, keinen Schutzhund. Wir dankten ihm und sagten, dass wir uns gern weiter umschauen wollten.

Ein weiterer Züchter noch. Ted schüttelte den Kopf, während wir zu unserer dritten und letzten Station an der Landstraße einige Meilen außerhalb der Stadt fuhren. „Ich hoffe wirklich, dieser ist besser," sagte er, als wir zu einer langen, schmutzigen Auffahrt mit einem Tor kamen. „Ich möchte ein paar gute Nachrichten haben, wenn ich zu Bonnie nach Hause komme."

Ein Schild am Tor sagte: „Bitte das Tor schließen". Das war gut, weil verantwortungsbewusst. Ich klammerte mich jetzt an jeden Strohhalm. Aber Ted und ich hätten uns keine Sorgen machen müssen. Wir fuhren auf ein langes Haus im Ranchstil zu. Im hinteren Teil war eine ordentliche Reihe von Zwingern. Jeder Zwinger hatte seinen eigenen Auslauf und es gab einen großen, eingezäunten Hof, in dem eine Meute Welpen spielte. Das Beste war, dass die Vorder- und Seitentür des Hauses offen stand, um den Hunden freien Zugang zu erlauben. Bingo, sagte ich zu mir.

Ein Paar großer schwarz-gelber Deutscher Schäferhunde begrüßte uns, als wir aus dem Auto stiegen. Sie waren nicht übermäßig interessiert an uns, waren aber freundlich genug und bellten nicht. Wir gingen auf sie zu und sie waren bereit, uns zu begrüßen. Sie machten sich nicht wirklich viel aus uns, weil sie Deutsche Schäferhunde waren und genau dies ihre Art sein sollte. Dies waren die Elterntiere.

Die Züchter, Mr. und Mrs. Novak, baten uns herein. Wir gingen ins Wohnzimmer und da waren vier oder fünf zwei Monate alte Welpen. Sie sahen wirklich gut aus, alle waren flauschig und tollten herum. Während Ted sich auf die Welpen konzentrierte, überprüfte ich die Zwinger weiter hinten.

„Wir züchten auf gutes Wesen," sagte Mrs. Novak zu mir, während sie flott zum hinteren Teil des Grundstücks ging. Das war das Zauberwort. Nur Hunde, die positive Wesenszüge wie Freundlichkeit und Führigkeit statt Aggressivität zeigten, wurden hier zur Zucht ausgewählt.

Mrs. Novak wies darauf hin, dass die Zwinger Hunde aus Würfen der vorherigen Jahre beherbergten. Das war ebenfalls großartig. Die Novaks behielten die besten Hunde aus vorangegangenen Würfen, um auf Kraft und Aussehen ebenso wie auf gutes Wesen zu züchten.

Alles, was wir sahen und hörten, war positiv. Aber dann nahm Ted mich beiseite und sagte: „Sie sehen alle gut aus. Wie soll ich den richtigen herausfinden?"

Das ist dasselbe Dilemma, in dem meine Frau und ich uns befanden, als wir uns einige Jahre zuvor entschieden hatten, unserer Menagerie einen Standardpudel hinzuzufügen. Wir hatten bereits Peanut und zwei Tierheimkatzen, Domino und Turk, aber wir hatten das Gefühl, dass wir ein weiteres Haustier unterbringen könnten. Wir hörten durch Kontakte an der Universität, an der ich lehrte, von einem guten Züchter. Also zogen wir los, einen Welpen auszusuchen.

Die Züchterin lebte etwas außerhalb auf dem Lande. Sie hatte Pferde und ein Trampolin und acht bezaubernde Pudel, die in einem schönen Außengehege herumrannten.

Die Eltern schienen gut angepasst, also schauten wir uns die Welpen an. Wir interessierten uns für diejenigen, die keine Tendenz zu extremem Verhalten – Aggression auf der einen bzw. Scheuheit oder Ängstlichkeit auf der anderen Seite – zeigten. Was wir wollten, war ein Welpe, der uns bemerken, ohne Furcht näher kommen und Blickkontakt suchen würde und der nicht zappeln würde, um zu entkommen, wenn wir ihn hochnahmen. Sie waren alle schwarz, daher wurden wir nicht durch niedliche Abzeichen oder Farben beeinflusst, die zu unseren Esszimmergardinen passten. Glauben Sie mir, manche Menschen suchen sich danach einen Welpen aus!

Wir bemerkten, dass die Hunde alle sehr stabil waren und sie waren nicht reaktiv, d.h. sie schnappen nicht über, als wir ankamen. Wir suchten nach einem Welpen, der in gutem Gesundheitszustand, robust und verspielt war. Er sollte sich weder in einer Ecke verkriechen noch seine Wurfgeschwister zu Brei schlagen. Die Mitte des Spektrums war der Schlüssel, wie es für jeden potenziellen Hundebesitzer sein sollte, der einen Wurf in Augenschein nimmt.

Wir suchten eher nach einer Hündin, einfach weil wir uns nicht mit dem leicht erhöhten Risiko von aggressivem Verhalten befassen wollten, das typisch für männliche Hunde ist. Auf jeden Fall wussten wir jedoch, dass wir den Hund kastrieren lassen würden, egal welches Geschlecht er hätte. Daher spielte das Geschlecht eigentlich keine so große Rolle.

Nachdem wir mit den Welpen gespielt und ein paar Minuten zugesehen hatten, wie sie miteinander umgingen, lehnten wir einige ab, weil sie mehr Interesse am nächsten Busch zu haben schienen als an uns. Schließlich engten wir es auf zwei Welpen ein.

Und nun zum wissenschaftlichen Wie-suche-ich-mir-einen-Welpen-aus-Test. Sind Sie bereit? Angie, meine Frau, nahm einen der beiden Welpen hoch, der zu ihr aufsah und ihr das Kinn leckte.

„Dies ist der Richtige," sagte sie und RooRoo stieß zu unserer Familie. Es war ganz genauso einfach und unwissenschaftlich subjektiv – weil die Auswahl eines Gefährten für die nächsten 10 bis 15 Jahre am Ende eine Entscheidung sein muss, die man mit dem Herzen trifft.

Ich erzählte all dies Ted, und sein Gesicht schien sich aufzuhellen. „Ich werde nach Hause fahren und Bonnie holen und sie auswählen lassen," sagte er. Und genau das tat er auch. Bonnie machte ebenfalls den Leck-Test und suchte einen netten, freundlichen Welpen aus, der ein großartiger Hund wurde.

Züchter und Verhaltensforscher verwenden eine Reihe von Tests, um die Persönlichkeit des Welpen und seine Verträglichkeit mit Menschen zu beurteilen. Aber das Wichtigste für Hundehalter ist, dass sie den Welpen von Beginn an lieben. Dann kann man anfangen, ihn zu formen, damit er innerhalb der Grenzen seiner Persönlichkeit weniger energisch oder unternehmungslustig oder weniger neugierig wird.

Nationale Rassezuchtvereine können Listen von angesehenen Züchtern aus der Gegend zusammenstellen, ferner Informationspakete, die Fragen beinhalten, die man dem Züchter stellen sollte.

Aber wenn eine Ahnentafel Ihnen völlig gleichgültig ist, empfehle ich Ihnen, einen Welpen von einem ortsansässigen Tierheim oder einem Tierschutzverein zu adoptieren. Wenn Sie das nicht schon kürzlich getan haben, werden Sie überrascht von den großen Veränderungen sein, die in den Tierheimen stattgefunden haben.

In den Adoptionsstellen von heute werden zukünftige Halter normalerweise gebeten, einen Bewerbungsbogen auszufüllen. Sie werden gefragt, wie lange Ihr letztes Heimtier bei Ihnen lebte und warum es das nun nicht mehr tut, ob Sie einen eingezäunten Hof haben und ob Sie bereit sind zu versprechen, dass der Hund kastriert wird (oft durch die Tierschutzeinrichtung zu einem günstigeren Preis).

Sie sollten bereit sein, 35 bis 75 Dollar aufzuwenden. Aber sogar mit der Adoptionsgebühr ist der Tierheimhund ein Schnäppchen im Vergleich zu den 300 bis 500 Dollar, die Sie zahlen müssen, um Ihr Heimtier von einem Züchter oder Zoogeschäft zu bekommen.

Wo wir gerade von Zoogeschäften sprechen: ich denke, sie können der schlechteste Ort sein, um einen Welpen zu kaufen. Viele Zoogeschäfte werden von schrecklichen Welpenfarmen beliefert, die unter unmenschlichen Bedingungen kranke Hunde züchten. Die Tierschutzorganisationen haben hart gearbeitet, um diese Welpenfarmen zu schließen, aber verschärfte Gesetzgebung und Kontrolle der Industrie ist immer noch nötig. (Anmerkung des Verlages: In Deutschland gibt es diese Praxis nicht; bei uns werden in Zoofachgeschäften keinerlei Hunde verkauft.)

Wenn Sie einen Hund aus dem Tierheim holen, ist es wichtig, sich ein bisschen mit ihm zu beschäftigen, ehe Sie die endgültige Entscheidung treffen. Wenn das Erste, was er tut, ist an Ihnen hochzuspringen und nach Ihren Fingern zu schnappen, könnte er ein bisschen zu aggressiv sein. Umgekehrt mag er zu ängstlich sein, wenn er wegrennt und sich in einer Ecke verkriecht. Wonach Sie suchen, ist ein Hund, der freundlich und selbstbewusst ist und Ihre Gesellschaft genießt, aber auch gut allein zurechtkommt. Und natürlich ist der „Leck-Test" schwer zu überbieten!

Als Angie und ich unseren nächsten Hund bekamen, benutzten

wir eine ähnliche Methode, um unsere Wahl zu treffen. Nur dass wir dieses Mal nicht zu einem Züchter gingen. Charlie, eine schokoladenbraune Labradormischlingshündin, überrumpelte uns, als wir in den örtlichen PetsMart-Supermarkt kamen. Wir hatten nicht die Absicht, unserer Menagerie aus zwei Hunden und zwei Katzen ein weiteres Tier zuzugesellen. Aber genau zu wissen, dass man ein Haustier niemals aus einem Impuls heraus anschaffen soll, hielt uns nicht auf. Alles was es brauchte, war ein flehentlicher Blick aus den großen braunen Augen des süßen braunen Hundes und wir waren verloren.

Ich habe vorher gesagt, dass es nicht meine erste Wahl wäre, einen Hund in einem Zoogeschäft zu erwerben. PetsMart ist anders: Jedes seiner Geschäfte stellt einen Raum bereit, um Tiere auszustellen, die zur Adoption bereit stehen und von örtlichen Tierhilfegruppen, Tierschutzvereinen und Tierheimen gebracht werden. (Anmerkung der Übersetzerin: in Deutschland gibt es dieses System bisher nicht.) Dieser Ansatz erscheint mir sehr sinnvoll. Ich erkenne ihre Bemühungen an und hoffe, dass andere Gesellschaften in den folgenden Jahren das Gleiche tun werden.

An diesem ersten Tag adoptierten wir Charlie nicht. Wir stimmten überein, dass wir keinen weiteren Hund brauchten, und ließen sie zurück. Ich glaube, wir weinten beide auf dem Nachhauseweg.

Aber am nächsten Wochenende waren wir wieder in dem Laden und da saß Charlie genau so, wie wir sie verlassen hatten. Sie leckte Angie, ebenso wie RooRoo es beim Züchter gemacht hatte. Aber dieses Mal passierte noch etwas anderes. Charlie leckte auch mich! Das war der einzige Welpentest, den ich brauchte. Anders als RooRoo mit ihrer kilometerlangen Ahnentafel und ihren Eltern auf dem Gelände kam Charlie als ein völlig unbeschriebenes Blatt zu uns – wie die meisten Hunde, die aus Tierheimen adoptiert werden. Aber sie hat sich als großartiger Hund erwiesen und wir sind froh, dass wir das Risiko eingegangen sind.

Wir sind seitdem ein paarmal gerade noch davon gekommen – es gibt im PetsMart-Adoptionszentrum immer einen neuen Welpen, der ein wundervoller Begleiter sein würde. Aber wir sind uns unserer Schwäche wohl bewusst. Wir haben uns zur Regel gemacht, dass wir nicht wieder in die Nähe des Adoptionsbereichs gehen. Wir gehen hinein, kaufen Futter, Leckerchen und Spielzeug und gehen wieder. Das ist alles.

Wir sind nicht die Einzigen, auf die man sich in der Nähe von Heimtieren, die ein neues Zuhause brauchen, nicht verlassen kann. Jennifer und Sam Harris, ein Ehepaar, mit dem ich gearbeitet hatte, befanden sich in einer ganz schönen Klemme, als sie sich in den Adoptionsbereich ihres örtlichen Zoogeschäftes vorwagten.

Die Harris' hatten kürzlich ihren Hund verloren. Chase, ein Mischling, war sehr geliebt worden, und sie waren tief erschüttert von der Tragödie – besonders Sam, weil er sich die Schuld daran gab, dass er Chase in der Nachbarschaft hatte frei herumlaufen lassen. Obwohl sie in einem bewachten Wohnviertel lebten, war Chase am Wachhaus vorbeimarschiert und hatte seinen Weg auf die belebte Straße gefunden, wo er von einem Auto überfahren wurde.

Sam trat kurz nach dem Unfall an mich heran und fragte, ob ich ihnen helfen könne, einen neuen Hund zu bekommen. Er und Jennifer hatten über verschiedene Rassen gesprochen und sich nach langer Diskussion für einen Epagneul Breton (Bretonischer Vorstehhund) entschieden. Ich nahm sie mit zu einem Züchter, der ihnen einige prächtige Welpen zeigte, die von angenehmem Temperament, typisch für die Rasse und aus guter jagdlicher Abstammung waren. Ich riet ihnen im Voraus, nicht den Kümmerling des Wurfes in Betracht zu ziehen, falls einer dabei wäre, oder die übermäßig wilden Typen, die an jedem hochsprangen. Sie stimmten zu – dachte ich jedenfalls.

Nachdem sie mit allen Welpen gespielt hatten, suchten sie sich den wilden Kümmerling aus – was denn sonst? Sie liebten diesen kleinen Burschen, weil er dauernd auf ihren Schuhen herumsprang und versuchte, die Schuhbänder abzubeißen, und sie mochten die schneidige Art, in der er es tat. Ich versuchte nicht, sie davon abzubringen. Schließlich sollte ein Bretone schon ein bisschen Mumm haben. Das Beste war, dass sie sich ihrer Wahl sicher waren, und ich wusste, dass wahrscheinlich alle Welpen des Wurfes gute Hunde werden würden.

„Danke, dass du uns hierbei geholfen hast," sagte Jennifer, als wir den Züchter verließen. „Es wird schwer werden ohne Chase, aber es wird schön sein, einen neuen Hund um sich zu haben." Ich versicherte ihnen, dass ich telefonisch erreichbar sein würde, wenn sie irgendeinen Rat brauchten, während sie dem Welpen halfen, sich an seine neue Umgebung anzupassen.

Sie fuhren, um einige Hundert Dollar leichter, wieder nach Hause, aber waren begierig, alles für den neuen Welpen vorzubereiten, den sie Topper nennen wollten.

Nach ein paar Tagen begann Topper, sich einzuleben und heimisch zu werden und alle waren glücklich. Aber eines Abends riefen Sam und Jennifer mich aus dem Zoogeschäft an, in das sie gegangen waren, um Spielzeug und Zubehör für ihren reinrassigen Freund zu kaufen. Ob ich sofort herüberkommen und ihnen helfen könnte? Ich nahm an, dass sie Probleme damit hatten, die richtigen Spielsachen auszusuchen, und meinen Rat brauchten. Endlich einmal ein leichter Fall.

Als ich ins Zoogeschäft kam, waren sie nirgends zu sehen. Ich hatte keinen Grund anzunehmen, dass sie im Adoptionsbereich sein würden, aber natürlich waren sie dort. Sie starrten in einen der Käfige. Ein Paket mit Quietschespielzeugen und ein marineblaues Halsband lagen vergessen in einem kleinen Einkaufswagen neben ihnen.

„Was ist los, Leute?" fragte ich misstrauisch.

Sie drehten sich um und sahen mich an. „Du wirst es uns nicht glauben," sagte Sam. „Es muss Schicksal sein," fügte Jennifer hinzu. Ich seufzte und sah in den Käfig. Ein bezaubernder, ungepflegter, braun-weißer Mischling lächelte zurück, den Kopf auf die Seite gelegt.

„Süß," sagte ich. „Sie sind alle süß. Ich verstehe nicht ..."

Sie zeigten auf die Karte, die an der Seite des Käfigs befestigt war. Darauf stand, dass der Hund sechs bis acht Monate alt und am Tierheim ausgesetzt worden war. Sein Name war Chase.

„Oh!“ sagte ich. „Jetzt verstehe ich.“

Nun, das Ergebnis war, dass Sam und Jennifer sich in diesen Hund verliebten, obwohl sie einen neuen Welpen zu Hause hatten und für sie feststand, dass zwei Hunde zu halten nicht in Frage kam. Und sie wollten von mir, dass ich ihnen sagte, was sie tun sollten. So viel dazu, ihnen bei der Wahl zwischen einem Gummiball und einem Büffelhautknochen zu helfen.

„Seht mal, ich kann so eine Entscheidung nicht für euch treffen,“ sagte ich. „Dies ist etwas, über das ihr nachdenken und dann damit leben müsst.“

„Verstehe,“ sagte Sam und schaute verdrießlich zu Boden. Ich sah noch einmal in den Käfig. Zwei leuchtende braune Augen guckten hoffnungsvoll zurück.

„Wir wissen wirklich gar nichts über dieses Mädchen, nicht wahr?“ sagte ich in dem Versuch, ein vernünftiges Gespräch in Gang zu bringen.

„Nein, genauso wie du und Angie nichts über Charlie wusstet.“ Eins zu null.

Ein paar Tage vergingen. Dann riefen Sam und Jennifer an, um zu sagen, dass sie einen neuen Hund hatten.

„Wir konnten es nicht ertragen, sie Chase zu rufen,“ erklärte Jennifer, „daher haben wir ihren Namen in Lucky geändert.“

„Sehr passend,“ antwortete ich. Und der andere Hund? Sam konnte für ihn ein neues Zuhause bei einem guten Freund finden, der außerdem Jäger war. Topper, so sah es aus, würde bald in Georgia auf dem Lande vergnügt Kaninchen jagen.

Unglücklicherweise war die Geschichte damit noch nicht zu Ende. Ein paar Wochen, nachdem sie Lucky nach Hause gebracht hatten, entdeckten Jennifer und Sam, dass die Hündin Herzwürmer hatte, ein potenziell tödlicher Zustand. Sie waren am Boden zerstört.

„Wir werden für diesen Welpen sorgen,“ sagte Sam mir am Telefon. „Ich habe einen Hund sterben lassen und ich werde nicht noch einen verlieren.“ Die Behandlung würde unter anderem erfordern, Luckys Aktivitäten einzuschränken, bis die Gefahr vorbei war. Ich wünschte ihnen alles Gute und ermutigte sie, jederzeit anzurufen.

Kurz danach nahm eine lokale Fernsehnachrichtenstation wegen eines Beitrags Kontakt mit mir auf und ich erwähnte das Dilemma, in dem meine Freunde steckten. „Können wir ihre Geschichte filmen?“ fragte der Produzent. Ich sagte, ich würde nachfragen, und ein paar Tage später war die kleine Lucky der Star der Sechs-Uhr-Nachrichten. Aber woran ich mich am lebhaftesten erinnere, ist das Bild von Sam, ein ziemlich harter Bursche und Macho-Typ, wie er im Wohnzimmer auf dem Fußboden sitzt und einen kleinen struppigen Hund in einer Decke zwischen seinen ausgestreckten Beinen einschließt, sodass er nicht herumlaufen kann. Nachdem die Fernsehkameras weg waren, saß Sam immer noch da und streichelte Lucky und sprach zu ihr. Er und Jennifer lösten sich dabei ab, bis die Herzwürmer weg waren. Ich glaube, als die Krise endlich vorüber war, war der Hund nicht der Einzige, der geheilt war.

Man würde denken, dass Jennifer und Sam nach allem, was sie durchgemacht hatten, ihre Energie darein gesetzt hätten, für Lucky zu sorgen und das Zusammensein mit ihr zu genießen. Aber es dauerte nicht lange, bis sie mich wieder anriefen.

„Es ist wegen Lucky,“ sagte Sam mir. „Sie ist ein Ein-Mann-Hund.“ Es stellte sich heraus, dass der „Mann“ nicht Sam war, und er war ein bisschen eingeschnappt. Lucky, so erklärte er mir, hatte Jennifer sehr lieb gewonnen. Sie folgte ihr dauernd und ignorierte total den Mann, der sie zuerst bemerkt hatte. „Nach all der Zeit, die ich damit verbracht habe, sie wieder gesund zu pflegen!“ meckerte er. „Meinst du nicht, ich sollte mir einen eigenen Hund zulegen?“

Ich konnte sehen, dass er entschlossen war, genau das zu tun, und dass nichts, was ich sagte, ihn von seiner Meinung abbringen würde. Also schlug ich, nachdem wir die Situation diskutiert hatten, vor, Lucky mitzunehmen, wenn sie einen anderen Hund aussuchten. Auf diese Weise könnten sie sofort herausfinden, ob es wohl Probleme damit geben würde, die Hunde später zusammenzubringen. Außerdem gab ich wie üblich den Rat, keinen übermäßig aggressiven oder scheuen Hund zu nehmen.

Nach ein paar Fehlschlägen einigten sie sich schließlich auf einen kleinen schwarzen Hund – den einzigen, den Lucky nicht angebellt hatte. Warum sollte sie diesen Mitleid erregenden, zitternden kleinen Hund anbellen, der buchstäblich aus seinem Käfig gezogen werden musste? Trotz meiner Bitten, nicht die ängstlichste Kreatur zu nehmen, taten Jennifer und Sam genau das. Sie hatten das Gefühl, dass dieser Hund wenigstens Lucky keine Schwierigkeiten machen würde, und sie würden in der Lage sein, ihm die Liebe zu geben, die er so offensichtlich brauchte.

Ihr Tierarzt untersuchte die Hündin, die sie Comet nannten, und erklärte sie als frei von Herzwürmern. Aber er bemerkte eine Reihe von Narben an ihren Beinen, von denen er annahm, dass sie von Stacheldraht herrührten, der verwendet worden war, um sie einzusperren oder anzubinden. Sam und Jennifer waren sich einig, dass Comet ganz sicher ein gutes Zuhause brauchte. Zuerst war ich besorgt, dass Comet zu ängstlich sein könnte, um ein gutes Haustier abzugeben, aber ich hätte mir keine Sorgen zu machen brauchen. Nachdem Sam und Jennifer sie nach Hause gebracht und begonnen hatten, sie mit Zuwendung zu überschütten, begann sich Comets Persönlichkeit zu ändern.

Innerhalb von Tagen gewann Comet schnell an Selbstvertrauen. Sie duckte sich nicht mehr wie zu Anfang und schien sich in ihrer neuen Umgebung sehr heimisch zu fühlen. Diese Veränderungen hätten ein Segen sein können – und sie waren es, für Comet. Für Lucky jedoch war Comets neu erworbene Selbstsicherheit und ihr Platz im Zentrum der Aufmerksamkeit der Familie mehr als nur etwas bedrohlich.

Sehr schnell fing Lucky, die zuvor die kleine Prinzessin gewesen und die volle Aufmerksamkeit des Paares gewöhnt war, an, den Neuankömmling herauszufordern. Comet war etwa doppelt so groß wie Lucky, also war es kein Kinderspiel. Ich hatte den Harris' gesagt, dass gleichgeschlechtliche Hunde dazu neigen, miteinander zu konkurrieren, aber an diese Kleinigkeit hatten sie nicht wirklich gedacht, als Comet ihre Herzen stahl. Außerdem hatte Lucky diesen Hund gebilligt!

Sam und Jennifer wollten eingreifen und den Status quo erhalten. Schließlich war Lucky zuerst da. Aber ich drängte sie, die beiden Hunde selbst ausmachen zu lassen, welcher von ihnen dominant war, und dann Schritte zu unternehmen, ihre jeweiligen Rollen zu bestärken. In der Zwischenzeit mussten sie einfach mit Machtkämpfen zurechtkommen, während die beiden Hunde ihre Beziehung klärten.

Wenn Hunde um eine Rangposition wetteifern (und nicht alle Hunde tun das), machen sie eine Menge Radau: knurren, schnappen und gelegentlich ein gehemmter Biss. Das ist normal, erklärte ich den Harris', aber auf keinen Fall sollten sie zulassen, dass das Gerangel um die Rangposition zu echter Aggression eskalieren würde, bei der die Hunde nicht nur ihren Rang klarstellen, sondern sich beißen. Wenn das passieren sollte, würde ich eingreifen müssen und helfen, die Dinge einzurenken, ehe sie sich echten Schaden zufügten.

Glücklicherweise machten die Hunde in diesem Fall die Dinge ziemlich schnell unter sich aus, wobei Comet am besten abschnitt. Um den Frieden zu erhalten, sagte ich den Harris', mussten sie Comets Status anerkennen, indem sie ihr ein bisschen mehr Aufmerksamkeit schenkten, z.B. indem sie sie zuerst begrüßten und fütterten. Wenn die Rollen eindeutig festgelegt wären, würde als natürliche Folge die Konkurrenz der Hunde untereinander nachlassen.

Nach ein paar Monaten, als die Dinge ziemlich zur Routine geworden waren, überdachte Sam die Situation erneut und rief mich ein weiteres Mal an. Ob Sie's glauben oder nicht, er wollte einen weiteren Hund! Comet sei großartig, erklärte er, aber sie sei einfach zu selbstständig. Sam sehnte sich immer noch nach einem Hund, der ihm treu ergeben wäre. Der beste Freund des Menschen und so weiter.

Ich wusste, dass ich die Persönlichkeit keines der beiden Hunde ändern konnte, und ganz sicher konnte ich Sam nicht ändern. Offensichtlich wollte er, dass ich ihm sagte, es sei in Ordnung, einen weiteren Hund anzuschaffen. Ich fragte, ob sie die Anforderungen an eine Familie mit drei Hunden erfüllen könnten, und die Antwort war ein nachdrückliches „Ja".

„Wenn ihr es könnt, können wir es auch," sagte Sam. Er wusste, dass unsere drei Hunde uns auf Trab hielten, aber den Ärger definitiv wert waren. Also, welche Art von Hund würde die beste sein?

„Nehmt doch diesmal einen Rüden," bot ich an. Weibliche Hunde können normalerweise in Anwesenheit eines Rüden mit Sachen durchkommen, die eine andere Hündin nicht tolerieren würde, wie ehrgeizig sein, mehr Leckerchen bekommen und so weiter – die gleiche Art von Problemen, auf die wir mit Lucky und Comet gestoßen waren.

„Versuch einen zu finden, der ziemlich unterwürfig ist," schlug ich vor, „aber lass die Hunde daheim. Diesmal suchst du den Neuen aus." Es war wichtig für Sam und das zukünftige Haustier, dass sie diesmal wirklich miteinander verbunden sein würden. Er konnte nicht unbegrenzt so weitermachen.

Also gingen Sam und Jennifer wieder zur Tieradoptionsstelle bei PetsMart. Dieses Mal waren es nicht die Hunde in den Käfigen, die ihre Aufmerksamkeit erregten, sondern ein verschmuster Deutscher Schäferhundmix, der fast wie eine Katze zufrieden auf dem Schoß eines freiwilligen Helfers eingerollt war. Sam schaute in Zorros freundliche braune Augen und entschied nach ein paar Worten mit seinem Betreuer, ihn mit nach Hause zu nehmen. So bekam er endlich seinen Ein-Mann-Hund. Zorro passt wundervoll in die Familie und stellt niemals die Position der anderen beiden Hunde in der Rangordnung in Frage.

Zu diesem Zeitpunkt hatten die Harris' bei den Leuten von der Hundevermittlungsstelle den Ruf bekommen, leichte Beute zu sein. Trotz der Tatsache, dass sie schon drei eigene Hunde hatten, fragte man sie, ob sie in Betracht ziehen würden, während einer Übergangszeit Pflegeeltern für Hunde zu sein – Hunde, die schon lange im Zwinger gewesen waren und herausmussten, um Platz für Neuankömmlinge zu schaffen.

„Das ist wirklich schwierig," warnte ich sie. Interaktionen und Beziehungen zwischen vier Hunden würden noch komplexer und potenziell problematischer sein als zwischen dreien. Außerdem würde, sobald ihre Tiere sich an den Neuankömmling gewöhnt hätten, dieser wieder fortgehen und ein anderer würde seinen Platz einnehmen und gänzlich andere Bedürfnisse und Anforderungen mit sich bringen. Sie gaben vor, zuzuhören, aber ich wusste, dass sie bereits fasziniert waren. Umgehend nahmen sie einen niedlichen Bassetmix namens Candy auf. Wie zu erwarten rief Jeniffer ein paar Wochen später an.

„Sagt mir nicht, dass ihr es nicht ertragen könnt, sie wieder abzugeben," sagte ich.

„Nein, aber du hattest Recht," bekannte Jennifer. „Es ist hart für alle Hunde und jetzt ist es wirklich schwer, Candy wegzugeben. Sie wird von einer wunderbaren Familie adoptiert. Wir rufen nur an, um dir mitzuteilen, dass wir keine weiteren Hunde in Pflege nehmen und auch keine mehr adoptieren werden."

„Also habt ihr für eine Weile genug, was?"

Sie hatten. Was sie nun wirklich wollten, war mit dem Sammeln aufzuhören und Spaß zu haben. Sie wollten wissen, ob ihre drei Hunde unsere drei für eine Hunde-Spiel-Verabredung treffen konnten. Also gingen wir in einen Park und hatten eine schöne Zeit – mit Charlie, RooRoo, Peanut, Lucky, Comet und Zorro.

Am Ende machte es eigentlich keinen Unterschied, wie die Hunde erworben worden waren. Unter dieser herumtollenden, sich verbeugenden, pfötelnden, sich jagenden und hechelnden Bande war ein Hund streunend aufgegriffen worden, einer bei einem Züchter gekauft und vier waren adoptiert worden. Aber alle wurden sehr geliebte Familienmitglieder ihres jeweiligen Haushalts, ohne dass sie ernste Verhaltensprobleme mit ins neue Zuhause brachten. Toi, toi, toi.

Worauf es hinausläuft, ist dies: Niemand braucht wirklich einen Hund oder irgendein anderes Heimtier. Aber mehr als 50 Millionen amerikanische Haushalte entscheiden sich trotzdem dafür, eines anzuschaffen. An die, die in der Lage sind, Forschungsergebnisse und gesunden Menschenverstand zu nutzen, um zu entscheiden, was richtig für sie ist, und dann die Zähne zusammenbeißen, den Sprung ins kalte Wasser wagen und den Welpen oder Hund vom Züchter oder Tierheim oder den Eisenbahngleisen oder dem Schrottplatz mitbringen: ich spende Ihnen Beifall. Danach müssen Sie nur noch herausfinden, wie Sie diesen Hund zu dem besten Freund machen, der er sein soll.

Sherlock
Der Hund, der einen Dolmetscher brauchte

„Warum tut er mir das an?“ verlangte Shirley Barnett zu wissen, als sie die Tür ihres kleinen Reihenhauses am Stadtrand von Atlanta öffnete.

„Tag, Shirley,“ sagte ich. „Ich bin sicher, wir können ...“

„Sherlock war ein großartiger Hund,“ fuhr die 26-jährige Sozialarbeiterin fort, während sie mich in einen kleinen Salon führte. „Aber seit kurzem benimmt er sich scheußlich – ohne jeden Grund.“ Sherlock, ein eineinhalbjähriger männlicher Basset, beschnüffelte meine Socken. Seine Ohren schleiften am Boden, während ein kleinerer Basset ihm dichtauf folgte.

Ich hatte am Telefon eine recht genaue Fallgeschichte aufgenommen und wusste, dass Sherlock ziemlich oft geschnappt hatte – nichts Ernstes, aber für jeden Besitzer ein Grund, Hilfe zu suchen, ehe es schlimmer wird. Ich schaute in meine Notizen.

Hund hat Besitzer im Auto und im Haus gebissen. Beißt den Typ von nebenan – greift an, als er ausgeschimpft wird. Mutter kommt zu Besuch – mehr Vorfälle.

„Sherlock hat also Ihrer Mutter in den Bauch gebissen?“

„Oh Gott, das war schrecklich,“ sagte Shirley. „Wir redeten gerade davon, sich seinen Eltern zu entfremden! Er hat sie nicht wirklich verletzt, aber meine Mutter drohte, sie würde mich nicht wieder besuchen, ehe ich das Ganze nicht abgestellt habe.“ Sie klopfte Sherlock vorsichtig auf den Kopf, während Watson, der kleinere Basset, sich zu ihren Füßen niederplumpsen ließ.

Sherlock sah recht freundlich aus, aber nach 15 Jahren Hausbesuchen wusste ich, dass das Aussehen täuschen kann. Manchmal kehrt das Tier seine besten Hundemanieren heraus, wenn der Tierverhaltenstherapeut einen Hausbesuch macht. Daher ist der beste Weg, sich ein Bild zu machen, den Klienten von den Missetaten des

Tieres erzählen zu lassen. Sogar wenn der Halter nicht versteht, was vor sich geht, oder keine Ahnung hat, was er dagegen tun soll, kann er das Verhaltensproblem meist ziemlich genau beschreiben.

Während wir zusammen im Salon saßen, erzählte mir Shirley genauer, was schief gelaufen war. „Sherlock springt auf die Couch und hat vielleicht einen Kauknochen oder ein Spielzeug oder so etwas," sagte sie. „Er kaut oder frisst unablässig und manchmal komme ich vorbei. Dann fängt er an zu knurren."

„Halt mal, gehen wir ein bisschen zurück, okay?" sagte ich. „Shirley, haben Sie schon mal gehört, dass manche Hunde sich bedroht fühlen, wenn Leute vorbeikommen, während sie fressen oder auf etwas kauen?"

„Natürlich habe ich davon gehört," sagte sie und warf mir einen Blick zu. „Aber Sherlock ist nicht wie diese Sorte Hund." Sie schüttelte heftig den Kopf. „Er ist ganz und gar nicht so. Die meiste Zeit ist er so lieb. Etwas anderes muss mit ihm nicht in Ordnung sein."

Ich lehnte mich zurück und dachte einen Moment nach. Hier war ein Hund, der klare Anzeichen dafür zeigte, dass er sein Futter oder Spielzeug verteidigte. Aber seine Besitzerin, die ganz intelligent zu sein schien, leugnete das vehement. Ich musste herausfinden, warum.

„Shirley, es ist möglich, dass etwas nicht in Ordnung ist, aber ich bin irgendwie neugierig, warum Sie sich so sicher sind, dass Sherlock nicht einfach Futter oder Spielzeug bewacht. Warum ist das so unwahrscheinlich? Ist es wirklich so klar?" Ich fragte mich insgeheim, ob die komplexe Situation ihrer eigenen Klienten bei der Sozialarbeit sie blind gemacht hatte für die einfache Natur der Situation in ihrem eigenen Umfeld.

„Natürlich," antwortete sie. „Welcher Hund ist plötzlich bereit, zu knurren und zu beißen, nachdem er einen gerade eben angeschaut und mit dem Schwanz gewedelt hat? Wenn er aussähe, als ob er sich bedroht fühlte, würde ich nicht zu ihm hingehen. Aber er sieht so aus, als ob er spielen will, und dann locht er mich."

„Ich verstehe," antwortete ich. Nun kamen wir weiter. „Was meinen Sie genau mit ‚wedelt mit dem Schwanz'?"

Shirley warf mir einen weiteren eigenartigen Blick zu. „Wissen Sie, ein Hund bewegt seinen Schwanz hin und her, um zu zeigen, dass er glücklich oder freundlich ist und so weiter.“ Ich bemerkte, dass ihr Tonfall sich geändert hatte zu einem, den ein Lehrer benutzen mag, der es mit einem begriffsstutzigen Erstklässler zu tun hat. Sie schaute mich forschend an, um zu sehen, ob ich das Konzept des Schwanzwedelns beim Hund begriffen hatte.

„Ja, klar,“ sagte ich schnell, ehe sich eine Vertrauenskrise entwickeln konnte. „Aber ich muss Genaueres darüber wissen, wie Sherlocks Schwanz aussieht, wenn er wedelt. Hält er ihn hoch oder tief? Ist es wirklich ein rasches Wedeln oder ist es mehr ein Hin-und-her-Schwingen?“

Nach ein paar Minuten Diskussion konnte ich Shirley überzeugen, dass Sherlock nicht in freudiger Erwartung einer Spielzeit mit dem Schwanz wedelte, wie sie dachte. Er schwang ihn langsam hin und her und starrte sie an – seine Art, ihr zu sagen, dass sie nicht näher kommen sollte. Aus Sherlocks Sicht gab er ihr eine faire Warnung. Sie ignorierte sie, also tat er, was er tun musste. Es war nicht sein Fehler, wenn die Menschen ihn nicht verstanden.

Shirley war nicht die einzige, die über Hundekommunikation in Verwirrung geriet. Einer meiner Studenten und ich führten an der Mercer Universität in Macon, an der ich lehre, eine Untersuchung durch, um das Verständnis der Studenten für Hundekörpersprache zu testen. Ich ließ von einem Künstler Bilder von einem Deutschen Schäferhund in verschiedenen Positionen von unterwürfig und freundlich bis hin zu rechthaberisch und leicht aggressiv anfertigen. Auf den Zeichnungen waren Ohren, Augen, Maul und Schwanz deutlich verschieden. Meine Absicht war, herauszufinden, ob die Leute die Unterschiede erkennen und interpretieren konnten.

Ich war nicht überrascht herauszufinden, dass die Studenten tatsächlich Unterschiede erkannten. Aber die Mehrzahl sagte, sie würde eher auf den Hund in der aggressiven Haltung zugehen als auf den „freundlichen“ Hund.

Es ist leicht, die Signale falsch zu interpretieren, die ein Hund zeigt, aber ein Hund, der Sie mit intensivem Interesse ansieht, dessen Muskeln angespannt sind und der den Schwanz hoch hält und hin und her schwingt, ist nicht freundlich. Er versucht wahrscheinlich, Ihre Aktivität zu kontrollieren oder diskutiert gerade mit sich aus ob er ein Stück aus Ihrer Haut reißen soll oder nicht.

Ein wirklich freundlicher Hund wird dagegen ein „lächelndes“ Gesicht zeigen und längeren Blickkontakt vermeiden. Während er sich Ihnen nähert, bewegt sich sein Hinterteil vielleicht hin und her, angetrieben von einem schnell wedelnden, niedrig gehaltenen Schwanz. Ein freundlicher Hund verbeugt sich womöglich vor Ihnen, um zum Spiel aufzufordern, indem er sein Hinterteil hochreckt und die Vorderbeine vor sich ausstreckt. Oder er rollt sich gar in einer passiveren freundlichen Haltung auf den Rücken.

Dann sind da die verbalen Hinweise. Bellen kann harmlos oder eine Warnung sein. Aber generell ziehe ich einen bellenden Hund jederzeit einem stillen vor, der einen anstarrt, oder einem, der ein bedrohliches Knurren zu bieten hat. Diese Burschen meinen es ernst.

Eins der Dinge, die Shirley versuchte, wenn Sherlock anfing zu knurren, war, ihn mit einer Wasserpistole zu bespritzen. Viele meiner Klienten haben Wasserpistolen ausprobiert, ehe sie mich riefen – meistens nicht sehr erfolgreich. Entweder hat der Wasserstrahl keinen Effekt oder das Problem verschlimmert sich sogar noch. Trotzdem sind Wasserpistolen weiterhin populäre Mittel in der Hand von Katzen- und Hundehaltern, die versuchen, ihr Tier unter Kontrolle zu bringen. Ich empfehle sie nicht, weil sie gewöhnlich nichts nützen oder zu effektiv sein können und gewisse übermäßig gestresste Tiere dann die Nerven verlieren.

Jedes Mal, wenn Sie in eine Situation mit einem Hund geraten, der Sie anknurrt, und Sie irgendeine Art von Stimulation hinzufügen – besonders etwas, das ihn leicht noch mehr ärgern könnte –, wird er voraussichtlich noch aggressiver. Ich erklärte dies Shirley und sie antwortete, dass sie noch eine weitere Methode eingesetzt hatte, um Sherlock vom Knurren abzubringen. Diese war sogar noch schlimmer.

„Ich stecke meine Hand in sein Maul, dann hört er auf zu knurren,“ erklärte sie. Ich schaute sie ungläubig an. Nach Hunderten von Hausbesuchen verblüfft es mich immer noch zu hören, wie manche Leute den gesunden Menschenverstand in den Wind schlagen, wenn es um ihre geliebten Haustiere geht.

„Shirley, lassen Sie mich Ihre Finger zählen," sagte ich und schüttelte den Kopf. „Bitte tun Sie das nicht wieder. Wir wollen mal sehen, ob wir nicht bessere Strategien finden können, mit Sherlock zurechtzukommen."

Ich erklärte, dass sie in der Beziehung zu ihm die Anführerin werden und dass Sherlock ihr folgen müsse. Dies würde nicht erreicht werden, indem sie ihn nass spritzte, ihm die Hand ins Maul steckte, ihn schlug, ihn anschrie, ihn niederstarrte oder ihn zu Boden drückte.

Experten glaubten einmal, dass Menschen Hunde mit Aggressionssignalen aus der Hundesprache konfrontieren müssten, um dominant über sie zu werden. Wir wissen jetzt, dass dies nicht der Fall ist. In Wirklichkeit führt solches Verhalten bei Hunden, die schon aggressiv sind, zu einer Konfrontation, und ein Hund kann einem im Handumdrehen schweren Schaden zufügen.

„Nun, wenn das nicht funktioniert, was funktioniert dann?" fragte Shirley.

„Wir haben herausgefunden, dass man sehr viel mehr Unterwürfigkeit von einem Hund bekommen kann, wenn man ihn nicht bedroht, sondern ihn dazu bringt, ‚gute' Sachen zu tun, und ihn dann lobt und belohnt, als wäre es seine eigene Idee gewesen," antwortete ich.

„Okay. Und wie?" fragte sie.

Ich bat Shirley, darüber nachzudenken, was ihren Hund glücklich machte. Sogar der schwierigste Hund hat normalerweise ein Spielzeug, eine Aktivität oder ein Stichwort, das dazu führt, dass seine Ohren sich spitzen und sein Schwanz wackelt, statt hin und her zu schwingen. Ich bat sie, eine Liste zu erstellen, mit den beliebtesten Worten oder Dingen am Anfang und den weniger bevorzugten, aber doch erfreulichen Sachen am Ende. Die Idee ist, dass der Hund etwas tut – sogar etwas aufgibt, das weiter unten auf der Liste steht –, um etwas zu bekommen, das weiter oben steht.

Also machten wir uns an die Arbeit und verfassten eine Liste von Sachen, die Sherlock dazu veranlassten, mit dem aufzuhören, was er gerade tat, und aufzusehen oder in Vorfreude zu strahlen. Die Liste enthielt den Anblick seiner Leine, das Schütteln einer Dose mit Hundekuchen, seine Quietschemaus, Futterzeit und die Sätze „Wir gehen spazieren!“, „Willst du hinaus?“ „Wo ist dein roter Ball?“ und „Hol deine Schüssel!“

Shirley sollte diese Liste als Richtschnur benutzen, wann immer Sherlock Anzeichen erkennen ließ, dass er aggressiv oder widerborstig werden würde. Das Konzept dahinter ist ganz einfach: Ein Hund kann nicht total angespannt sein, starren und knurren und gleichzeitig „lächeln“, mit dem ganzen Körper wackeln und sich auf gute Zeiten freuen. Shirley konnte ein oder mehrere Dinge auf der Liste benutzen, um Sherlocks Stimmung und damit auch sein Verhalten zu ändern, wofür sie ihn dann loben und belohnen würde. Schließlich würde er lernen, dass er sich in bestimmter Weise benehmen musste, um zu bekommen, was er wollte (Lob, Belohnungen). Das bestimmte Verhalten wurde durch den Anblick seines Lieblingsspielzeugs erreicht oder indem man von Futter sprach. Das ist der eigentliche Kern des Sprichworts: „Man kann mehr Fliegen mit Honig fangen als mit Essig.“

Shirley fand heraus, dass sie den Ball und die Maus zusammen verwenden konnte, weil Sherlock eines für das andere hergeben würde – ein ganz anderes Szenario als sein übliches Knurren und Schwanzschwingen, wenn sie kam, um ihm etwas wegzunehmen. Wenn sie ein Spiel daraus machte und so tat, als hätte sie das bessere Spielzeug, ließ Sherlock fallen, womit er gerade spielte, und Shirley warf den Ball oder die Maus für ihn, die sie in der Hand gehabt hatte.

Ich wies sie an, ihn nicht mit dem Spielzeug zu ärgern, sondern seine liebsten Worte und Spielsachen zu benutzen, um eine fröhliche, spielerische Stimmung hervorzurufen. Mit der Zeit entdeckte Shirley, dass sie sich, wenn gar nichts anderes half, auf das alte beliebte „Hinausgehen!“ verlassen konnte, um seine Aufmerksamkeit zu gewinnen. Ihre Spielperioden wurden eine tägliche Einrichtung und ihre Beziehung verbesserte sich nach und nach. Bei unseren wöchentlichen telefonischen Nachbesprechungen sagte Shirley mir, dass Sherlock gelegentlich in widerborstige Stimmung geraten und sie gelegentlich wie früher reagieren würde, bis ihr einfiel, was funktionierte. Am Ende warf sie die Wasserpistole in den Mülleimer.

Es gibt keinen Punkt, an dem man mit Verhaltensänderungen fertig ist. Es ist ein fortlaufender Prozess. Manchmal wird der eine oder andere von Ihnen beiden einen Fehler machen, das ist nur natürlich für Menschen und Hunde. Aber die Fehler werden erträglich durch die stabile Beziehung, die Sie und Ihr Hund aufbauen werden – eine Beziehung, die täglich durch Taten und eine Vielzahl von wortlosen Zeichen bestätigt wird. Ihr Hund liegt zufrieden zu Ihren Füßen und schaut Ihnen bewundernd in die Augen – das spricht Bände!

Kürzlich hatte ich einen anderen Klienten, der in großen Schwierigkeiten steckte, weil er das Verhalten seines Hundes falsch verstanden hatte. Die Hündin fuhr einfach fort, bestimmte Dinge zu tun, für die sie als Welpe belohnt worden war. Nun war sie älter und ihre Besitzer fanden, dass sie ungezogen sei.

„Ich verstehe nicht, warum sie so grob sein muss oder warum sie uns keinen Augenblick in Ruhe lässt," beklagte sich Joe Berenson, als wir auf seiner Veranda standen und Kippy, seinem eineinhalbjährigen Akita, zusahen, der an einem Kauknochen nagte. „Sie bettelt darum, dass wir sie streicheln und folgt uns von Zimmer zu Zimmer und lehnt sich bei jeder Gelegenheit an uns," fuhr er fort. „Und sie knurrt, wenn wir mit ihr balgen."

„Okay," sagte ich, während ich mir ein paar Bemerkungen notierte. „Seit wann macht sie all diese Sachen?" Er brauchte nicht lange, um zu antworten.

„Oh, sie hat das zeit ihres Lebens getan." Er grinste reumütig. „Wir fanden es niedlich – die Art wie sie ihr Kinn auf unseren Schoß legte. Aber nun ist es, als ob sie dauernd Aufmerksamkeit fordern würde. Und wenn wir unsere Finger in ihr Maul stecken, wie wir es immer gemacht haben, zwickt sie ganz schön fest."

Ich legte meinen Stift hin. „Also tut sie genau das, was Sie ihr von der Welpenzeit an beigebracht haben? Sie weiß nicht, dass diese Sachen nicht mehr niedlich sind?"

Er nickte mit dem Kopf. „Ich glaube, Sie haben Recht," sagte er. Aber er verstand nicht, warum Ringkämpfe mit dem Welpen ein Problem sein sollten. Jeder tut das, nicht wahr?

Ich erklärte, dass manche Hunde mehr dazu neigen, dreistes Verhalten beizubehalten, wenn sie erwachsen werden, und dass er einen von ihnen erwischt habe. Wenn wir uns getroffen hätten, als Kippy ein Welpe war, hätte ich empfohlen, dass er und seine Frau von Anfang an eine stärkere Führungsrolle übernommen hätten.

„Jetzt tut sie ziemlich oft, was sie will," beklagte er sich.

„Hat sie das nicht immer schon getan, Joe?"

Er nickte. Genau das war der springende Punkt.

Joe brauchte etwas Unterweisung in den Signalen, die Tiere von sich geben. Er musste sich auch umgekehrt darauf konzentrieren, welche Signal er seinem Hund gab. Und die Signale, die er und seine Frau Beth Kippy bisher immer gegeben hatten, waren: „Das ist ja so süß, mach es noch einmal!" Dann wurde Kippy älter und die Botschaft, die die Berensons überbringen wollten war: „He, hör damit auf!" Es muss äußerst verwirrend für Kippy gewesen sein, die alles genauso schätzte, wie es schon immer gewesen war.

Es ist wichtig, von Anfang an darüber nachzudenken, worauf Sie Ihren Hund konditionieren oder was Sie ihm antrainieren. Bedenken Sie, dass Ihr Hund nicht als unbeschriebenes Blatt in Ihr Leben tritt. Zu der Zeit, zu der er in Ihr Haus kommt, hat er bereits sehr viel kommuniziert. Seine Erfahrung mit seiner Mutter und seinen Wurfgeschwistern beeinflusst seine Reaktion auf Menschen und andere Tiere in den kommenden Wochen und, im Falle einer traumatischen Erfahrung, für den Rest seines Lebens.

Stellen Sie sich einen Wurf Welpen vor, etwa einen Monat alt. Obwohl sie alle Geschwister sind, stecken sie gerade in dem Prozess, Individuen zu werden. Sie wandern herum, krabbeln aus der

Wurfkiste, gehen wieder hinein und so weiter. Der eine erkundet gern; der andere möchte bei Mama bleiben; jener dort drüben hat Angst vor Fremden. Sie sind alle verschieden und sie sind alle dabei zu lernen, wie man sich benimmt. Sie sind auf Körpersprache angewiesen – auf ihre eigene ebenso wie auf die ihrer Wurfgeschwister –, um herauszufinden, was als Nächstes passieren wird. *Wenn ich zu dir hinübergehe, wirst du freundlich sein, werden wir spielen oder wirst du etwas tun, das mir wehtut?*

Welpen fangen an, zwischen der Art, wie ihre Geschwister aussehen, und dem, was als Nächstes passieren wird, Assoziationen herzustellen. Sie sind egozentrisch im eigentlichen Wortsinne: Sie können die Welt nur unter dem Aspekt sehen, was ihnen selbst passieren wird. Sie betrachten Menschen auf dieselbe Weise: *Mann, ich sehe, dass du dich vorbeugst und Blickkontakt aufnimmst. Das habe ich schon mal bei dem Welpen dort gesehen. Ich weiß, dass du kein Hund bist, aber ich muss im Auge behalten, wann du so guckst, damit ich weiß, was als Nächstes geschehen wird.*

Kommunikation ist keine Einbahnstraße. Deshalb ist es so wichtig für Menschen, dass sie in der Lage sind, Hundekörpersprache und soziale Signale zu entziffern.

Wo wir gerade von Blickkontakt sprechen – ich denke, dass er bei Hunden der wichtigste einzelne Motivator des Verhaltens ist. Er ist außerdem sehr individuell. Darum sagte ich den Berensons am Ende, Besucher in ihrem Haus anzuweisen, ihren Akita nicht einmal anzusehen, geschweige denn anzufassen.

„Unser Nachbar Ted liebte es, mit Kippy zu spielen," sagte Beth zu mir. Kippy liebte es zu balgen, und Ted ebenso. Aber da Kippy dazu neigte, die Konfrontation zu suchen, übertrieb sie es oft und wurde etwas zu grob. Ted erinnerte sich daran, etwas darüber gelesen zu haben, wie man einem Hund zeigt, wer der Boss ist. Aber Kippy hatte das Buch nicht gelesen. Und sie war es nicht gewöhnt, herausgefordert zu werden.

„Er dachte, er müsse sie an der Kehle packen, ihr direkt in die Augen starren und sie schütteln," erinnerte sich Beth. „Damals schien das Sinn zu machen."

„Hat er auch ‚Nein' geschrien?" fragte ich.

„Oh ja, sicher hat er das getan."

Ich brauchte nicht einmal zu fragen, was dann passiert war. Ich wusste, es würde mit Knurren und Vorspringen und Beißen zu tun haben. Wann immer man eine Konfrontation mit einem Hund wie einem Akita sucht, fordert man das Schicksal heraus.

In Kippys Fall hatten die Berensons den Weg für zukünftige Probleme bereitet, als sie ihr erlaubten, sie zu manipulieren. Kippy lernte früh, dass sie bekam, was sie wollte, indem sie niedliches Welpenverhalten zeigte: Beth mit gefühlvollen Augen anhimmeln oder das Kinn auf Joes Knie legen.

Die Berensons wussten es nicht, aber dies spezielle Verhalten ist Verhaltensforschern wohl bekannt. Man nennt es, merkwürdig genug, das Kinnauflegen und es ist eine Bewegung, die Welpen untereinander ausführen. Wer sein Kinn auf den anderen legt, ist normalerweise der Hund, der sich durchsetzt oder den anderen Hund kontrolliert. Wenn der andere Hund das akzeptiert, hat man den Beginn einer Beziehung, in der der eine Hund dominant ist und der andere untergeordnet. Die Berensons, Sie erinnern sich, akzeptierten, lobten und belohnten Kippy für dieses Verhalten. Tatsächlich ermutigten sie sie, die Führung zu übernehmen.

Kippys nächster Schachzug war, den Kopf auf ihre Füße zu legen, sodass sie nicht aufstehen und herumgehen konnten. Oder sie nahm ihre Hände und Arme ins Maul und versuchte sie dazu zu bringen, sich in diese oder jene Richtung zu bewegen. Wiederum lachten sie, streichelten Kippy, gaben ihr ein Leckerchen und taten natürlich, was sie wollte. Als sie größer wurde, begann Kippy, diese Strategien nicht mehr zu nutzen, um etwas zu erbitten, sondern um Dinge einzufordern. Sie lag zu Hause in der Diele, sodass niemand vorbeikonnte. Wenn Leute über sie stiegen, statt sie dazu zu bringen, sich wegzubewegen, wusste Kippy, dass sie die Oberhand hatte. Von da war es nur ein kleiner Schritt zur Aggression. Kippy musste in diesem Haushalt nicht einmal um die dominante Stellung kämpfen. Sie wurde dafür belohnt, seit sie ein Welpe war.

Nun gebe ich weder den Besitzern noch dem Nachbarn, der so

gerne Ringkämpfe macht, die Schuld an den Problemen des Hundes. Es hat in den meisten Fällen von tierischem Fehlverhalten keinen Zweck, Schuld zuzuweisen, vor allem wenn die Besitzer Schritte unternehmen, um die Situation zu verändern, statt den Hund vor die Tür zu setzen.

Auf jeden Fall war Kippy eindeutig darauf vorbereitet, eine dominante Rolle zu spielen, und unglücklicherweise hatten die menschlichen Wesen in ihrem Leben dieses Szenario wundervoll mitgespielt. Bei einem anderen Hund hätte das Kinnauflegen und dauernde Starren womöglich nichts weiter bedeutet als „Hallo" zu sagen. Aber bei Kippy waren es Alarmsignale. Es erforderte ein Programm von Stimmungsänderung, Unterwürfigkeitstraining und eine Menge Lob für nicht aufdringliches Verhalten, um das Gleichgewicht der Kräfte in diesem Hauhalt wiederherzustellen.

Wenn Besitzer dreistes, forderndes Verhalten ignorieren und unterwürfiges Verhalten loben, bekommen Hunde eine neue Einstellung dazu, wie sie ein guter Hund sein können. Verlockende Hände und Füße zu entfernen, Auszeiten anzuwenden und zu lernen, die Stimmung ihres Hundes zu verändern, das alles half den Berensons, eine neue Beziehung zu ihrem Hund aufzubauen. Die neuen Signale, die Kippy bekam, versetzten sie in die Lage, ein freundlicheres Tier zu werden, und schließlich war es Besuchern möglich, den stolzen Akita anzusehen, ohne dass ihre Blicke als hingeworfener Fehdehandschuh aufgefasst wurden.

Ich will damit nicht sagen, dass Blickkontakt mit einem Hund schlecht ist. In den meisten Fällen provoziert es nicht den dritten Weltkrieg, wenn sich Ihre Blicke mit denen des Hundes treffen. Meine drei Hunde sind ein typisches Beispiel. Bei Charlie, dem schokofarbenen Labrador, ist ein flüchtiger Blick quer durch den Raum alles, was Sie tun müssen, damit sie sofort an Ihrer Seite ist, zu jeder Aktion bereit. Andererseits kann ich dasitzen und RooRoo, den Pudel, eine Minute lang ansehen und keiner von uns wendet den Blick ab. Wir sitzen einfach weiter da und das war's. Peanut, der Terriermix, ist etwa zwischen den beiden. Sie kann Blickkontakt suchen und eine halbe Minute warten, dann wird sie gewöhnlich herüberkommen und meine Hand anstupsen, als ob sie sagen wollte: *Ich bin hier, was ist los? Nun streichle mich schon!* Bei Peanut führt ein ignoriertes Stupsen schnell zu einem *Oh, macht nichts.* Sie legt sich wieder hin und grunzt. Nicht gerade eine Herausforderung der Rangfolge.

Blickkontakt produziert also bei jedem von ihnen ein anderes Verhaltensmuster. Je mehr Sie darauf achten, worauf Ihr Hund unter dem Aspekt des Blickkontakts reagiert, umso besser werden Sie verstehen, was er Ihnen sagen will, und umso wahrscheinlicher ist es, dass Sie eine gute Beziehung zu ihm haben werden.

Ich treffe eine Menge Leute wie Shirley und die Berensons, die Hundekommunikation nicht verstehen und deren Hunde nicht herausfinden können, was die Menschen von ihnen wollen. Wir denken, dass wir freundlich sind, und sie denken, wir bedrohen sie. Oder sie versuchen, uns eine faire Warnung zukommen zu lassen, ehe sie uns lochen, und wir denken, dass sie uns dazu einladen, sie zu streicheln. Missverständnisse wie diese sind es, die zu Hausbesuchen von Tierverhaltenstherapeuten oder sogar zu Fahrten in die Notaufnahme führen. Wir wissen, dass Hunde Menschen nicht als andere Hunde betrachten, aber sie benutzen ihnen gegenüber dieselben Regeln, weil sie genetisch darauf eingestellt sind, auf diese Weise zu funktionieren.

Wenn Sie versuchen, einem jungen Hund das Pfotegeben beizubringen, nehmen Sie seine kleine Pfote und sagen: „Gib Pfötchen!“ Siehe da, er gibt die Pfote. Das ist eine schöne Beschäftigung, und wenn der Hund Ihnen gegenüber ziemlich unterwürfig ist, wird er bereitwillig die Pfote heben.

Das kommt nicht, weil Sie ein so guter Lehrer sind, sondern weil Hunde als Welpen lernen, dass es der beste Weg ist, etwas zu essen zu bekommen, wenn man seine Pfote hebt und Zugang zu Mama bekommt, die über einem steht. Sie assoziieren das Heben der Pfote mit angenehmen Dingen und es ist eine nette unterwürfige

Geste, die sich ins Erwachsenenleben überträgt. Die Regeln, die der Welpe in den ersten Wochen seines Lebens lernt, helfen ihm, sich in Bezug auf andere Hunde und Menschen bestimmte Regeln zu eigen zu machen.

Die erste Rolle ist die unterwürfige Rolle, die ich gerade erwähnt habe. Ein Hund kann auf passive Weise einem Menschen oder einem anderen Hund gegenüber unterwürfig sein, zum Beispiel indem er sich auf den Rücken rollt. Oder er kann aktive Unterwerfung zeigen, indem er sich einem Menschen oder anderem Hund indirekt, sozusagen quer, nähert. Wenn man einen aktiv unterwürfigen Hund anspricht, guckt er vielleicht weg, duckt sich oder rollt sich in eine passive unterwürfige Haltung.

Bei einer unterwürfigen Körperhaltung sind die Ohren nach hinten an den Kopf gelegt und der Hund vermeidet Blickkontakt. Es ist ganz interessant, einem Welpen dabei zuzusehen, wie er sich einem Hund nähert, den er nicht kennt. Er gibt vielleicht lieber vor, den Boden zu beschnüffeln, als eine direkte Annäherung und möglicherweise eine Konfrontation zu riskieren.

Wir tun so ziemlich dasselbe, wenn wir uns jemandem nähern, sogar wenn es jemand ist, den wir kennen, und Hunde haben vermutlich ähnliche Gefühle. Wenn ich in einiger Entfernung eine Person sehe, lächle ich, aber dann sehe ich nach unten und vermeide den Blickkontakt, während ich mich nähere. Wenn ich ihr nahe bin, schauen wir auf und begrüßen uns. Hunde tun das auch.

Überlegen Sie mal, wie unbehaglich Sie sich fühlen würden, wenn die Person, der Sie sich nähern, Sie die ganze Zeit anstarren würde. Nun, dreiste Hunde benutzen diese Technik, wenn auch wahrscheinlich unbewusst, und andere Hunde empfinden es als Drohung. Die anderen Hunde werden den Blickkontakt vermeiden, wenn sie wissen, was gut für sie ist, es sei denn, sie sind selbst dominant. Sie werden außerdem andere unterwürfige Signale und Verhaltensweisen zeigen, wenn sie dazu neigen, eine untergeordnete Position einzunehmen. Ein besonnener Mensch wird dasselbe tun, wenn er den Hund nicht kennt oder dieser bekannt dafür ist, aggressiv zu sein.

Verhaltensforscher haben ziemlich viel Zeit damit verbracht, zu erforschen, wie Hunde einander begrüßen. Wir befinden uns oft mitten in einer Bande von vor Freude hüpfenden Welpen, die fröhlich angerannt kommen und sich buchstäblich auf uns werfen. Rums, genau gegen das Bein! Sie wissen noch nicht, wie man jemanden höflich begrüßt, und noch viel weniger, wie man aus vollem Lauf stoppt. Schließlich fangen sie an darauf zu achten, wie andere Hunde sich bei Begrüßungen verhalten. *Aha! Wir kommen heran und stehen still und schnuppern dann an Stellen wie den Ohren und dem Hinterteil.* Zur selben Zeit beginnen sie an den Signalen, die ihre Wurfgeschwister von sich geben, abzulesen, was diese tun werden.

Sie lernen, dass es richtige und falsche Arten gibt, jemanden zu begrüßen – je nachdem ob sie sich einem Welpen oder einem Menschen nähern. Sie kommen heran, kreisen, stehen und schnuppern – entweder Kopf an Kopf oder Kopf an Leistengegend. Die chemischen Lockstoffe im Urin, Pheromone genannt, geben einen Hinweis darauf, wen sie beschnüffeln.

Wer bist du? Kenne ich dich? Habe ich dich schon mal gerochen? Bist du männlich oder weiblich? Hast du deinen Geruch an dem Hydranten da drüben hinterlassen? Und so weiter. Studien haben gezeigt, dass ein Welpe im Alter von 24 Wochen nicht nur seinen eigenen Wurf am Geruch des Urins erkennen kann, sondern sogar die Identität von einzelnen Welpen.

Unglücklicherweise können Hunde die gleichen Informationen von Leuten bekommen, was der Grund dafür ist, dass sie ihre Nasen an so peinliche Stellen stecken. Es ist wichtig für Hundehalter, einem jungen Hund beizubringen, dass diese Art von Kommunikation bei Hunden in Ordnung, aber bei Menschen nicht erlaubt ist. Doch wenn wir verstehen, dass Hunde einfach Informationen suchen, sind wir vielleicht nicht mehr so schnell geneigt, ihnen für ihre „Unanständigkeit“ einen Klaps mit der Zeitung zu geben.

Wenn zwei Hunde sich begrüßen, ist meistens der, der das Beschnuppern einleitet, der dreistere, der wahrscheinlich die dominante Rolle erobert. Wer sich das Beschnuppern gefallen lässt, ist auf dem besten Wege, der Unterlegene zu werden. Aber wenn sie beide der Boss sein wollen, kann es einen Kampf geben.

Wenn ich mit Tierbesitzern oder Tierheimpersonal spreche, erkläre ich ihnen, dass, wenn sie in einiger Entfernung einen Hund sehen, den sie nicht kennen, dieser von ihnen erwarten wird, hündische Regeln der Begrüßung zu befolgen. Man muss dazu nicht auf alle viere gehen und schnüffeln. Die angemessene Art, einen fremden Hund zu begrüßen ist, Blickkontakt zu vermeiden, sich hinzuhocken, sodass man auf der Höhe des Hundes ist, und ihn herankommen und schnuppern zu lassen. Im Gegensatz zu dem, was man die meisten Leuten gelehrt hat, muss der Hund nicht Ihre Hand beschnuppern. In Wirklichkeit kann der Hund es sehr wohl als Drohung auffassen und entsprechend reagieren, wenn man die Hand ausstreckt, besonders wenn man sie über den Kopf des Hundes hebt.

Sie haben überall Gerüche, besonders an den Knien und Schultern. Wenn Sie die Hände vor sich zwischen den Beinen halten, kann der Hund herüber kommen und Ihr Knie beschnuppern, während Sie wegschauen. Wahrscheinlich wird er anfangen mit dem Schwanz zu wedeln, und dann möchten Sie ihn vielleicht streicheln oder unter dem Kinn kraulen. Sie haben den Hund auf eine Weise begrüßt, die er verstehen kann und durch die er sich nicht bedroht fühlen wird. Sie haben den Weg für eine gute Beziehung geebnet.

Ein paar andere unterwürfige Signale, die Hunde benutzen, sind ein lächelndes Gesicht oder ein Grinsen und ein niedrig gehaltener und wedelnder Schwanz. Manchmal bewegt sich das ganze Hinterteil des Hundes hin und her. Das ist natürlich ein sehr gutes Zeichen. Je niedriger die Muskelspannung, desto weniger wahrscheinlich ist es, dass der Hund bereit ist zu beißen. Wenn ein Hund sich hinlegt und auf den Rücken rollt, wenn Sie oder ein anderer Hund sich nähern, ist das so etwa das ultimative Unterwürfigkeitssignal. *Ich bin ganz wehrlos, aber weil ich so ehrlich bin, weiß ich, dass du mir nicht wehtun wirst.*

Manchmal sehen Sie einen Hund gähnen oder sich die Lippen

lecken. Er verlagert sein Gewicht vielleicht etwas mehr auf das hintere Ende oder er hält etwas seitlichen Abstand. Das sind Zeichen, dass er ein bisschen im Zwiespalt ist. Er mag bereit sein, etwas zu tun, das zu einer unterwürfigen Rolle passt, aber er ist nicht sicher, ob er es will.

Wenn ich Workshops für Tierheimpersonal gebe, versuche ich den Leuten zu helfen, etwas über Kommunikationssignale bei Hunden zu lernen, damit sie eigene Verletzungen vermeiden können, wenn sie es mit Hundekämpfen zu tun haben. Ich sage ihnen, dass es an der Zeit ist, schnell, aber vorsichtig einzugreifen, wenn sie sehen, wie Hunde sich anstarren. Sie sollen die Aufmerksamkeit der Hunde voneinander ablenken. Das macht es leichter, sie zu trennen.

Als Hundehalter folgen wir gewöhnlich unseren Instinkten, wenn unsere Tiere in einen Kampf mit einem anderen Hund geraten. Das heißt, wir schreien Zeter und Mordio. Und Ihr Hund wird Sie höchstwahrscheinlich missverstehen. Sie schreien: „Nein, Brutus! Stop! Aus! Lass das! Böser Hund! Hierher!“ Aber Brutus hört: „Ja, Brutus! Los! Pack ihn! Ich helfe dir!“ Und er wundert sich, warum er in die Hundehütte verbannt wird, um seine Wunden zu lecken, wenn alles vorüber ist. Weil er Ihre Signale vielleicht nicht verstehen wird, ist es todsicher besser, wenn Sie lernen, seine zu verstehen.

Wahrscheinlich hat vor dem Kampf einer der Hunde – oder beide – Dinge getan wie: den anderen anstarren und sich steif und starr machen, das Gewicht auf das Vorderende des Körpers verlagern. Ihre Ohren werden sich nach vorn gedreht haben und die Schwänze wurden steil nach oben gehalten oder langsam hin und her bewegt. Ihre Lefzen werden sich nach vorn geschoben haben – genau das Gegenteil eines lächelnden Gesichts. Die Hunde haben sich wohl direkt gegenüber oder nebeneinander gestanden. Es hat vielleicht tiefes, kehliges Knurren gegeben. Die Hunde können gebellt haben oder sie waren still auf ihr Angriffsziel konzentriert. Gehen Sie niemals davon aus, dass ein Hund, der nicht bellt, ein angenehmer Zeitgenosse ist, besonders wenn seine Körpersprache Ihnen etwas anderes verrät.

Natürlich kann die Körpersprache je nach Rasse verzwickt sein. Ein Dobermann ist manchmal schwer zu lesen, wenn seine Rute kupiert ist. Beagles sind auch schwer zu lesen. In den Studien, die ich mit Beagles gemacht habe, musste ich erkennen, dass die Rute einfach immer oben ist. Wenn sie oben ist, bedeutet das, dass sie erregt sind. Ich glaube, dass Beagles die meiste Zeit ein bisschen erregt sind.

Bedeutet das, dass Beagles immer bereit sind zu raufen? Nein. Ein Schwanz, der hoch getragen wird, hat keine kommunikative Bedeutung – es sei denn, es erscheint ein anderes Tier oder ein Mensch auf der Szene. Erst dann wird die Position der Rute ein soziales Signal. Wenn der Hund einen Regenwurm betrachtet, der über den Bürgersteig kriecht, und sein Schwanz ist oben und schwingt, ist das kein Kommunikationsverhalten. Aber wenn er sich umdreht und Sie geradeheraus anschaut und es so wirkt, als ob sein Schwanz aus seinem Kopf herauswächst, seine Ohren nach vorn gedreht sind, sein Körper gespannt ist und er knurrt – das ist der Moment, in dem die Schwanzhaltung Bedeutung bekommt.

Ich erinnere mich daran, wie ich einmal an einer freiwilligen Flohbekämpfungsaktion teilnahm, bei der die Besitzer ihre Haustiere für eine Dusche vorbeibrachten. Ich behandelte eine ganze Reihe von ihnen ohne Probleme, aber dann war da ein großer Rottweiler. Der Besitzer übergab mir die Leine. Ich schaute absichtlich nicht auf den Hund, aber ich konnte aus dem Augenwinkel sehen, dass er mich ansah. Tatsächlich starrte er mich an. Die Rute oben, die Muskeln gespannt und die Ohren nach vorn gestellt. Flüsterte ich ihm ins Ohr, streichelte ihn und zwang ihn dann in Bauchlage und hielt ihn nieder, während das Medikament angewandt wurde? Nie im Leben! Ich gab dem Besitzer die Leine zurück und sagte höflich: „Würde es Ihnen etwas ausmachen, Ihren Kleinen selbst festzuhalten? Ich glaube, er mag mich nicht."

„Aber sicher," sagte er strahlend mit einem herablassenden Lächeln. Ich kümmerte mich nicht darum. Ich halte mich auch an die Spielregeln.

Angst besteht aus einem ganz anderen Repertoire von kommunikativen Signalen. Es ist eigentlich keine Rolle, wie dominant oder untergeordnet, sondern ein emotionaler Zustand, der ziemlich einfach zu erkennen ist.

Ein ängstlicher Hund klemmt den Schwanz zwischen die Beine und wendet seinen Körper vom Menschen oder Tier ab. Es kann ein Winseln oder Wimmern auftreten. Die Ohren sind nach hinten an den Kopf gedrückt und natürlich gibt es keinen Blickkontakt, zumindest nicht am Anfang. Ein ängstlicher Hund wird ebenfalls oft beißen.

Manchmal versucht ein ängstlicher Hund, alle in seiner Umgebung zu bluffen, damit sie ihn für den größten Macho weit und breit halten, aber seine Signale verraten ihn. Um diesen Punkt zu illustrieren, zeige ich manchmal einen Videofilm von einer Katze und einem Hund im Wartezimmer eines Tierarztes. Jeder weiß, dass Hunde Katzen hassen und sie ärgern und so weiter, richtig? Nun, wenn Sie einen Hund und eine Katze haben und eine gewisse Zeit mit ihnen zusammen gewesen sind, wissen Sie, dass meist das Gegenteil der Fall ist.

Auf meinem Video glaubt der Hund, ein großer Schäferhundmix, wahrscheinlich, dass er einen Job zu erledigen hat: der Katze zu zeigen, wer der Boss ist. *Ich bin ein Hund und ich habe auch diese Bücher gelesen und die Katze sieht sich besser vor.* Also fängt er an, eine Menge Wirbel zu machen, und natürlich faucht die Katze zurück und schlägt mit der Pfote nach ihm. Der Hund tobt wie verrückt, aber sein Schwanz ist eingekniffen und seine Ohren sind zurückgelegt. *Ich glaube, ich muss diese Katze kriegen, aber eigentlich will ich gar nicht. Sie ist ziemlich Furcht einflößend. Vielleicht kann ich mich mit ihr anfreunden.* Schließlich springt die Katze auf den Schoß ihres Besitzers, dreht ihm den Rücken zu und beginnt sich die Pfoten zu lecken, um diesen widerlichen Hundegeruch loszuwerden. Der Hund geht zu seinem Besitzer, einem zehnjährigen Jungen, der ein Comic-Heft liest, und leckt seine Hand. *War ich nicht gut? War ich nicht mutig? Was bekomme ich dafür?* Und das Kind, dem das völlig einerlei ist, sagt ihm, er soll sich setzen und ruhig sein. Das war's.

Statt also nur auf das Gebell und das Jagdverhalten des Hundes zu schauen, müssen Sie auf die einzelnen Komponenten und auf die ganze Kombination von Verhaltenssignalen achten, um den emotionalen Zustand des Hundes einzuschätzen.

Wieder ein anderer Bereich des Kommunikationsverhaltens, das wir bei Hunden sehen, ist das Spiel. Spielsignale sind nicht eigentlich Signale, die an und für sich Information übermitteln. Aber sie geben Aufschlüsse über das folgende Verhalten. Wenn ein Hund spielen will, macht er vielleicht eine riesige Spielverbeugung vor einem anderen Hund oder einem Menschen. Sie können das im Wurf beobachten und später zu Hause, wenn Ihr Hund möchte, dass Sie einen Ball für ihn werfen. Seine Vorderbeine sind ausgestreckt, das Hinterteil ragt in die Luft und der Schwanz wedelt. Sie sehen vielleicht einen erwartungsvollen Ausdruck auf seinem Gesicht.

Mit diesen überlebensgroßen Gesten mag sich ein unterwürfiger Hund einem dreisteren nähern und praktisch ausdrücken: *Wir wissen beide, dass ich dir untergeordnet bin, aber wenn wir spielen, versprichst du mir, nicht zu beißen oder mich zu Boden zu drücken oder mir garstige Sachen anzutun, nicht wahr?* Und der dominante Hund zeigt sein Einverständnis, indem er sich ebenfalls verbeugt oder dem ersten Hund das Gesicht bepfötelt, wie er es bei seinen Wurfgeschwistern gemacht hat. Und dann spielen sie, und alle Signale, die sie von sich geben, und das Verhalten, das sie zeigen, ist übertrieben. Breit lächelnde Gesichter. Meta-Kommunikation.

Manchmal wechseln die Rollen während des Spiels. Die Hunde haben eine Vereinbarung. Der Untergeordnete kann den Dominanteren an die Wand drücken und mit heiler Haut davonkommen. Aber der Dominante kann alles beenden, indem er sich umdreht und geht oder dem anderen Hund einen kleinen Biss versetzt, der bedeutet: *Okay, genug jetzt. Ich bin wieder der Boss.*

Was bedeutet das alles für den Besitzer? Nun, Hunde geben Menschen dieselben Signale, die sie anderen Hunden geben. Wenn der Hund sich wegdreht, wie um zu sagen „Genug“ und der Mensch das nicht versteht, mag der Hund ihm denselben kleinen Biss geben, um zu betonen, dass er die Spielzeit beendet. Das kann beängstigend und gefährlich sein.

Hunde müssen spielen und das Spiel beenden und wir möchten ihre Bedürfnisse gut und wirkungsvoll erfüllen. Hundehalter sollten sich bewusst sein, welche Signale ihre Hunde aussenden, wenn sie spielen wollen und wenn sie aufhören wollen.

Ein Kollege von mir, der an Wölfen geforscht hat, bemerkte, dass zwei Wölfe sich in Übereinstimmung nebeneinander bewegen und dann für ein paar Momente erstarren, bevor sie ein Spiel beginnen. Nach langen Studien schloss er schließlich, dass einer der Wölfe mit den Augen rollte, um anzuzeigen, dass es Zeit war zu spielen. Hunde geben normalerweise sehr viel offensichtlichere Signale von sich. Sie pföteln in die Luft oder legen einem ihre Pfote auf die Hand oder das Knie. Sie bringen Spielzeug an, bellen oder heulen, rennen im Kreis, springen an oder geben einem einen Knuff mit der Hüfte.

Andererseits macht ein Hund manchmal eine Spielverbeugung vor Ihnen und beißt Sie dann! Es gibt begabte Schwindler unter den Hunden. Oder manchmal entwickelt sich Spiel zum Spielkampf, der sich zu einem richtigen Kampf auswachsen kann. Also sagen Sie nicht zu einem Besucher: „Oh, machen Sie sich keine Sorgen, er will nur spielen", nur weil Sie eine Spielverbeugung sehen. Viele Bisse ins Gesicht bei Kindern unter zehn Jahren geschehen im Zusammenhang mit Spiel. Gehen Sie niemals davon aus, ein Hund würde nie beißen. Nicht einmal bei Ihrem eigenen.

Wir müssen das Kommunikationsverhalten kennen – weil es uns hilft, zu interpretieren, in was für einem emotionalen Zustand der Hund ist und wie er motiviert ist. Das hilft uns vorauszuahnen, was er wahrscheinlich als Nächstes tun wird, und es erlaubt uns, manche dieser Verhaltensweisen selbst zu nutzen, wie Lächeln, Wegschauen, Starren oder richtig zu begrüßen und zu spielen.

Der Punkt ist, dass wir es vermeiden können, eine schlechte Beziehung zu unseren Hunden zu bekommen, wenn wir uns nur daran erinnern, dass wir sie in einer Art und Weise ansprechen müssen, die sie verstehen, nämlich so, wie sie es von ihrer Mutter und ihren Wurfgeschwistern gelernt haben.

Wenn ein Halter die Sprache seines Hundes völlig ignoriert und sein Tier als eine unergründliche Sache oder nur als ein leeres Gefäß sieht, dann ist es wahrscheinlich, dass Verhaltenstherapeuten – oder die Krankenschwester in der Notaufnahme – zu hören bekommen, dass der Hund ohne jeden Grund verrückte Dinge tut oder dass der Biss oder Kratzer oder die Attacke völlig grundlos erfolgte. Wenn ich so etwas höre, kann ich die wohlbegründete Vermutung anstellen, dass der Hund und sein Besitzer nicht miteinander kommuniziert haben und dass sie keine gegenseitig zufriedenstellende Beziehung haben. Wenn sich nichts ändert, wird das Verhaltensproblem wahrscheinlich schlimmer, nicht besser werden.

Zum Glück braucht es nicht so weit zu kommen. Wenn wir Menschen uns selbst in Hundesprache und Kommunikation schulen, werden wir effektiver darin, unsere Hunde das zu lehren, von dem wir möchten, dass sie es tun. Und das ist ganz bestimmt besser, als gebissen zu werden.

Orvis
Der Hund, der sein Herrchen nicht ins Schlafzimmer ließ

Orvis war ein prächtiger, seidiger Springer Spaniel, der aus den robusten Jagdszenen hätte entsprungen sein können, die die Wände des geschmackvollen Backsteinhauses seiner Familie im Herzen von Atlanta schmückten. Orvis und seine Besitzer waren ein schlimmer Fall der bekannten Krankheit „misslungene Kommunikation". Und bei diesem Trio bedeutete das, dass Orvis das Sagen hatte.

Nachdem er am Telefon unverblümt erklärt hatte, dass er die Nase voll hätte, vertraute mir sein Besitzer, Ashley Bancroft, an, dass sein Hund seine Ehe „negativ beeinflusse".

„Versucht, unser Privatleben zu ruinieren. Sie verstehen schon," deutete er finster an.

„Äh, ach so," sagte ich. Ashley lehnte es ab, am Telefon mehr ins Detail zu gehen, meinte aber, dass ich verstehen würde, wenn ich bei ihnen wäre.

Ehe er auflegte, sagte er mir, dass seine Frau Lauren beunruhigt sei, weil Orvis sie am Vortag nicht erkannt hatte und gerade noch im letzten Moment vor einer wütenden Attacke auf sie zurückgeschreckt war. Zwei Männer, die im Haus arbeiteten, hatten nicht so viel Glück. Orvis hatte beide gebissen, ebenso einen vier Jahre alten Jungen. Ob ich sofort kommen könne? Es klang so, als ob ich müsse. Also sagte ich meine Termine ab und eilte hinüber.

Als ich den schweren Messingtürklopfer in Form einer Ananas hob, bemerkte ich das mit Brettern vernagelte Fenster neben der Haustür. Ein paar zurückgebliebene Scherben lagen zu meinen Füßen. Lauren, dunkelhaarig und in einem pfirsichfarbenen Kostüm, öffnete die Tür. Sie warf einen Blick auf das Fenster, während sie mir ihre manikürte Hand hinhielt.

„Das hat Orvis gestern angerichtet, als er einen unserer Freunde angreifen wollte," sagte sie ohne Vorbemerkung. „Der Glaser wird heute Nachmittag kommen, um das Fenster zu reparieren," fügte sie hinzu. „Wenn er mutig genug ist." Sie zog ihre Hand zurück. „Bitte kommen Sie herein, Dr. Wright. Wir sind ja so froh, dass Sie hier sind."

Zu meiner Erleichterung war Orvis in der Waschküche eingeschlossen, von wo aus er den unbekannten Eindringling verbellte. Ich schüttelte Ashley die Hand, der sich im Wohnzimmer zu uns gesellte und den Typ eines energischen leitenden Angestellten verkörperte. Er gab forsch bekannt, dass er bereit sei, an die Arbeit zu gehen, wenn ich es auch sei.

„Dieser Hund ist außer Kontrolle," sagte Ashley. „Er denkt, er bestimmt, was an diesem Ort gemacht wird, und wenn er noch einen Installateur beißt, habe ich einen Prozess am Hals. Was soll ich mit ihm machen?"

„Nun, lassen Sie uns eine Vorstellung davon bekommen, was mit Orvis los ist," sagte ich. „Scheint es so, als ob Orvis versucht, ihre Bewegungen zu kontrollieren?"

„Kontrollieren?" sagte Mr. Bancroft. „Nur wenn Sie es als ‚Versuch, mich zu kontrollieren' bezeichnen wollen, dass er mich zwingt, mein eigenes Schlafzimmer zu verlassen. Dank dieses Hundes habe ich seit sechs Wochen nicht mehr mit meiner eigenen Frau geschlafen!"

„Aber Ashley..."

„Nun, Lauren, lass uns die Dinge beim Namen nennen," schäumte Ashley und schüttelte den Kopf. „Schlafen wir Orvis' wegen in getrennten Schlafzimmern oder nicht?" Seine Frau nickte unglücklich. Ich beschloss, die Führung zu übernehmen.

„Manche Hunde sehen es als ihren Job an, bestimmte Familienmitglieder nachts zu bewachen," erklärte ich ihnen. „Was genau tut Orvis?" Ich sah sie beide an und hielt den Stift über das Diagnoseblatt. Sie fingen gleichzeitig an zu sprechen. Als sie eine halbe Stunde später fertig waren, verstand ich ziemlich genau, was an diesem exquisiten Schauplatz los war. Tatsächlich wurden zwei hochrangige Angestellte von einem Springer Spaniel als Geiseln gehalten.

Sie hatten mit Orvis begonnen wie die meisten Leute, wenn sie einen Hund bekommen, und Entscheidungen natürlich vom menschlichen Standpunkt aus getroffen. Sie suchten einen (für sie) bequemen Raum aus, in dem er schlafen sollte, die Waschküche. Sie stellten ihm einen (in ihren Augen) wundervollen Hundekorb aus Zedernholz mit einer Decke im Schottenkaro zur Verfügung, den sie bei einem teuren Versandhaus bestellt hatten. Eine Zeit lang fühlte Orvis sich in seiner neuen Bude wohl und alle waren glücklich und zufrieden.

Aber dann tauchten Probleme auf. Immer wenn Orvis sich schlecht benahm, wurde er für eine Auszeit in die Waschküche gesperrt. Er fing an, sein Schlafzimmer damit zu assoziieren, bestraft zu werden. Also suchte er nach einem neuen Schlafplatz.

Als er das Schlafzimmer seiner Menschen inspizierte, war es sehr nach Orvis' Geschmack. Es hatte den zusätzlichen Vorteil, eine große Aussichtsplattform bereitzustellen, von der aus er über seine Familie wachen konnte – was er für seine Pflicht hielt.

Das wäre schön und gut gewesen, wenn Orvis nicht entschieden hätte, dass niemand mehr eintreten durfte, wenn die Bancrofts das Schlafzimmer einmal betreten hatten, um sich zum Schlafengehen fertig zu machen. Das war kein Problem, wenn sie sich beide gleichzeitig ins Schlafzimmer zurückzogen. Aber wenn einer von ihnen versuchte, später ins Bett zu gehen, fand Orvis, es sei seine Pflicht, den bereits Schlafenden zu bewachen, und behandelte den anderen als Eindringling. Er blockierte die Türschwelle und knurrte, starrte oder sprang drohend auf sie zu, bis er oder sie zurückwich.

Also hatte Ashley sich angewöhnt, im Gästezimmer zu schlafen. „Auf diese Weise war es sicherer," sagte er. „Und glauben Sie nicht, dass ich feige bin," fügte er hinzu. Er nahm die Brille ab. „Fünf Stiche," verkündete er und machte mich auf eine Wunde oben an seiner Wange aufmerksam. „Ich habe den Fehler begangen, den Hund zu streicheln, als er auf der Couch aufwachte."

Ich schrieb alle ihre Klagen auf und versuchte dann im Geiste zusammenzufassen, was für Arten der Aggression dieser Hund seiner Familie gegenüber gezeigt hatte.

„Wollen Sie Orvis nicht kennen lernen, Dr. Wright?" fragte Lauren erstaunt.

„Ich möchte ihn jetzt nicht übermäßig aufregen," sagte ich. Noch viel weniger wollte ich auf dem Weg zur nächsten Verabredung einen Umweg über die Notaufnahme machen. „Vielleicht sage ich ihm später Guten Tag, aber ich glaube, ich verstehe Orvis aufgrund Ihrer Beschreibung dessen, was vor sich geht, ganz gut."

Okay. Orvis zeigte eine Form der Dominanzaggression beiden Bancrofts gegenüber und Aggression zur Besitzverteidigung – besonders wenn er einen bestimmten Bereich des Hauses besetzte, der für ihn eine wichtige Ressource war. Außerdem bewachte er einen Stuhl, die Couch oder die Chaiselongue im Schlafzimmer. Wenn die Bancrofts sich ihm näherten, während er diese „Ressourcen" verteidigte, attackierte er sie. Es gab außerdem territoriale Aggression, bei der er nach denen schnappte, denen er nicht erlaubte, sich ihm und seiner Familie zu nähern.

Jede dieser verschiedenen Formen der Aggression war charakterisiert durch eine Tendenz zu kontrollieren, sich durchzusetzen und sich abzureagieren, statt Dingen aus dem Wege zu gehen.

„Er war immer ein bisschen überdreht," sagte Lauren. „Aber jetzt lässt er einfach niemanden mehr ins Haus. Wir müssen ihn einsperren."

„Sehen Sie, wir haben ein ziemlich gutes Sicherheitssystem hier," sagte Ashley. „Ich habe nichts dagegen, dass der Hund Fremde verbellt, aber er braucht die Leute ganz sicher nicht zu zerreißen."

„Ich verstehe."

Orvis' Aggression war nicht auf das Haus beschränkt. Wenn Lauren bei ihm war, benahm er sich auch an anderen Orten beschützend – zum Beispiel im Auto oder in der Tierarztpraxis. Dies deutet auch auf territoriale Aggression hin, bei der der Hund aggressiv auf jeden reagiert, der *seinem* Auto, Besitzer oder einem anderen Haustier der Familie nahe kommt. Es ist, als ob der Hund die Verantwortung dafür übernimmt, wer Zugang zu welchen Personen und welchen begehrten Objekten hat.

Was war zu tun? Der zwei Jahre alte Orvis war schon kastriert.

Er brauchte etwas Erfahrung darin, den Personen im Haus gegenüber unterwürfig zu sein, und sie brauchten etwas Anleitung darin, effektive Führer zu sein.

„Es ist viel einfacher, im Büro alles im Griff zu haben," bemerkte Lauren. „Und es ist nicht annähernd so gefährlich," fügte Ashley hinzu und strich sich behutsam über die Wange.

„Okay, lassen Sie uns etwas Brainstorming machen," sagte ich. „Sie müssen eine Liste von Dingen, Worten oder Ausdrücken aufstellen, die eine angenehme Bedeutung für Orvis haben. Setzen Sie die Dinge, die er am liebsten mag, ganz oben auf die Liste und Dinge, die er weniger gern mag, ans Ende. Wir werden die Sachen auf der Liste benutzen, um einen Stimmungswechsel herbeizuführen, der einige von diesen Verhaltensweisen abwenden wird, ehe Orvis es zu sehr übertreibt."

Ich wies sie an, irgendwo in der Mitte der Liste zu beginnen, wenn Orvis anfing, Anzeichen für aufkommendes Fehlverhalten zu zeigen.

„Warum?"

„Weil Sie, wenn es nicht funktioniert, zu einer begehrteren Sache übergehen können und Ihnen nicht die Möglichkeiten ausgegangen sind. Die Idee ist, mit Sachen, Objekten oder Aktivitäten, die er mag, eine fröhliche, bereitwillige Stimmung hervorzurufen und eine gefährliche Stimmung zu umgehen. Ein Hund kann nicht gleichzeitig fröhlich und verärgert sein."

Die Bancrofts hatten mir gesagt, dass Orvis typischerweise steif werden würde, wenn er im Begriff war, Aggression zu zeigen. Wenn sie dies in Zukunft sehen würden, sagte ich ihnen, sollten sie eines der Dinge auf der Liste benutzen, um ihn in eine glückliche Stimmung zu versetzen.

„Das klingt furchtbar einfach," sagte Ashley misstrauisch.

„Es ist nicht kompliziert," stimmte ich zu. „Aber es steckt eine Menge Forschung hinter diesem Vorgang." Es ist eine klassische oder Pawlow'sche Konditionierung und es ist nur ein Teil der Lösung. „Wollen Sie jetzt anfangen, die Liste zu machen, oder wollen Sie sie später gemeinsam ausarbeiten?"

„Nein, lassen Sie es uns jetzt tun," sagte Ashley. „Wollen mal sehen ... sein Spaziergang ist eine große Sache, also sollte ‚Willst du spazieren gehen?' darauf sein. Und dann gibt es noch ‚Such deinen Ball.'"

„Vergiss nicht ‚Wo sind Daddys Pantoffeln?'" fügte Lauren hinzu. „‚Es gibt Popcorn!' und ‚Guuuter Orvis' und ‚Hier ist deine Leine.'"

Nachdem diese Unternehmung auf dem besten Wege war, wandte ich mich einem anderen Aspekt des Behandlungsplans zu. Eine wichtige Möglichkeit, die Halter in die Führungsrolle zu bringen, ist, den Hund etwas dafür tun zu lassen, dass er bekommt, was er will. Glücklicherweise war Orvis bereit, einer Reihe von Kommandos zu gehorchen, sodass die Bancrofts dieses Mittel in vollem Umfang nutzen konnten. In Zukunft würden sie Orvis „Sitz" machen lassen, bevor er gefüttert wurde. Er musste „Bleib" machen, ehe er zu einem Spaziergang mit nach draußen genommen wurde. Er musste sich legen, bevor ihm erlaubt wurde, auf die Couch zu springen.

Verhaltensforscher haben dieses Konzept treffend als „Nichts im Leben ist umsonst" beschrieben. Indem Orvis veranlasst wurde, für sein Vergnügen zu arbeiten, würde er lernen, seinen Besitzern untergeordnet zu sein. Zusätzlich, so sagte ich ihnen, war es wichtig, ihn dafür zu loben, dass er unterwürfig war.

Dieser Ansatz funktioniert besser als einen Hund dazu zu zwingen, etwas zu tun (was sowieso manchmal unmöglich ist), und ihn dann zu loben. Bei aggressiven Hunden funktioniert Zwang, gefolgt von Lob, selten – und falls doch, kann es gefährlich sein. Es leitet einen Machtkampf ein, in dem der Hund gegen die Menschen ankämpft, die Menschen gegen den Hund kämpfen und ein Schneeballeffekt entsteht, durch den die Aggression eskaliert.

Orvis neigte dazu, an bestimmten Orten besonders unnachgiebig zu sein. Ich hatte das Gefühl, es wäre sinnvoll, den Zugang zu diesen Bereichen zu verbieten. Wenn es Orvis nicht mehr erlaubt war, nachts im Schlafzimmer zu sein, würde er automatisch weniger Fälle von kontrollierender Aggression erleben, erklärte ich.

Die Bancrofts sahen einander an und rollten die Augen.

„Das haben wir schon versucht," sagte Ashley. „Es klappt nicht. Darum haben wir Sie gerufen."

„Was haben Sie versucht?" fragte ich und versuchte, seinen herablassenden Ton zu ignorieren. Die Leute rufen keinen Verhaltenstherapeuten, ehe sie nicht alles ausprobiert haben, was in irgendeinem Buch steht. Aber selbst wenn sie auf der richtigen Fährte sind, geben sie für gewöhnlich frustriert auf, weil sie auf eine schnellere Lösung gehofft hatten.

„Zwei verschiedene Dinge," sagte Lauren. „Die Schlafzimmertür zu schließen und ihn in der Waschküche einzuschließen. Aber Orvis heulte und bellte die ganze Nacht," sagte sie. „Niemand bekam noch Schlaf."

Das ergab einen Sinn. „Sie haben ihn davon abgehalten, seine Pflicht zu tun," sagte ich. „Er muss außer sich gewesen sein."

Leider gab es keinen einfachen Weg, diesen Teil des Problems zu lösen. „Die gute Nachricht ist, dass ich Sie bitten werde, wieder zusammen ins eigene Schlafzimmer zu ziehen."

„Und die schlechte Nachricht?" fragte Ashley.

„Nun, Sie werden höchstwahrscheinlich ein paar weitere Nächte mit Schlaf zu kurz kommen, bevor die Dinge anfangen, sich zu ändern. Darf ich vorschlagen, dass Sie darüber nachdenken, das Training an einem Wochenende erneut aufzunehmen, wenn Sie am anderen Morgen keinen Arbeitstag vor sich haben?"

Ich wusste, dass sie eher geneigt sein würden durchzuhalten, wenn der Stress um sie herum möglichst gering wäre. Ich fragte die Bancrofts, ob sie in Betracht ziehen würden, nachts ein Babygitter in die offene Tür zu stellen. Dies würde Orvis erlauben, sie im Auge zu behalten, aber es würde ihm nicht möglich sein, im Schlafzimmer zu knurren oder nach ihnen zu schnappen.

Die Bancrofts nahmen meinen Rat an. Sie legten einen hübschen geflochtenen Teppich in den Flur, auf dem Orvis sich hinlegen und dennoch in den Raum gucken konnte. Natürlich benahm er sich die ersten drei oder vier Tage daneben. Dann begann er, sich anzupassen. Nach einer Weile begriff er, dass dies ein bequemer Schlafplatz war, und er fing an, ihn öfter zu nutzen.

Nach der ersten Woche begann er den Abend damit, auf dem Teppich zu liegen, und ging dann während der Nacht an andere Stellen. Das trug dazu bei, die Dynamik dessen zu ändern, was eine ungesunde Beziehung gewesen war. Orvis hatte nicht mehr das Gefühl, dass er seine Besitzer die ganze Zeit beschützen musste. Er war seltener auf Konfrontation aus oder mieser Laune und die Bancrofts begannen die Führungsrolle einzunehmen.

Die Idee war, dass die Bancrofts die Verantwortung für den Haushalt übernehmen mussten, um Orvis aus der Verantwortung zu entlassen. Ich schrieb das wörtlich in ihr Behandlungsprogramm. Wenn sie bei der Arbeit einen Stab von Angestellten und zu Hause ein Heer von Dienstboten managen konnten, sollten sie in der Lage sein, die Kontrolle über ihren Hund zu übernehmen. Nachdem sie das Konzept verstanden hatten, waren die Details ziemlich einfach.

Wenn Orvis sich z.B. aufzuspielen begann, weil Leute vorbeikamen, sollten die Bancrofts ihn in die Waschküche tun, bis er sich beruhigt hatte und die Leute ihren Geschäften nachgingen. Dann wurde Orvis herausgeholt, damit er sehen konnte, was vor sich ging. Da er nicht mehr länger in der Waschküche schlief, war sie ein passender Ort für eine Auszeit. Um den Raum attraktiver und weniger beängstigend zu machen, taten die Bancrofts gelegentlich ein paar Leckerchen in den Raum oder sie verbrachten ein paar Minuten am Tag damit, dort bei Orvis zu sitzen, mal bei geöffneter, mal bei geschlossener Tür.

Schließlich bellte Orvis, wenn Leute an die Tür kamen, und nahm sie in Augenschein. Dann zog er sich von selbst in die Waschküche zurück. Es war fast, als ob er gar nicht mehr die Verantwortung dafür haben wollte, alles am Laufen zu halten, nachdem er eine Kostprobe der untergeordneten Rolle gehabt hatte. *Das ist nicht meine Sache,* schien sein allgemeines Gefühl zu sein. Nachdem der inoffizielle Vorstandsvorsitzende zurückgetreten war, war der Bancroftsche Haushalt also wieder in Betrieb.

Die Bancrofts hatten ein schlechtes Geschäft gemacht, als sie sich entschlossen hatten, ihre Führungsrolle an ihren Hund abzutreten. Es tat weder ihnen noch Orvis irgendetwas Gutes, ihn so dominant werden zu lassen, dass er sie aus ihrem Schlafzimmer oder irgendwann in den Wahnsinn trieb.

Ich finde, alle Hunde sollten allen Menschen gegenüber unterwürfig sein. Ich hatte zum Beispiel einmal einen Schäferhund namens Zuk, der nur einen Blick oder ein Wort von mir brauchte, um Unterwürfigkeit zu zeigen. Er konnte geduldig vor meinem Büro liegen, während ich ein Seminar leitete, und unterwarf sich höflich allen möglichen Studenten oder Professoren, die ihn streichelten oder ihn ansprachen. Er versuchte nie, die Oberhand zu bekommen, obwohl er groß genug war, sie mit einem Happs zu verschlingen, wenn er gewollt hätte.

Manchmal, wenn ich Leuten sagte: „Ich habe einen unterwürfigen Hund", drückten sie ihr Bedauern darüber aus, das zu hören. Aber mit unterwürfig meinte ich nicht irgendwie schwach. Es gab kein stolzeres Tier als Zuk. Er kannte sich nur aus und hielt sich an die Regeln. Und er wurde stets fest, aber mit Freundlichkeit und Zuneigung behandelt. Ich weiß, es wäre nicht so einfach gewesen, das zu tun, wenn er das Haus auseinander genommen oder mir ins Gesicht geknurrt hätte. Aber dann hätte ich mich zuerst fragen müssen, wie er dazu kam, solche Sachen zu machen. Sie gehen zurück auf die Rolle, die der Hund im Leben der Menschen spielt.

Hundehalter müssen sich entscheiden, wie sie ihren Hund behandeln wollen. Wird er ein richtiges Familienmitglied sein? Manche Menschen sagen, sie wollen ein Heimtier als Gesellschafter, aber sie behandeln den Hund wie einen Gegenstand, wie eine Kamera oder einen Computer. Das funktioniert nicht. Man kann nicht beschließen, den Hund ins Regal zu stellen, als ob er ein Gegenstand wäre, und dennoch von ihm erwarten, sich wie ein Begleiter zu benehmen. Sie können ihn auch nicht grün und blau schlagen und erwarten, dass er Ihr bester Freund sein wird.

Kürzlich bekam ich einen Anruf von der Besitzerin eines einjährigen Cocker-Pudel-Mischlings, der anfing, aggressiv zu werden und zu schnappen. Die junge Frau wollte keinen Termin, nur ein paar Gratis-Ratschläge, die ich gerne gab. Bevor sie auflegte, sagte sie: „Meine Freunde haben mir gesagt, ich solle ihn verprügeln. Nun sagen Sie mir, dass ich das nicht tun soll?"

Ich erklärte ihr, dass ich seit 1980 Fehlverhalten von Hunden behandele und in der ganzen Zeit niemals einem Klienten gesagt habe, er solle irgendetwas tun, was einem Hund Schmerzen verursacht. Aber ich habe einer ganzen Menge Tiere geholfen, wieder auf den richtigen Weg zurückzufinden, also muss es auch andere Möglichkeiten geben.

Ich bin immer noch überrascht, wie viele Leute es gibt, die denken, dass der richtige Weg, Aggression (oder irgendetwas anderes, das der Hund tut, zu stoppen), ist, ihn auf den Kopf zu schlagen. Eine Besitzerin, von der etwas später die Rede sein wird, schlug ihren Hund routinemäßig mit einer Fliegenklatsche. Ein anderer fand es logisch, dem Hund jedes Mal ein Stück Holz zwischen die Kiefer zu rammen, wenn er versuchte zu beißen. Ich kann nicht sagen, wie viele Leute ihre Hunde mit der Nase in ihren Kot stecken oder sie schlagen oder ihnen auf andere Weise wehtun. Das Überraschendste an der Sache ist, dass sie anscheinend gar nicht begreifen, dass sie irgendetwas falsch machen.

Ich nenne das die autoritäre Herangehensweise an Disziplin. Der Hund wird streng kontrolliert und die Betonung liegt darauf, Zwang zu gebrauchen, zu drohen, zu kommandieren und zu bestrafen. In diesem System geben die Besitzer dem Hund Befehle, bestrafen ihn, indem sie „Nein!" brüllen und erklimmen allmählich die Leiter der Zwangsmittel. Sie sagen Sachen wie: „Beweg deinen Hintern hier rüber, oder ich sperre dich im Keller ein" und tun genau das, wenn der Hund nicht gehorcht. Die Befehle können sehr willkürlich sein und das Durchsetzen beinhaltet oft körperliche Bestrafung und Schmerz.

Manchmal trifft so ein fehlgeleiteter Besitzer auf einen schlecht informierten Ausbilder und das Resultat ist katastrophal, sogar wenn die Methoden keinen Schmerz verursachen. Ich erinnere mich an eine Familie, die zwei schöne Huskys besaß. Ich beobachtete die Hunde in ihrem Hinterhof durch ein Fenster und war erstaunt, wie wolfsähnlich sie waren. Wenn der Rüde sich der Hündin näherte, stand sie auf und ging mit eingezogener Rute beiseite. Es gab auch eine Menge Lautäußerungen und Ringkämpfe. Und dann sahen die Hunde auf und diese blauen Augen durchbohrten einen förmlich. Besonders der Rüde schien die Dinge voll im Griff zu haben.

Dies war nicht die Sorte Hund, bei der ich einem Besitzer raten würde, sie sich zu schnappen, ihnen die Schnauze zuzuhalten und ihnen auf die Nase zu blasen, aber genau das lehrte sie ein Hundeausbilder der alten Schule. Es brauchte nicht lange und die Hunde verknüpften Hände mit Dingen, die sich nicht gut anfühlen, und reagierten entsprechend. Ihre Besitzer gaben bereitwillig zu, dass sie die Hunde im ersten Monat im Hinterhof angekettet und unfachmännisch ein Elektroschockhalsband benutzt hatten. Sie fanden die Aggression des Rüden irgendwie cool, solange sie nicht gegen sie selbst gerichtet war. Aber natürlich würde sie das nach dieser Art von Behandlung sein.

Es gibt noch weitere Geschichten. Ein sehr ängstlicher Hund war von einer Trainerin am Halsband aufgehängt worden, bis er aufhörte zu zappeln, und dann für seine Fügsamkeit gelobt worden. Sie dachte, dies bizarre Verhalten wäre die richtige Methode, den Hund unter Kontrolle zu bekommen. Tatsächlich scheint mir, dass es ihn ebenso leicht hätte umbringen können. Auf jeden Fall war er ein sehr verstörter Vierbeiner und wir mussten zuerst damit beginnen, den Versuch zu machen, sein Vertrauen zu Menschen wiederherzustellen.

Glücklicherweise sind jedoch die üblen Trainer rar, und viele gute Ausbilder sind sehr geschickt darin, Hunden gute Manieren beizubringen.

Gehorsamstraining ist normalerweise eine gute Sache. Es erlaubt Ihnen, verbale Kontrolle über Ihren Hund zu haben, was aus Sicherheitsgründen wichtig ist, wenn Sie in der Nähe von belebten Straßen wohnen oder der Hund fremde Menschen treffen wird.

Es macht den Hund außerdem zu einem angenehmeren Begleiter. Aber ich empfehle allen Hundehaltern, sich auf ihren gesunden Menschenverstand und auf die Empfehlungen anderer vertrauenswürdiger Leute zu verlassen, wenn es an der Zeit ist, einen Hundeausbilder zu suchen. Gehen Sie nicht einfach blindlings an die Sache heran.

Es macht mich immer besorgt, wenn bestimmte Rassen plötzlich an Popularität gewinnen. Wie viele Leute mussten ganz einfach einen Jack Russel Terrier anschaffen, als „Frasier“ ein Hit wurde? Plötzlich waren Jack Russel Terrier „in“. Das Gleiche passierte, als Disney's „101 Dalmatiner“ auf die Kinoleinwand kam. Leider hatten viele Leute, mitgerissen von der momentanen Begeisterung, nicht wirklich darüber nachgedacht, was sie taten. Darum waren die Tierheime im ganzen Land sechs Monate, nachdem der Film herausgekommen war, mit Dalmatinern überschwemmt.

Damit will ich nicht sagen, dass ein Hund, der als Statussymbol angeschafft worden ist, nicht auch geliebt und ordentlich behandelt werden kann. Aber was ist mit einem Hund, der fast wie ein Spielzeug behandelt wird? Die Besitzer mögen es gut meinen und anfangs nicht bemerken, dass diese Rolle für den Hund, der seine eigenen Vorstellungen hat – und haben wir die nicht alle? –, unerträglich ist. Ich denke besonders an einen bestimmten kleinen Hund, der weniger wog als meine vollgestopfte Aktentasche und an der Schulter ganze 25 cm hoch war. Er hatte eine fünfköpfige Familie, Phil und Sue Ettinger mit ihren drei kleinen Kindern im Schlepptau.

Der Lhasa Apso wird vom American Kennel Club (US-amerikanischer Rassehundezuchtverband) als fröhlich und energisch beschrieben. Aber Seng Key, benannt nach dem kleinen Löwenhund aus Tibet, hatte den fröhlichen Teil zugunsten des energischen ausgeschlagen.

„Leider hat er hier alles voll im Griff,“ sagte Phil mir am Telefon.

„Es ist lächerlich.“

Nun sieht sich ein Hund von der Größe einer wohlgenährten Katze Herausforderungen gegenüber, die für einen Deutschen Schäferhund und seinesgleichen sowie ihre kräftigen Cousins unvorstellbar sind. Wenn du klein und flauschig bist, neigen die Leute dazu, dir Schleifen ins Haar binden zu wollen, dich auf den Arm zu nehmen und zu drücken. Seng Key wollte nichts mit diesem Schoßhundgetue zu tun haben und ließ das seine Leute ganz deutlich wissen.

Jeder in der Familie, der versuchte, Seng Key anzufassen oder zu bürsten, bekam es mit einem schnappenden, beißenden, knurrenden Bündel fliegenden Fells zu tun. Obwohl er zu einer Rasse gehörte, die Fremden gegenüber reserviert ist, kam Seng Key im Übrigen besser mit Besuchern aus – solange sie nicht versuchten, etwas mit ihm zu tun.

Aber für die Ettingers war es hart, auf Zehenspitzen um diesen dekorativen, unberechenbaren kleinen Hund herumzuschleichen und ihn dabei immer noch als Gesellschaftstier zu bezeichnen. Sie verdienten etwas Besseres.

Seng Key legte sich hin und drehte sich auf den Rücken, wenn ihm danach war, aber niemand konnte ihn hochheben, wenn er es nicht wollte, was meistens der Fall war. Er hatte schon jeden in der Familie gebissen und es nie versäumt, bis aufs Blut zu gehen. Ich fragte mich, ob der kleine Hund sich nur verteidigte, wenn man bedachte, dass drei kleine Kinder im Haus waren.

Aber es war mehr daran, wie ich herausfand, als ich die Familie in ihrem mit Wein bewachsenen ländlichen Haus im Kolonialstil besuchte. Wie Phil beklagte, machte es dem Hund offensichtlich Spaß, ihnen vorzuschwindeln, dass er ein Spielzeug gerade nicht sonderlich beachtete, und sie dann zu attackieren, wenn sie es aufheben wollten.

Ferner war Seng Key seltsamerweise besessen von Toilettenpapier, wie Sue hinzufügte. Er rollte es ab und zog es durchs ganze Haus.

„Aha,“ sagte ich.

„Ist das wichtig?"

„Nun ja, es ist ein weiteres Puzzleteil," sagte ich zu ihr. „Es ist eines von vielen Dingen, die Hunde tun, die die Kontrolle innehaben. Sie wären überrascht, wie viele Fälle wie dieser einen Papierfetischismus oder etwas dergleichen beinhalten, und ich habe noch nicht herausgefunden, warum das so ist. Es ist außerdem schwer abzugewöhnen. Die beste Verteidigung scheint zu sein, die Badezimmertür geschlossen zu halten."

Ich bin auf eine ganze Menge Hunde mit Dominanzproblemen gestoßen, die auf Toilettenpapier fixiert waren, und es ist immer ein Rätsel für mich gewesen. Aus irgendeinem unbekannten Grund verteilen die Hunde es über das ganze Haus, indem sie ein kleines Stück im Maul halten oder von einem fortlaufen, wenn man allzu interessiert daran erscheint. Zeitungspapier belegt bei diesen Papierfetischisten einen halbherzigen zweiten Platz.

Das Gewirr von Toilettenpapier war nicht das einzige Problem im Haus der Ettingers. Es gab ernstere Gründe dafür, dass die Familie beunruhigt war. Es war beinahe unmöglich, dass Seng Key vom Tierarzt, Hundefriseur oder anderen professionellen Hundeleuten behandelt wurde, weil er schnappte oder biss.

Ich wollte nicht sein nächstes Opfer werden, aber ich hätte mir keine Sorgen zu machen brauchen. Als wir uns auf dem Sofa im Wohnzimmer niederließen, kam Seng Key ins Zimmer gestürzt, warf einen Blick auf die drei Erwachsenen und die drei Kinder und huschte vorsichtig davon. Dann beschäftigte er sich im Badezimmer damit, das Toilettenpapier abzuwickeln.

Ich erklärte den Ettingers, dass sie Seng Key etwas Raum geben müssten und nicht von ihm erwarten durften, sich wie ein Stofftier zu benehmen, das sie nach Belieben knuddeln konnten. Im Allgemeinen mussten sie seine Würde als Gesellschaftstier respektieren. Die Kinder machten keine solchen Sachen wie ihn am Schwanz ziehen oder ihn absichtlich ärgern, aber sie alle wollten ihn lieb haben, und das nicht nur von weitem. Nachdem die Ettingers einige der jüngst vorgefallenen Kind-Hund-Katastrophen beschrieben hatten, dachte ich, dass ein kleines Gespräch mit den

Kindern angebracht sein könnte. Mit der Erlaubnis der Eltern bat ich das kichernde Trio, sich auf die Couch zu setzen, und kniete vor ihnen nieder.

„Wisst ihr, wenn ihr Seng Key nicht streicheln würdet, wenn er gerade aufgewacht ist, würde er euch wahrscheinlich nicht beißen," sagte ich. „Wie würdet ihr es finden, wenn ihr gerade fest schlaft und jemand nach euch greift oder ein Spielzeug nach euch wirft?"

„Johnny macht das dauernd," sagte die Sechsjährige mit den Rattenschwänzchen.

„Tu ich gar nicht!" kreischte er als Antwort.

Ich erklärte, dass auch der liebste Hund das nächste Objekt angreift, wenn er erschreckt und verwirrt ist, weil er plötzlich geweckt wird. Eine viel bessere Gewohnheit wäre es, sanft mit dem Hund zu sprechen, wenn er geweckt wird, und ein oder zwei Minuten lang nicht zu versuchen, ihn zu streicheln, bis er beginnt, freundliches Interesse zu zeigen.

„Wer von euch denkt, dass Seng Key euer Spielzeug ist?"

Die Hand des Kleinsten schoss stolz empor. „Er sieht genauso aus wie eines von meinen Stofftieren," sagte er.

Die beiden anderen sahen sich an.

„Du hast versucht, ihn wie ein Baby anzuziehen," sagte das ältere Kind vorwurfsvoll.

Armer Seng Key – erstickt von Liebe! Ich erklärte den Kindern den Unterschied zwischen dem Hund und der Sammlung von Stofftieren auf ihren Betten. Die Kleinen stimmten widerwillig zu, den Versuch zu machen, sich ein bisschen mehr zurückzuhalten.

Seng Key brauchte mehr als seine Bewegungsfreiheit, um ein glücklicheres Tier und ein guter Begleithund für diese Familie zu werden. Kastration, die zeitweilige Anwendung eines passenden Medikaments, Verhaltensmodifikation und Unterlassungstraining waren nötig, um ihn in die richtigen Bahnen zu lenken. Beim Unterlassungstraining müssen die Besitzer gutes Verhalten loben und herrschsüchtiges Verhalten ignorieren. Mit anderen Worten: der kleine Hund würde für jedes Verhalten gelobt werden, das nicht aggressiv war.

Da Seng Key sich benahm, als wäre er jedem Familienmitglied gegenüber dominant, mussten sie alle dabei mitmachen, sein Verhalten zu ändern. Ich bat jeden von ihnen, dem Hund ein Kommando wie zum Beispiel „Sitz", „Platz" oder „Aus" zu geben. Wenn er gehorchte, sollte er ein Leckerchen, eine verbale Belohnung oder ein paar Streicheleinheiten bekommen. Wenn er nicht gehorchte, sollte er ignoriert werden und eine Minute später eine neue Chance erhalten. Auf diese Weise konnte er die angenehmen Konsequenzen kennen lernen, die es hatte, wenn er tat, was man ihm sagte, und soziale Isolation vermeiden, die er unangenehm fand. (Dieses Vorgehen funktioniert nur, wenn der Hund bereits einigen Kommandos gehorcht und etwas von seinem Besitzer will.)

Seng Keys Aggression gegenüber Fremden war definitiv ein Problem. Der einfachste Ausweg würde sein, es dem Tierarzt zu überlassen, mit ihm fertig zu werden – es war schließlich ein Berufsrisiko. Aber die Familie bevorzugte den Do-it-yourself-Ansatz und war bereit, in eine Verhaltensänderung ihres Hundes die notwendige Arbeit zu stecken.

Um unser erstes Treffen abzuschließen, holten wir Seng Key herein, damit die Ettingers ihren neuen Ansatz üben konnten. Ich wies Phil an, Seng Key die Bürste vorzuhalten, während er „Gute Bürste" sagte, was er tatsächlich schaffte, ohne eine Miene zu verziehen. Seng Key schaute misstrauisch auf. Phil warf ihm einen Hundekuchen zu und Seng Key schluckte ihn hinunter. *He, das ist etwas Neues!*

Als Nächstes zeigte ich Phil, wie er das Leckerchen und die Bürste in dieselbe Hand nehmen sollte. Wenn Seng Key näher kam, um das zu untersuchen, konnte Phil ihm das Futter zuschnipsen und mit der Bürste über seinen Kopf oder seine Unterseite fahren, ihn dabei aber nur kurz berühren. Phil wiederholte „Gute Bürste", was Seng Key half, die Worte mit der Belohnung zu assoziieren. Bald würde er das Bürsten bereitwillig akzeptieren, wenn es von Leckerbissen begleitet war.

Die gleiche Methode war dazu geeignet, ihn an Hände und ans Streicheln zu gewöhnen. Sogar die Kinder übten dies unter der Aufsicht ihrer Eltern. In weniger als sechs Wochen streichelten alle Seng Key und nahmen ihn hoch, wenn es nötig war, und das ohne unangenehme Folgen. Aber nur die Eltern sollten ihn bürsten – ein riskantes Unterfangen, von dem wir entschieden, dass die Kinder es nicht versuchen sollten.

Soweit sie ihn nicht zwangen, etwas zu tun, oder ihn mit Futter neckten, begannen Seng Keys Verhaltensprobleme allmählich nachzulassen. In gewisser Weise war er jedoch ein schwieriger Fall. Phil rief einige Wochen später an, um zu berichten, dass an verschiedenen Fronten Fortschritte erzielt worden waren, mit Ausnahme von einer Sache: Der kleine Tyrann war bei seinem Lieblingsspielzeug, einem Gummihamburger, zu besitzergreifend. Er hatte ihn in die Schnauze genommen und absichtlich einem der Kinder angeboten. Als das Kind versuchte ihn zu nehmen, knurrte und biss er Seng Key. Was sollten sie tun?

„Werfen Sie das Spielzeug weg," sagte ich. „Das ist viel einfacher als den Hund gegen diesen einen Gegenstand zu desensibilisieren." Eine Niederlage eingestehen? Vielleicht, aber ich hatte das Gefühl, dass Seng Key in andere Spielsachen nicht dasselbe emotionale Engagement stecken würde. Bevor sie ihm ein Spielzeug gaben, fügte ich hinzu, sollten sie ihn ein Kommando ausführen lassen, wie z.B. „Komm", evtl. gefolgt von „Sitz". Falls er gehorchte, konnte man ihm das Spielzeug geben. Und mit etwas Unterstützung lernte Seng Key schließlich, friedlich für sich allein mit seinen Spielzeugen zu spielen, was ihm weniger Energie für Bisse und Geknurre übrig ließ. Keine Täuschungsmanöver mehr von dieser halben Portion.

Wenn ich über diesen Fall nachdenke, sehe ich, dass die Familie etwas Beratung hätte brauchen können, ehe sie einen niedlichen Lhasa Apso als Haustier aussuchte. Obwohl diese Hunde perfekte Begleiter abgeben können, wäre eine Familie mit kleinen Kindern vielleicht mit einer ruhigeren, toleranten Rasse besser dran gewesen, zum Beispiel mit einem Labrador oder Golden Retriever aus guter Zucht oder mit einem bunt zusammengemixten Mischling, der besser für die überschwängliche Zuneigung von Kindern geeignet ist. Wenn sie einen Hund aussuchen, machen die Leute oft den Fehler, klein und niedlich mit weniger Arbeit und leichter im Umgang gleichzusetzen. Aber – wie die Ettingers auf die harte Tour herausfanden – es ist nicht unbedingt so.

Die meisten Menschen möchten Heimtiere, mit denen sie eine enge Bindung eingehen und die sie trotzdem unter Kontrolle halten können. Es ist manchmal schwierig, die richtige Balance zu finden. Ein Grund, den Menschen dafür haben, dieses enge Band nicht zu schmieden, ist die Gefahr des Verwöhnens. Das ist eine berechtigte Sorge, die ein paar wichtige Fragen darüber aufwirft, wie weit wir unseren Hunden wirklich erlauben sollten, Kumpel zu sein. Sollen wir alle Register ziehen und sie wie eines der Kinder behandeln? Oder sollen wir vorsichtig damit sein, jede Kontrolle über das Tier zu verlieren – und mit dem Äquivalent einer verwöhnten Göre zu enden?

Zwei Kolleginnen und ich waren so fasziniert von dieser Frage, dass wir eine Studie darüber machten. Ich arbeitete zusammen mit Victoria Voith, Doktorin der Veterinärmedizin und der Philosophie, und Peggy Dannemann, Doktorin der Veterinärmedizin, damals an der Tiermedizinischen Klinik der Universität von Pennsylvania in Philadelphia tätig, um einen Fragebogen zu entwerfen, den wir an Leute aushändigten, die darauf warteten, die Tierärzte zu sehen. Neun der Fragen bezogen sich darauf, einen Hund „wie eine Person“ zu behandeln. Wir fragten Leute, ob sie den Hund auf ihrem Bett schlafen, auf den Möbeln sitzen, vom Tisch essen oder ihren Imbiss teilen ließen. Wir wollten wissen, ob sie ihre Hunde zu Besorgungen und in die Ferien mitnahmen, ihre Geburtstage feierten und sich ihnen anvertrauten. Und wir fragten geradeheraus, ob sie den Hund als Familienmitglied ansehen würden. (98 % beantworteten diese Frage mit „Ja“.) Außerdem fragten wir, ob der Hund formales Gehorsamstraining gehabt hatte und ob der Hund jemals ein Verhalten gezeigt hatte, das der Besitzer als Problem betrachtete. Die Resultate zeigten, dass Hunde, deren Halter mit ihnen in einer anthropomorphen Weise umgingen (das heißt, sie so behandelten, als wären sie Menschen) oder nicht für ein Gehorsamstraining gesorgt hatten, mit keiner höheren Wahrscheinlichkeit Problemverhalten zeigten als Hunde, die nicht in dieser Weise gesehen wurden.

Das heißt nicht, dass es zu einem wohlerzogenen Hund führt, wenn man einen Hund wie ein Kind oder einen Gleichgestellten behandelt. Ich erinnere mich an eine Klientin, Millie Gates, die eine Menge Zeit damit verbrachte, mit ihrem Hund zu argumentieren, beinahe ebenso, wie sie eines ihrer Kinder behandelte. Dem Kind mag sie damit vielleicht geholfen haben, aber der Hund, ein drei Jahre alter Beagle namens Jingo, war sehr verwirrt und daher ziemlich undiszipliniert.

Ihre Vorgehensweise war, Jingo vorzuschlagen, dass er sich auf eine bestimmte Weise benehmen sollte, und ihm zu erklären, warum sie von ihm erwartete, sich so und nicht anders zu verhalten. Es ist nicht verwunderlich, dass Jingos Antwort oft war: *He, ich möchte es auf meine Art machen!* Und er fuhr wieder mit dem fort, was er gerade getan hatte, weil er eigentlich nichts gelernt hatte.

Sie können einen Hund nichts lehren, indem Sie ihm einen Vortrag über die Konsequenzen halten. Sie müssen ihm die Konsequenzen zeigen und ihm beibringen, was er stattdessen tun soll. Millie war eine wundervolle Mutter, aber eine ziemlich lausige Hundetrainerin. Es ist nicht ungewöhnlich, dass sich die Leute einen widerspenstigen Hund einhandeln, wenn sie versuchen, mit ihm darüber zu diskutieren, was richtig ist. Es bringt einfach nichts.

Manchmal entwickeln Menschen eine Beziehung zu ihrem Hund, in der eine Form von gegenseitiger Abhängigkeit besteht. Das mag lächerlich erscheinen. Aber braucht es wirklich so viel Fantasie, sich vorzustellen, dass sich gelegentlich emotional ungesunde Beziehungen entwickeln können, wenn wir Hunde wie Partner behandeln und ihnen Dinge anvertrauen und Geburtstagspartys für sie veranstalten?

Ich musste mich fragen, ob das bei dem älteren Ehepaar der Fall war, das ich an einem Herbsttag besuchte. Bess und Dan Parker waren die stolzen Eltern eines eineinhalbjährigen Zwergpudels, niedlich wie mit einem Knopf im Ohr. Tatsächlich war das sein Name: Buttons (etwa „Knöpfchen“). Der kleine Bursche saß auf der Rückenlehne der Couch, als ich ihr Zuhause betrat. Als Buttons von der Couch und dann auf den Esszimmertisch sprang, mutmaßte ich, dass er im Haus freie Hand hatte.

Wie ich herausfand, war das Problem, dass Buttons hin und wieder Bess biss. Er biss nicht Dan, den schlaksigen alten Burschen, dessen einzige Worte an mich „Hallo“ und „Passen Sie auf sich auf“ waren und der dem Hund gegenüber völlig unbeteiligt wirkte. Wie das Sprichwort sagt, tut man immer demjenigen weh, den man liebt. Nun, Buttons muss Bess sehr geliebt haben, weil er anfing zu kläffen, wann immer er sie kommen sah, und manchmal nach ihr schnappte oder sie zwickte.

Arme Bess. Sie schenkte Buttons viel Aufmerksamkeit für sein Fehlverhalten – so viel Aufmerksamkeit, dass er vermutlich glaubte, dass sie diese aggressive Art zu spielen mochte, und es wieder tun wollte. Manchmal, wenn sie sich keinen anderen Rat mehr wusste, verfolgte Bess ihn mit einer Fliegenklatsche. Das führte zwar nicht dazu, dass Buttons sich besser benahm, aber Junge, war das aufregend! Dan schüttelte inzwischen nur noch den Kopf darüber, wie die beiden sich in einem Gemisch von Fliegenklatsche und fliegendem Fell verhedderten, und pflegte dann in die Scheune zu gehen, um ein paar Arbeiten zu erledigen. Was gar keine schlechte Idee war.

Ich erklärte Bess, dass sie Regeln aufstellen müsse, nach denen Buttons etwas für sie tun müsse, ehe sie etwas für ihn tat. Wir nahmen den Versuch in Angriff, ihn „Sitz“ machen zu lassen. Es war wirklich hart für Bess. Sie wollte Buttons so dringend alles geben, was er wollte, und es tat ihr so leid, dass er all diese „Sitz“-Übungen machen musste, nur um einen kleinen Keks zu bekommen. Sogar ihr „Sitz“-Kommando klang mehr wie eine Bitte. Ich musste ihr beibringen, nicht „Sitz, Buttons, Sitz, Buttons, nun setz dich! Buttons! Braver Junge. Setz dich endlich hin,“ und so weiter zu sagen. Sie hatte nie gelernt, wie man ein einfaches Kommando aus ein oder zwei Worten gibt.

Es war eine dieser Situationen, in denen ich einfach wünschte, ich hätte einen magischen Zauberstab schwingen können und die beiden wären miteinander klargekommen. Wir arbeiteten daran. Es brachte nur sehr wenig Erfolg, vermutlich weil Bess nicht allzu sehr daran interessiert zu sein schien, meinen Anweisungen zu folgen. Später sagte sie mir, dass es ihr eigentlich nicht viel ausmachte, dass Buttons sich nicht geändert hatte.

Wenn ich darauf zurückblicke, denke ich, dass Bess einsam war. Dan schien sehr viel Zeit mit Arbeiten draußen in der Scheune zu verbringen. Ich glaube, sie rief mich, weil sie wollte, dass jemand zu ihr nach Hause kam und mit ihr über Buttons redete; das Problem zu lösen, war nie wirklich das Ziel. Tatsächlich glaube ich, dass sie es genoss, Buttons Aufmerksamkeit zu schenken, wenn er sich schlecht benahm, und dass sie ebenfalls die Aufmerksamkeit genoss, die Buttons ihr gab, sogar wenn sie in Zwicken bestand. Obwohl das nicht unbedingt eine gesunde Sache war, war es für sie eine tägliche Routine. Ich war nicht glücklich mit der Situation, aber wenigstens würde es sie nicht umbringen.

Ich wünschte, ich hätte das Gleiche über Lydia Blackburn und ihre zwei Pitbulls denken können. Lydia verleugnete die Probleme ihrer Haustiere völlig. Die beiden Hunde, Rüde und Hündin, brachten es auf eine kilometerlange Liste von Anklagepunkten. Sie kämpften dauernd. Sie knurrten und bedrohten Leute, und jeder in der Nachbarschaft wusste, dass man besser einen großen Bogen um sie machte.

Ich weiß, dass Pitbulls eine schlechte Reputation haben, und viele sind als Kampfhunde oder Wachhunde verwendet worden. Sie waren jahrelang die erste Wahl von Drogendealern, denen sie Schutz boten im Tausch gegen die Möglichkeit, Hühnern die Köpfe abzubeißen oder was immer diesen unglücklichen Hunden, die aus „Geschäftsgründen“ gehalten werden, Spaß macht.

Tatsächlich können Pitbulls liebenswürdige, sanfte Hunde sein, wenn sie freundlich behandelt werden. Aber ich machte mir Sorgen um Lydia und ihre Hunde Mutt und Mica. All das Knurren und Kämpfen und Drohen gefiel mir ganz und gar nicht, besonders bei einer Rasse, die bekannt dafür ist, zuzupacken und nicht wieder loszulassen, ehe das Objekt nicht aufgehört hat, sich zu bewegen, und manchmal nicht einmal dann. Ich war ein bisschen nervös, als Lydia anrief, weil einer der Hunde sie in die Stirn gekniffen hatte. Ich war mehr als nur etwas beunruhigt, als sie mir sagte, dass beide Hunde bei ihr im Bett schliefen, wenn ihr Mann weg war, und dass die Attacke dort stattgefunden hatte.

„Ich habe nur das Bein ein klein wenig unter der Decke bewegt und schon sprang Mica auf und biss mich," sagte Lydia, als wir über den Angriff sprachen. „Ich habe sie am Halsband gepackt und die Treppe hinuntergezerrt und im Badezimmer eingesperrt. Ich war wütend."

Ich versuchte mir diese sanftmütige junge Frau mit der weichen Stimme wütend vorzustellen, aber es gelang mir nicht. Es war ein Wunder, dass der Hund sie auf dem Weg die Treppe hinunter nicht noch einmal gebissen hatte. Dann erzählte sie mir etwas ziemlich Unglaubliches. Vier Stunden nach der Attacke hatte sie so große Schuldgefühle, weil sie den Hund – der die Zeit damit verbracht hatte, Mitleid erregend zu winseln – verbannt hatte, dass sie ihn wieder heraufholte und in ihrem Bett schlafen ließ. Den Rest der Nacht schlief sie mit dem Kopf des Hundes neben sich auf dem Kissen.

Mein Herz klopfte, als ich nur daran dachte. Meiner Meinung nach war sie ein Glückskind.

„Sie setzen ganz schön viel aufs Spiel," sagte ich leichthin.

Ihre Stimme klang überrascht. „Aber nein, wirklich nicht. Ich meine, ich fühlte mich einfach so schuldig wegen dem, was ich getan hatte, sie ins Badezimmer zu zerren und all das. Außerdem weiß ich, dass sie es nicht so gemeint hat. Es muss an etwas gelegen haben, das ich getan hatte." Sie verlor sich in einer Flut von Entschuldigungen für die grundlose Attacke ihres Hundes. In Zukunft müsse sie eben einfach aufpassen, dass sie keinen Muskel bewegte, wenn sie zusammen mit den Hunden im Bett lag, damit die keinen Grund haben würden, sie zu beißen.

Sicher, das war genau das Richtige.

Hier waren zwei Gesellschaftstiere, die verwöhnt waren. Das Verwöhnen hatte nichts damit zu tun, sie mit in die Ferien zu nehmen oder ihnen zum Dessert die Wahl zwischen Eiscreme oder Pudding zu lassen. Es ging darum, ihnen bösartiges, ja sogar lebensgefährliches Verhalten durchgehen zu lassen, es nicht zu korrigieren und dann sich selbst die Schuld zu geben.

Zum Glück konnte ich Lydia davon überzeugen, dass ihr Problem sehr ernst war. Wir arbeiteten ein ziemlich umfangreiches Programm aus, das mit der Mahnung begann, dass sie sich auf gar keinen Fall dem Risiko aussetzen sollte, gebissen zu werden, egal was die Attacke veranlasst hatte. Ich zeigte ihr, wie sie die Hunde in gute Laune versetzen konnte, sodass es weniger wahrscheinlich sein würde, dass sie bissen. Noch wichtiger war, dass ich sie lehrte, zu erkennen, wann die Hunde ausgeglichen genug waren, um sich in der Nähe von Menschen aufzuhalten, und ihr Wege zeigte, wie sie ihre eigene Führungsrolle in der Familie etablieren konnte.

Lydia war schließlich in der Lage, zu einem besseren Verständnis dessen zu finden, was sie von ihren Hunden erwarten und wie sie es bekommen konnte. Das ist wirklich wichtig. Auch wenn Sie einen Experten rufen können, wenn Ihr Hund Verhaltensprobleme hat – letztlich ist das nicht genug. Es sind die Menschen im Leben eines Hundes, die bestimmen, ob er eine Freude oder eine Gefahr ist. Sie halten den Schlüssel zu jedem erfreulichen Erfolg – oder enttäuschenden Fehlschlag – in den eigenen Händen.

Wizard
Die Hündin, deren Besitzerin aus dem Fenster sprang

„Ich werde alles tun, um meinem Hund zu helfen. Sagen Sie mir nur was, und ich tue es." Patricia Wharton sah mir in die Augen und wiederholte mit fester Stimme: „Alles."

Unzählige Male haben verzweifelte Hundebesitzer genau dasselbe gesagt, wenn wir uns trafen, um ein schwerwiegendes Verhaltensproblem zu besprechen. Es ist wunderbar zu wissen, dass sie so viel Hingabe haben und bereit sind, alle möglichen Maßnahmen zu treffen, um ihrem Haustier zu helfen.

Das Problem ist nur, dass viele Leute das gar nicht wirklich meinen.

Oh, sie denken, dass sie es meinen, bis sie hören, was es erfordert. Danach sind sie sich nicht mehr so sicher. Ein Plan zur Lösung von Verhaltensproblemen klingt nach einer Menge Arbeit oder beeinträchtigt ihren Lebensstil zu sehr, ist unbequem oder langweilig. Oft fragen sie, ob wir nicht etwas ausprobieren können, das ein bisschen weniger ... was auch immer ist. Und so gehen wir zu Plan B über, der vermutlich nicht so gut funktionieren und auch nicht weniger Zeit beanspruchen wird. Wie sich herausstellt, meinten sie nicht wirklich, dass sie alles tun würden. Sie meinten alles innerhalb gewisser Grenzen.

Aber ab und an überrascht dich jemand. Da war etwas in Patricias Gesichtsausdruck, das mich denken ließ, sie könnte eine dieser Personen sein. Ich ahnte jedoch nicht, dass sie sich als eine der erstaunlichsten Hundehalterinnen entpuppen sollte, auf die ich je gestoßen bin – der Traum eines Tierverhaltenstherapeuten.

An diesem ersten Tag allerdings, als wir in ihrem winzigen ebenerdigen Appartement mit Garten saßen, gab ich ihr meine Standard-Ermutigung zur Antwort: „Natürlich würden Sie alles tun, um Wizard zu helfen. Sie ist es wert. Das bist du doch, Mädel, nicht wahr?“ Ich langte hinunter und klopfte den hechelnden gelben Labrador, der sich zu meinen Füßen ausgestreckt hatte. Die Hündin war zehneinhalb Jahre alt, hatte aber noch eine Menge Leben in sich. Wenn sie es doch nur aushalten könnte, dass ihre Besitzerin jeden Tag zur Arbeit ging und sie allein ließ.

Patricia und Wizard waren die letzten vier Jahre getrennt gewesen. Patricia war zur Universität gegangen und hatte Wizard bei einem Verwandten gelassen. Einen Monat zuvor hatte Patricia ihren Abschluss gemacht, einen Job ergattert, ein Appartement gemietet und ihren Hund zurückgeholt. Das Problem war, dass Wizard Schwierigkeiten damit hatte, sich an die einsamen Tage in dem winzigen Appartement zu gewöhnen. Wann immer Patricia zur Arbeit ging, kratzte Wizard an der Haustür und am Türrahmen – sie hatte Splitter in den Pfoten, die das bewiesen – oder kaute an den Vorhängen. Wizard zeigte alle typischen Symptome eines Hundes, der es einfach nicht ertragen kann, allein zu sein.

Während manche Klienten sich zurücklehnen und auf eine Liste von Anweisungen warten, schien Patricia von Anfang an bereit, Himmel und Erde in Bewegung zu setzen, um das Problem zu lösen. Außer umzuziehen – sie hatte einen knallharten Zwei-Jahres-Mietvertrag – würde sie tun, was auch immer nötig war. Alles was ich tun musste, war, mit einem Plan herauszurücken.

„Wenn Sie Wizard nur mit zur Arbeit nehmen könnten,“ grübelte ich und machte ein paar abschließende Notizen, während wir an ihrem Küchentisch saßen. Das würde wahrhaftig ein großartiger Weg sein, ihren ersten Job nach der Abschlussprüfung zu beginnen!

„Sie haben Recht,“ stimmte Patricia zu, sprang auf und griff nach dem Telefon.

„Äh, ich wollte nicht wirklich vorschlagen...“

Sie tat mein Gestotter mit einer Handbewegung ab. „Ich rufe meinen Chef auf der Stelle zu Hause an,“ sagte sie, während sie die Nummer eintippte. Sie grinste über meinen entsetzten Gesichtsausdruck. Vermutlich würde sie am Ende all ihre Zeit zu Hause mit ihrem Hund zubringen, nachdem ihr Boss erst einmal meinen Vorschlag gehört hätte. Das würde das Problem lösen, ganz recht.

Ich begann zu begreifen, dass Patricia meinte, was sie sagte. Und zu meinem Erstaunen sagte ihr Chef, nachdem sein anfänglicher Unglaube sich gelegt hatte, Ja. Aber nur einmal die Woche.

Also ging Wizard jeden Mittwoch glücklich mit ihrer Besitzerin zur Tür hinaus und hatte auf ihre alten Tage eine wunderbare Zeit im Büro, wo sie von allen gestreichelt und verwöhnt wurde. Aber Montag, Dienstag, Donnerstag und Freitag waren immer noch übrig, und ebenso die Zeit an den Wochenenden, die Patricia nicht zu Hause sitzen und ihre vier Wände anstarren wollte.

Ein Teil des Problems, vermutete ich, war die Gestaltung des Appartements. Es war so klein, dass Wizard, egal wo sie war, beobachten konnte, wie Patricia sich fertig machte und zur Tür hinausging. Wizard war sowieso schon besorgt wegen Patricias Abwesenheiten. Immerhin hatte eine davon vier Jahre gedauert. Jetzt wurde Wizard, wenn sie beobachtete, wie Patricia sich aufs Weggehen vorbereitete, zunehmend nervös. Es war, als würde sie sagen: *Oh Gott, sie geht zum Lichtschalter ... sie macht das Licht aus ... nun greift sie nach ihrem Portemonnaie ... sie hat die Schlüssel in der Hand ... oh nein, sie geht weg ...* Wenn Patricia endlich das Haus verließ, war Wizard so voller Anspannung, dass der einzige Weg, sich Erleichterung zu verschaffen, darin bestand, irgendetwas zu tun. Also begann sie ihre destruktiven Tätigkeiten und fuhr damit fort, bis ihre Angst sich etwas gelegt hatte.

Viele ebenerdige Appartements haben eine Schiebetür aus Glas, die ebenso wie die Haustür in den Garten oder Innenhof führt. Manchmal kann der Besitzer aus dieser Glastür schlüpfen, statt vorne hinauszugehen. Wenn man das Muster des Weggehens variiert, führt das oft dazu, dass Hunde sich weniger auf die eine Tür konzentrieren und darauf, was passiert, wenn sie geöffnet und geschlossen wird. Natürlich verstehen sie, dass ihre Besitzer gegangen sind, aber es kann sein, dass sie damit umgehen können, solange sie den „Haustür-Reiz", der ihre Ängste verstärkt, nicht mitbekommen.

Patricia hatte eine Glasschiebetür, aber sie war nur wenige Meter von der Haustür entfernt. Wo immer Wizard sich aufhielt – vor der

Schlafzimmertür, auf der Couch im Wohnzimmer oder unter dem kleinen Frühstückstisch –, sie konnte beide Ausgänge sehen. Sie reagierte ebenso stark, wenn Patricia aus der Terrassentür schlüpfte, wie wenn sie die Haustür benutzte. Und Wizard hatte einen ganzen Tag lang Zeit, ihre Frustrationen an den nächstgelegenen Zielen auszulassen.

„Lassen Sie mich erzählen, was ich ausprobiert habe. Sie können mir sagen, ob es ein Fehler war," begann Patricia. Ich höre mir immer gern die Vorstellungen meiner Klienten zur Lösung der Probleme ihrer Haustiere an. Schließlich kennen sie ihre Hunde besser als ich. Gewöhnlich haben ihre Ideen zwar nicht viel geholfen, sonst würden sie mich nicht brauchen. Aber es ist nicht so, als sei ich der Boss und sie meine Assistenten oder Angestellten. Ich bin ein Berater und der Sinn meines Jobs ist, den Klienten zu helfen, das Verhalten ihres Hundes zu ändern. Patricia wusste, dass ich ihre Beiträge und Ideen begrüßen würde, also sprach sie geradeheraus.

„Ich dachte, es könnte helfen, wenn ich Wizards Tag etwas kürzer mache. Daher habe ich begonnen, jeden Mittag nach Hause zu kommen. Ich schnappe mir nur einen Joghurt und spiele dann eine Viertelstunde oder so mit Wizard."

„Es ist großartig, dass Sie das ermöglichen konnten," sagte ich. „Hat es Wizard glücklicher gemacht?"

„Nun ja, in gewisser Weise hat es die Lage verschlimmert."

„Doppelt so viel Trennungsangst, richtig?"

Sie nickte verdrießlich.

Das war nicht allzu überraschend. Wizard war offensichtlich fixiert auf diese Dinge, die nach draußen führten, wo sie ihre Herrin die Straße hinunter verschwinden sehen konnte. Das war der Grund, warum sie die Tür zerkratzte und an den Gardinen kaute. Mit den Mittagsbesuchen hatte Wizard nun zwei Trennungen pro Tag, um sich darüber aufzuregen.

„Gibt es irgendeinen Ort, an dem Wizard sich ganz allein wohl zu fühlen scheint?" fragte ich. Ich war interessiert daran, einen Lieblingsplatz zu finden, an dem wir mit Wizard in einem sehr entspannten Zustand anfangen konnten, sie an Patricias Aufbruch zu gewöhnen. Aber die einzige Zeit, in der sie ruhig allein irgendwo lag, war, wenn Patricia abends zu Hause war und fernsah, Musik hörte oder telefonierte.

„Ich halte die Schlafzimmertür normalerweise ein bis zwei Stunden geschlossen, nur um etwas Zeit für mich allein zu haben, ehe ich zu Bett gehe," gab Patricia zu.

„Okay, also entspannen Sie sich in Ihrem Raum und Wizard liegt außerhalb. Wo genau?"

„Auf dem Teppich vor der Schlafzimmertür."

„Und sie beklagt sich nicht?"

„Sie beklagt sich nicht."

„Hm. Wenn es nur eine Möglichkeit gäbe, morgens vom Schlafzimmer aus wegzugehen und auf demselben Wege mittags oder nach der Arbeit zurückzukommen, würde sie vielleicht denken, Sie wären noch zu Hause, und sie würde nicht ausrasten. Zu schade, dass Sie niemanden dazu bringen können, eine Hintertür ins Schlafzimmer zu hauen." Ich dachte wieder laut.

Aber ich hatte die magischen Worte „wenn nur" gebraucht, und Patricia hatte einen weiteren Geistesblitz. Dieser ging weit über das hinaus, was die Pflicht erforderte, und hätte dazu führen können, dass sie sich verletzte, erschossen oder verhaftet wurde. Aber das brachte sie nicht im Geringsten aus dem Konzept.

„Das ist es!" rief sie aus. „Kommen Sie mit."

Oh je. Sie ergriff meine Hand und zog mich zum Schlafzimmer, während Wizard begann, aufgeregt zu bellen. Halb erwartete ich, Patricia eine Hacke ergreifen und ein Loch in die Schlafzimmerwand schlagen zu sehen, um eine Tür einzubauen.

Sie ging direkt zu dem Fenster neben ihrem Bett, entriegelte es und machte es auf. Dann zog sie das Fliegengitter beiseite und sah hinunter auf den Erdboden.

„Was machen Sie da?"

„Na ja, ich zertrete vielleicht ein paar Tulpen und ich werde einen Hocker hinausstellen müssen, aber das ist bestimmt machbar," sagte sie, ein entschlossenes Blitzen in den Augen. „Ich werde einfach die Tür schließen und morgens aus dem Fenster klettern. Dann komme ich mittags oder abends durchs Fenster zurück und aus der Schlafzimmertür, als ob ich die ganze Zeit hier gewesen wäre. Denken Sie, das wird funktionieren?“

Für einen Moment war ich sprachlos, während ich mir vorstellte, wie diese junge Frau in ihrer Bürokleidung und mit hochhackigen Schuhen durchs Fenster hinaus- und hereinkrabbelte. Jemand würde denken, sie sei ein Einbrecher, und ihr eine Kugel in die Kehrseite schießen. Oder die Polizei würde sie wegen Einbruchs und Hausfriedensbruchs ins Gefängnis schleppen.

„Also, es würde sicherlich funktionieren, aber was werden die Nachbarn denken?“

„Zum Teufel mit ihnen,“ antwortete sie unbekümmert. „Aber sind Sie sicher, dass Wizard nicht misstrauisch sein wird, weil ich so schrecklich lange im Schlafzimmer gewesen bin?“

„Tja, möglicherweise wird sie das. Aber Hunde sind sich über das Verstreichen der Zeit ziemlich im Unklaren. Besonders wenn sie ihr Geschäft erledigt haben und kein weiteres großes Ereignis wie Futter oder einen Spaziergang erwarten. Und Wizard schläft in ihrem Alter vermutlich ziemlich viel.“ Jetzt, da der Schock abgeklungen war, machte die Möglichkeit mich neugierig. Patricia könnte womöglich imstande sein, es wirklich zu tun.

„Haben Sie jemals das Radio oder den Fernseher angelassen, wenn Sie von zu Hause weg sind?“

„Das mache ich schon,“ sagte sie. Das Radio oder den Fernseher anzumachen hilft Geräusche von draußen zu überdecken, die Hunde nervös machen können. Haustiere assoziieren das Geräusch außerdem mit der Gemütsruhe, die sie in Anwesenheit ihrer Besitzer empfinden, sogar wenn der Besitzer gar nicht zu Hause ist. „Es hat nicht viel geholfen,“ fügte sie hinzu.

„Der Fernseher im Wohnzimmer könnte Wizard Gesellschaft leisten. Ohne dass Sie davor sitzen, hilft es jedoch vielleicht nicht,“ gab ich zu. „Aber das Radio im Schlafzimmer könnte sie dazu verleiten zu glauben, dass Sie im Haus sind, da Sie sagen, Sie haben es die ganze Zeit an, wenn Sie daheim sind.“

„Ich verstehe," nickte sie. „Nun, machen wir einen Versuch. Ich fange morgen früh an."

„Haben Sie keine Sorge, dass Einbrecher durch das Fenster hereinkommen?" wandte ich schwach ein.

„Ach was," schob sie meine Bedenken beiseite. „Sie machen sich zu viel Sorgen." Wenigstens war es Sommer und das Ganze würde nicht im Dunkeln stattfinden. Und ob es funktionierte oder nicht, sie müsste es nicht sehr lange tun.

„Nun, möchten Sie, dass ich Ihnen ... beim Üben helfe?" fragte ich zögernd.

„Nein, ich komme schon zurecht."

Puh! Diese Maßnahmen waren so extrem, dass ich wirklich nicht zusehen wollte, wie sie aus dem Fenster stieg. Oder auf dem gleichen Weg hereinkam ...

Ich schlug jedoch vor, dass sie ihre Abwesenheit die ersten paar Male auf 20 bis 30 Minuten beschränken sollte, um zu sehen, ob Wizard es schluckte. Dann könnte sie es bis zum Mittag versuchen oder den ganzen Tag, wenn sie zu beschäftigt wäre, um mittags nach Hause zu kommen. Ich schlug außerdem vor, dass sie ihren Tierarzt nach einem milden, Angst lindernden Medikament fragen sollte, um Wizard während des Experiments zu helfen, darüber hinwegzukommen.

Ich fragte sie, ob sie sich damit wohl fühlen würde, weil viele Klienten ganz und gar gegen jede Art von Medikation bei Verhaltensproblemen sind. Ich erklärte, dass es eine kurzfristige Maßnahme sein würde, die Wizard helfen sollte, klarzukommen. Nach einigen Wochen, wenn das Problem sich verringert hätte oder gelöst wäre, würden wir beginnen, die Dosis zu verringern.

„Was immer Sie empfehlen," antwortete sie sofort, „ich vertraue Ihnen." Wie ich schon sagte – der Traum eines Verhaltenstherapeuten.

„Ich weiß, dass es keine Kleinigkeit ist, anfangs durch das Fenster herein und heraus zu gehen," sagte ich, während ich mich zum Aufbruch vorbereitete. „Sind Sie sicher, dass sie das wirklich durchziehen wollen?"

„Absolut."

„Also gut."

Es war offensichtlich, dass Patricia entschlossen war. Ich versuche immer etwas zu empfehlen, das der Besitzer bewältigen kann, und wenn Patricia damit zurechtkam, nun gut. Man muss flexibel sein. Ich ging zur (in Wizards Augen) gefürchteten Haustür. Dies war für eine Weile das letzte Mal, dass sie benutzt wurde.

„Rufen Sie mich morgen an und lassen Sie mich wissen, wie es läuft," sagte ich.

Patricias überzogene Methode funktionierte wie Zauberei. Es wurde nicht bei ihr eingebrochen und sie wurde nicht verhaftet oder erschossen, berichtete mir allerdings, dass sie eines Tages von den Kindern der Nachbarschaft ausgepfiffen wurde, als ihr Rock beim Herunterspringen hochrutschte. Also ging sie los und kaufte Hosenanzüge.

Aber das Beste von allem: Wizard war zufrieden. Sie „schluckte" tatsächlich die Vorstellung, dass ihre Besitzerin eine Menge Zeit für sich allein im Schlafzimmer verbrachte. Tatsächlich verlor die Haustür ihre Bedeutung und Wizard hörte auf, daran zu nagen. Sie machte Nickerchen und spielte herum, bis Patricia – bedeutend zerzauster als die durchschnittliche Geschäftsfrau – aus ihrem Schlafzimmer auftauchte. Aber wie jede beste Freundin machte sich Wizard nichts daraus. Und nach mehreren Wochen war sie entspannt genug, dass Patricia wieder damit beginnen konnte, die Haustür zu benutzen.

Diese Wizard war ein Glückspilz.

Ich versuche, niemals einem Besitzer die Schuld für ein Problem seines Hundes zuzuschieben. Manchmal muss ich mir auf die Zunge beißen, um mich davon abzuhalten. Aber ich bin der Erste, der dem Besitzer den Verdienst für jedes Behandlungsprogramm anrechnet, das er bereit ist auszuprobieren. Egal wie großartig eine Idee ist, die ich habe, oder auf wie viele wissenschaftliche Studien ich mich stütze – Tatsache ist, dass es der Besitzer ist, der das Programm ausführt und mit dem Hund arbeitet, bis das Problem gelöst ist. Und das ist hart.

Wenn der Besitzer nicht mit dir arbeiten will, wirst du kein erfolgreiches Behandlungsprogramm haben. Aber meine Philosophie unterscheidet sich ein bisschen von der anderer Personen.

Klienten erzählen mir, dass sie diesen oder jenen Trainer bei sich hatten oder dass sie mit ihrem Hund zu einem Erziehungskurs gegangen sind und man ihnen sagte: „Das ist das Problem und hier ist die Lösung." Es wurde ihnen gesagt, dass sie eins, zwei und drei tun müssten, und der Experte zeigte ihnen, wie sie es tun sollten. Und so taten sie eins, zwei und drei, doch oft wurde das Problem kein bisschen besser. Nun hieß es: „Sie müssen irgendetwas falsch machen. Lassen Sie es mich noch einmal erklären."

Und da die menschliche Natur ist, wie sie ist, waren die Klienten ganz schön frustriert und dann ärgerlich, weil nichts passierte und ihnen die Schuld für das Problem ihrer Hunde zugeschoben wurde.

Das ist nicht meine Philosophie. Meiner Überzeugung nach kann man das Problem des Hundes nicht von der Umgebung trennen, in der es auftritt. Beide stehen in einer verzwickten Beziehung zueinander und es hat keinen Zweck, dem Besitzer Kummer zu bereiten und ihn anzuklagen. Er wird nur in die Defensive geraten und weniger bereit sein, dem Behandlungsplan zu folgen, den man ihm vorschlägt.

Wenn ich den richtigen Anstoß gebe, dann ist der Erfolg ihrer. Er gehört ihnen, weil sie das Programm von Tag zu Tag erfolgreich anwenden.

Sie ändern etwas, wenn eine Änderung nötig ist, und sie halten durch, bis sie einen Punkt erreichen, wo das Problem gelöst oder deutlich verringert ist. Der Hund mag vom totalen Zerstören des Haushalts dazu übergehen, nur für drei bis vier Minuten zu winseln und zu heulen, wenn sie weggehen. Die meisten Besitzer würden das einen Erfolg nennen.

Manchmal bedarf es der Einwilligung einer ganzen Reihe von Leuten, um Erfolg mit einem Behandlungsprogramm zu haben –

oder wenigstens der Toleranz von ein paar Nachbarn, wenn der Übeltäter auf engem Raum mit anderen Hausbewohnern lebt. Das war der Fall bei Rags, einem dreieinhalb Jahre alten Mischling, der im drittem Stock eines städtischen Altenheimes wohnte. Sein Besitzer, Doug Ramsey, erklärte, dass Rags eine schlimme Gewitterfurcht habe. Wie bei Wizard spielte in diesem Fall ein Appartement-Fenster eine Schlüsselrolle.

Es schien, als würde Rags während eines Gewitters so in Panik geraten, dass er versuchte zu entkommen. Wenn Hunde während eines Gewittersturms eine Panikattacke haben, setzen sie sich nicht hin und analysieren die Situation. Während sie drinnen im Kreis herumrennen und ausflippen, scheint ihnen nicht klar zu sein, dass sie verdammt viel schlechter dran wären, wenn sie draußen wären. Alles was sie wollen, ist, ihrer Angst zu entfliehen. Und wenn der Ort, dem sie entkommen wollen, drei Stockwerke hoch liegt, nun, dann tut er das eben. *Hauptsache, ich bin hier raus!*

Rags war eines Tages während eines tobenden Gewitters allein zu Hause. Doug war auf dem Wege vom Parkplatz und beeilte sich heimzukommen, weil er wusste, dass sein struppiger kleiner Freund bei schlimmem Wetter immer nervös war. Auf der anderen Seite des Hofes sah er eine Menge Hausbewohner, die ihm aus dem Schutz eines Hauseinganges zuwinkten.

„Beeilen Sie sich!" schrien die Nachbarn und zeigten hinauf. „Ihr Hund ist im Begriff zu springen!"

Doug sah zu seinem Schlafzimmerfenster hoch und schnappte nach Luft. Der Kopf seines kleinen Hundes ragte aus dem Fenster. „Rags!" schrie er. „Geh da runter!"

Das Fliegengitter hatte sich oben am Fenster gelöst. Rags bewegte sich nicht, aber er winselte schmerzlich, als der Wind Regen in sein tropfnasses Gesicht wehte. Er steckte fest.

Doug eilte in das Gebäude und hoch zu seinem Appartement. Als er ins Schlafzimmer stürzte, fand er den verstörten Hund mit den Hinterbeinen auf dem Bücherschrank unter dem Fenster stehend vor. Seine Vorderpfoten drückten gegen das Fliegengitter und sein Kopf ragte nach draußen in die Luft, drei Stockwerke hoch.

„Das war der Moment, in dem mir endgültig klar wurde, dass ich etwas unternehmen musste, um Rags zu helfen, besser mit Stürmen zurechtzukommen," sagte Doug mir, als wir uns das erste Mal trafen. „Ich kann keinen Hund gebrauchen, der glaubt, er wäre Superman."

„Und dann kauften Sie die CD," soufflierte ich ihm. Doug hatte in einem Magazin einen Artikel über Geräusch-CDs gesehen, die verwendet werden, um Hunde gegen Türklingeln, Stürme und Sirenen zu desensibilisieren.

„Ich besorgte die CD und spielte sie ab," erklärte Doug. „Ich weiß nicht mehr, ob ich die Anleitung nicht gelesen habe oder ob gar keine dabei war, aber Rags wurde richtig nervös, genau wie bei einem echten Gewitter. Aber er gewöhnte sich nicht daran. Tatsächlich war er beim nächsten Mal, als es regnete, noch ängstlicher. Darum habe ich Sie angerufen."

Mit diesen Gewitteraufnahmen muss man sehr vorsichtig umgehen oder die Sache kann furchtbar schiefgehen. Rags war leider ein typisches Beispiel dafür.

„Also, lassen Sie uns noch einmal von vorne anfangen." Ich erklärte Doug, wie diese Aufnahmen funktionieren sollen. Die Idee ist, damit zu beginnen, den „Sturm" in einer niedrigen Lautstärke abzuspielen, die keine Angst hervorruft, und dann die Lautstärke allmählich zu erhöhen, während man sich vergewissert, dass der Hund sich immer noch wohl fühlt. Das Ziel ist, dass man die Gewitteraufnahme schließlich in einer realistischen Lautstärke abspielen kann, während der Hund immer noch ruhig bleibt. Doug sagte, er würde sofort anfangen und dabei sehr viel langsamer vorgehen als bisher.

Als er mich zur Tür brachte, grüßte er im Fahrstuhl und auf dem Hof im Erdgeschoss mehrere Nachbarn. „Nette Hausgemeinschaft," bemerkte ich, als wir uns an meinem Auto die Hand gaben.

„Oh ja, jeder hier ist großartig," antwortete er. „Seit Rags beinahe seinen berühmten Abgang gemacht hätte, fragt mich jeder, wie es ihm geht."

Die Nachbarn sollten bald etwas mehr darüber erfahren, wie es

Rags ging. In der ersten Woche war hinter der Tür von seinem Appartement nichts Besonderes zu bemerken. Aber dann bekamen die Bewohner jeden Abend ein gewaltiges Gewitter zu hören. Ob es bewölktes oder klares Wetter war, sternklar oder neblig – das Geräusch eines Sturmes im Inneren des Gebäudes wurde lauter und lauter. Schließlich fingen die Leute an, sich zu beschweren. Eines Abends erschienen acht Nachbarn an Dougs Tür, um zu fragen, wann zum Teufel dieser Krach aufhören würde.

„Ich bat sie, Nachsicht mit mir zu haben," sagte mir Doug am Telefon. „Doch alle haben dieses Donnerkrachen jeden Abend ziemlich satt."

„Aber Rags fühlt sich wohl dabei?" fragte ich.

„Ja, er macht sich gut. Etwa eine Woche noch, und wir haben es geschafft, nicht wahr?"

„Es klingt so."

Nun, die Nachbarn hielten durch. Niemand beklagte sich mehr und jeder achtete darauf, Rags zu streicheln, wenn er ihn draußen traf, und seinem Besitzer ein paar ermutigende Worte zu sagen. Nachdem die Nachbarn sich sechs Wochen lang Gewitterstürme angehört hatten, wurden sie schließlich mit einem kleinen Hund belohnt, der nicht mehr versuchen würde, aus dem Fenster zu springen, wenn es anfing zu regnen. Rags hätte es buchstäblich nicht ohne sie geschafft. Und das war die Geschichte, wie ein ganzes Dorf nötig war, um einem verängstigten Vierbeiner zu helfen, wieder fest mit allen vier Beinen auf dem Boden zu stehen.

Natürlich ist nicht jeder so kooperativ wie Doug und seine Nachbarn. Ich finde es sehr schwierig, Leuten zu helfen, die von mir erwarten, dass ich die Probleme ihres Hundes löse, aber nicht zugeben wollen, dass ihre Hunde alles andere als perfekt sind. Und wenn sie zufällig ein ganzes Hunderudel haben, weiß man, dass dies eine unrealistische Einstellung sein muss.

Ben Strum hatte neun Hunde und war ein Beispiel für einen

sehr schlimmen solchen Fall. All die Probleme, die er mit seinen Hunden hatte – und es waren viele –, waren ganz sicher nur von dem einen oder anderen schrecklichen Nachbarn verursacht. Er jedenfalls sah es so.

Ben und seine Menagerie lebten in einer Siedlung von Sommerhäuschen am Ufer eines schönen Sees. Es war einer dieser Orte, an denen Menschen das Wochenende verbringen, vielleicht etwas Boot fahren, schwimmen oder Wasserski fahren und weit weg von der tobenden Stadt das ruhige Ambiente am Seeufer genießen.

Jedenfalls stellt man sich das so vor. Diejenigen, die zufällig neben Bens Behausung wohnten, erzählten eine andere Geschichte. Jeden Tag hatten sie es mit einer wüsten Ansammlung von heulenden, bellenden, aggressiven Hunden aller Rassen und Größen zu tun. Und mit einem Besitzer, der sie beschuldigte, Hundehasser zu sein, wenn sie es wagten, sich zu beklagen.

Warum sollte jemand wie Ben einen Tierverhaltenstherapeuten zu Hilfe rufen? Nun ja, er tat es nicht. Eine Trainerin, die für Ben gearbeitet hatte, rief mich an. Ben würde nicht auf sie hören, sagte sie, aber die Hunde seien total außer Kontrolle. Vielleicht würde er auf mich hören. Ich erklärte mich einverstanden, Ben zu treffen, um zu sehen, ob ich helfen könnte, die Angelegenheit in Ordnung zu bringen.

Ben und ich liebten beide Hunde, also stellte ich mir vor, ich würde auf dieser gemeinsamen Grundlage aufbauen, um Wege zu finden, mit ihm zu arbeiten. Dennoch begleitete mich die Erinnerung an die Klagen der frustrierten Trainerin auf dem ganzen Weg bis hinunter zum See. Ich war froh, genug Menschenpsychologie in der Hinterhand zu haben, um mit so ziemlich jedem Besitzertyp klarzukommen, den eine Bande von gestörten Hunden mir zuspielen würde.

Ich hatte vor, Ben wegen der langen Anfahrt ein bisschen mehr als die übliche Gebühr zu berechnen. Aber wenn ich das alles noch einmal tun müsste, weiß ich nicht, ob ich den Job annehmen würde. Ben war ein ziemlich streitsüchtiger Anwalt, der anscheinend aus den Augen verloren hatte, wozu es Gesetze gab, und nur noch nach cleveren Wegen suchte, sie zu umgehen. Es war eine echte Herausforderung.

Zu meiner Überraschung war Ben erfreut, mich zu sehen. Als ich aus dem Auto stieg, wurde ich von einigen der Hunde begrüßt, von denen keiner angeleint oder in irgendeiner Weise eingeschränkt war. Ein Pitbull und ein Chow-Mix kamen bis auf ein paar Meter an mich heran und fingen an zu bellen. Ich stand mit dem Rücken an meinen Wagen gepresst, bis ich herausfinden würde, was sie vorhatten.

„Machen Sie sich keine Sorgen, sie beißen nicht," sagte Ben. Da war sie wieder, eine der berühmtesten spekulativen Behauptungen, die der Menschheit bekannt ist. Ich war entsprechend nervös. Ich war in einem ländlichen Gebiet, es gab ungeklärte Probleme mit mehreren der Hunde und es waren keine Leinen in Sicht. Aber Ben hatte Recht: keiner von ihnen biss mich. Er stellte mich Barney und Bailey und Laser und Miss Pepper und Rebel und Dijon vor. Tater, Turbo und Elvis trieben sich irgendwo herum, vielleicht unten an der Straße.

Ben sagte, er sei froh mich zu sehen, weil er dieses schreckliche Problem habe. Ich holte meinen Stift heraus und fragte mich, wie er unter den vielen Problemen, mit denen ein verwildertes Hunderudel wie dieses die gesamte Bevölkerung heimsuchen konnte, das schlimmste herauspicken wollte.

Es schien, dass einer der Hunde mitten in der Nacht eine Stunde lang bellte und Ben wach hielt. Okay, damit konnten wir fertig werden. Ich umriss ein paar Schritte, wie er das Gebell löschen konnte. Er hatte großes Glück, dass nur einer der Hunde nachts Reden hielt. Was noch?

„Oh, das ist ungefähr alles," antwortete er sachlich. „Danke, dass Sie gekommen sind."

Ich ließ meinen Stift sinken. „Wirklich?" Er nickte. Während wir sprachen, rannten Hunde auf die Straße und bellten Leute an, die vorbeigingen. Auf dem Hof mischten mehrere von ihnen mit. Er schien all das nicht wahrzunehmen.

„Ihre Trainerin, Liz, sagte mir, dass Sie einige Aggressionsprobleme mit verschiedenen Hunden hätten."

„Oh, das. Das ist nicht der Rede wert," strahlte Ben. „Wissen Sie, die Leute hier herum sind so überspannt. Wenn ein Hund eine Petunie zertrampelt, wollen sie gleich die Bürgerwehr rufen."

„Verstehe." Ich konnte mich jetzt umdrehen und weggehen oder ich konnte versuchen, die Scheuklappen von den Augen dieses Burschen zu reißen. Ich seufzte. „Ben, ich glaube, es könnte noch einige andere Angelegenheiten geben, auf die wir besser einen Blick werfen sollten." Er sah mich feindselig an. „Und das wäre?"

„Nun, ich weiß nicht genau. Ich hatte gehofft, Sie könnten mir eine kleine Vorstellung davon geben, wie Sie jeden Tag mit all diesen großartigen Hunden fertig werden. Erzählen Sie mir ein bisschen darüber, wie sie Petunien zertreten und das ganze Zeug."

Mit dem größten Widerwillen grub er ein paar der Highlights der letzten Wochen aus. Hier sind einige der Vorfälle, die ich niederschrieb:

- Pepper biss die Nachbarin von Nummer 43, als sie zum Briefkasten ging.
- Ben fuhr Rad mit drei bis sechs Hunden an seiner Seite. Barney brach an Haus Nummer 28 aus und attackierte einen Mann, der seinen Garten umgrub.
- Tater und Elvis wurden seit zwei Tagen nicht mehr gesehen.
- Bailey hasst den Dalmatiner von Haus Nummer 104. Hat beinahe die Glastür zertrümmert, als er auf ihn losging.
- Bailey griff den Dalmatiner bei Haus Nummer 52 an. Ben musste die Tierarztrechnung bezahlen.
- Das Ordnungsamt verhängte ein Bußgeld, weil er die Tiere frei herumlaufen lässt.

Zum Schluss machte ich diese Anmerkung über den Chow-Mix, der mich angebellt hatte und von dem Ben behauptet hatte, dass er nicht beißen würde:

- Dijon entdeckte einen Hund, der auf einem Pickup mitfuhr. Er sprang auf den Wagen und tötete den Hund.

Also alles in Ordnung.

In Wirklichkeit waren die Petunien der Nachbarn Bens geringste Sorge, und Gebell war nicht das Einzige, was ihn bei Nacht hätte wach halten sollen. Ich fragte mich, ob er P-r-o-z-e-s-s buchstabieren konnte.

Es stellte sich heraus, dass Ben sich mit Prozessen ziemlich gut auskannte, und ich sollte von seinem Anwalt hören, als ich wieder zu Hause war. Die beiden versuchten, die Verantwortung für mehrere in der Vergangenheit von verschiedenen Hunden begangenen Übeltaten abzuschieben. Die ganze Zeit über bewahrte Ben eine Miene von gekränkter Unschuld und wunderte sich, warum jeder an diesem See so sauer war. Aber ich konnte mit ihm darüber reden, in Bezug auf die Hunde mehr Routine zu etablieren, sodass am Ende alle glücklicher sein würden.

Ich konnte mir vorstellen, dass Ben bei so vielen Hunden nicht imstande sein würde, mit etwas zu Kompliziertem fertig zu werden. Also versuchte ich, ein paar Änderungen in seinen normalen Tagesablauf einzuarbeiten. Er ging jeden Tag rudern, und viele der Hunde liebten es, nebenherzuschwimmen. Das gab ihnen ausreichend Bewegung, der Eckpfeiler dafür, all die Energie anderweitig zu nutzen, die in der Nachbarschaft Verwüstungen anrichtete.

Die Hunde mussten hereingeholt werden, wenn er selbst hineinging. Die „sicheren" konnten neben ihm herrennen, wenn er Fahrrad fuhr, aber die schlimmsten Übeltäter mussten an der Leine ausgeführt werden. Ich gab ihm ein Bündel von Empfehlungen, die auf gesundem Menschenverstand beruhten und geeignet waren, unter den Hunden etwas Ordnung und Disziplin zu schaffen. Ich denke, einige der Anweisungen waren identisch mit denen, die er vom Beamten des Ordnungsamts bekommen hatte, aber er schien eher bereit, sie von mir zu akzeptieren.

Auf jeden Fall begannen die Dinge sich langsam zu ändern. Zu meiner Überraschung rief Ben häufig an, um über die Fortschritte zu berichten. Seine Haltung gegenüber seinen Nachbarn schien sich zusammen mit dem Ansehen seiner Hunde zu verbessern.

Etwa einen Monat später bekam ich einen Anruf von der Trainerin, die mich zuerst zum See geschickt hatte. „Mann, ich weiß ja nicht, wie Sie das geschafft haben, aber Sie haben in diesem Haushalt große Änderungen bewirkt," erzählte sie mir. Tatsächlich war alles, was ich getan hatte, ein paar Vorschläge zu machen. Ben war derjenige, der die Kraft aufbrachte, all die fehlgeleitete Energie zu nutzen und diese neun Leben zu verbessern.

Manche Klienten sind unglaublich engagiert. Sie stellen eine Menge Fragen, versuchen zu verstehen, warum wir verschiedene Dinge ausprobieren, und helfen mir, einen Behandlungsplan zu entwerfen, der richtig für sie ist. Diese Leute sind es auch, die einen Plan überdenken und ihn durch etwas anderes ersetzen, wenn die Maßnahmen nicht zu greifen scheinen.

Für Betty Worley dagegen schien das ganze Unterfangen der Hundehaltung ein bisschen rätselhaft zu sein. Betty, eine pensionierte Lehrerin der dritten Klasse, fragte niemals, warum sie bestimmte Sachen tat oder was sie sich davon versprach. Fehler häuften sich auf Fehler. Zu der Zeit, da sie mich anrief, fand ich eine wohlmeinende Frau und hingebungsvolle Hundehalterin vor, die beinahe buchstäblich zur Gefangenen in ihrem eigenen Haus geworden war.

Aus der schwanzwedelnden, handleckenden Begrüßung, die er mir zukommen ließ, war offensichtlich, dass Bettys Hund Gypsy ein außergewöhnlich freundlicher Golden Retriever war. „Ich liebe ihn von ganzem Herzen, aber er macht mich wahnsinnig," sagte Betty rundheraus. „Ich kann so nicht mehr weiterleben." Sie klang verzweifelt, obwohl der Hund so nett wirkte. Seltsam.

Als ich mich im nächstbesten Lehnstuhl niederließ, bemerkte ich, dass Betty quer durch den Raum ging und sich in die Mitte eines großen Sofas setzte, statt auf dem Stuhl neben mir Platz zu nehmen. Gypsy nahm direkten Kurs auf meinen Stuhl. „Oh Gott, er tut es schon wieder," sagte Betty. Ich wappnete mich gegen einen Überraschungsangriff irgendeiner Art. Es war mir schleierhaft, wie es mir passieren konnte, die vielsagenden Signale eines aggressiven Hundes zu übersehen, aber offensichtlich würde gleich etwas passieren.

Gypsy kam nur herüber und stupste mit der Nase meine Hand an. Er wollte gestreichelt werden. Mit einem Gefühl der Erleichterung tat ich ihm den Gefallen. Schließlich hatte ich doch keine Signale übersehen. Gypsy war überhaupt nicht aggressiv. Warum war ich eigentlich hier?

„Hallo, Gypsy," sagte ich und strich ihm drei- oder viermal über den Kopf. „Was ist los?"

„Jetzt sind Sie verloren," sagte Betty.

„Was meinen Sie damit?" fragte ich, nahm mein Diagnose-Formular heraus und streichelte Gypsy noch einmal, als er mich wieder anstupste. Hundebesitzer sind manchmal so theatralisch. Gypsy schien völlig normal zu sein. Allerdings sehe ich die Hunde meiner Klienten selten von ihrer schlechtesten Seite. Diese bleibt gewöhnlich für ihre Familie reserviert oder für Fremde, die bedrohlicher wirken als ich.

„Der Hund wird Sie nicht mehr in Ruhe lassen," erklärte Betty. „Jetzt, nachdem Sie ihn einmal gestreichelt haben, können Sie es ebenso gut gleich aufgeben, irgendetwas anderes zu tun." Der Hund stupste meine Hand ein drittes Mal an. Ich streichelte ihn kurz und legte die Hand dann in den Schoß. Gypsy schob sofort die Nase unter meine Hand. Diese Nummer war in der Tat ziemlich lästig.

„Nein!" sagte ich scharf und zog meine Hand weg. Gypsy schaute erschrocken auf.

„Leg dich, Gypsy," sagte ich fest. Gypsy ging einen Schritt zurück, winselte und legte sich langsam neben mir hin.

„So ist es brav," sagte ich. „Wie ich sehe, hört er auf Kommandos."

„Manchmal," sagte Betty. Ermutigt davon, dass Gypsy in der Lage war, „Platz" zu machen und das unerwünschte Verhaltensmuster zu unterbrechen, nahm ich meinen Stift wieder auf. Innerhalb von Sekunden fühlte ich eine feuchte Nase unter meiner Hand. Gypsy hatte begonnen, aufgeregt zu hecheln. Ich fing an, zu verstehen, was das Problem war.

„Leg dich, Gypsy,“ sagte ich wieder. Gypsy winselte und drehte sich um sich selbst, als ob er sich hinlegen wollte, aber stattdessen blieb er stehen und sah mich an. Es ist schrecklich schwer, den braunen Augen eines Golden Retrievers zu widerstehen, die noch dazu zu einem der schönsten Gesichter aus dem Reich der Hunde gehören. Aber ich gab nicht nach.

Diesmal ignorierte Gypsy mein Kommando, beäugte meine Hände und stieß sie wieder energisch mit der Nase an.

„Er hört einfach nie auf,“ sagte Betty.

„Allmählich verstehe ich.“ Gypsy hatte es sich zur Gewohnheit gemacht, zu verlangen, dass seine Besitzerin etwas tat, damit er sich wohl fühlte. Er war abhängig davon, dass sie ihn beruhigte. Aber ich war mir nicht darüber im Klaren, warum er zu mir statt zu ihr gekommen war.

„Ich habe schon einen Hundetrainer herkommen lassen,“ erzählte Betty mir, „aber Gypsy wurde nur ganz überdreht. Dann sagte der Tierarzt, dass Sie mir vielleicht helfen könnten. Das hoffe ich sehr, weil ich nicht in einem Käfig wie diesem leben möchte.“

„In einem Käfig?“

„Kommen Sie herüber,“ sagte sie. „Sehen Sie sich das an. Aber stolpern Sie nicht.“

Ich ging quer durch den Raum zu dem Sofa, auf dem sie sich positioniert hatte, und sah auf den Teppich hinunter. Es dauerte einen Moment, aber dann machte es Klick. Kein Wunder, dass Gypsy sich mir zugewandt hatte, statt durch den Raum zu Betty zu gehen. Das Sofa war von einem Draht von der Sorte umgeben, die gewöhnlich im Boden vergraben ist und zusammen mit einem Schockhalsband benutzt wird, um Hunde davon abzuhalten, aus ihrem Garten wegzulaufen. Ich hatte den Kasten an Gypsys Halsband bemerkt, aber ich war nie auf den Gedanken gekommen, dass jemand dies innerhalb des Hauses verwenden würde.

„Das ist dazu da, um Gypsy von Ihnen fern zu halten?“

„Darauf können Sie wetten,“ sagte sie. „Kommen Sie, ich zeige Ihnen die einzige Möglichkeit, wie ich nachts gut schlafen kann.“ Sie stieg über den Draht. „Sie wissen, wie Goldies sind. Man kann ihnen nicht die Tür vor der Nase zumachen, dann winseln sie die ganze Nacht.“ Da musste ich zustimmen. Gypsy zu isolieren wäre keine Lösung.

Wir gingen durch das Haus zu einem rückwärtigen Flur, der zu den Schlafzimmern führte. Am Rahmen der Tür, die in die Diele führte, war ein weiterer Draht befestigt. „Ich habe auch draußen etwas Draht im Boden, um ihn im Hof zu halten.“

„Tatsächlich?“ sagte ich.

„Nicht dass er irgendwohin gehen wollte,“ fügte sie hinzu und bestätigte so meinen Verdacht. „Er möchte nur dort sein, wo er mich nerven kann.“

„Ich verstehe.“

„Bevor der Hundetrainer die Arme in die Luft warf und ging, sagte er, der einzige Weg, den er sich vorstellen könne, Gypsy von mir fern zu halten, sei das Haus zu verdrahten,“ erklärte Betty. „Also tat ich es. Aber ich habe die Nase gestrichen voll davon, eine Gefangene in meinem eigenen Haus zu sein.“

Ich stimmte zu, dass dieses bizarre Arrangement nicht als Dauerlösung geeignet war, und bat Betty, mir ein bisschen mehr von Gypsys Geschichte zu erzählen.

Gypsy war etwa zwei Jahre alt, kastriert und hing offensichtlich sehr an Betty. Das Problem fing einige Monate zuvor ganz harmlos an. Betty saß im Wohnzimmer oder an ihrem Schreibtisch. Gypsy, als der freundliche Bursche, der er war, ließ sich neben ihr zu Boden plumpsen und Betty streichelte ihm gelegentlich den Kopf. Mit der Zeit begann Gypsy, mehr Aufmerksamkeit zu erbitten. Die Situation hatte sich bis zu dem Punkt entwickelt, an dem er ihr ständig überall hinfolgte.

„Er kommt mit mir ins Badezimmer, wenn ich nicht die Tür zumache,“ vertraute sie mir an.

Solange Gypsy Körperkontakt zu Betty hatte, war er zufrieden. Aber wenn sie versuchte, etwas Abstand zu schaffen, wurde Gypsy fordernd. Er schob die Nase unter ihre Hand oder nahm ihre Hand ins Maul.

Betty war eine zierliche Frau und sie bekam immer mehr blaue

Flecken. Sie wollte dies nicht mehr länger ertragen. Nachdem sie mehr als 2000 Dollar für den Trainer und die Verdrahtung ausgegeben hatte, blieb sie mit einem Hund, der im Hof blieb, in einem Haus zurück, das wie der Hochsicherheitstrakt eines Gefängnisses aussah. Aber Gypsys Problem blieb bestehen – und wurde manchmal noch schlimmer.

Wenn Gypsy seinen Willen nicht bekam, wurde er extrem aufgeregt. Statt das gelassene Verhalten dieser beliebten Familienhunderasse zu zeigen, wurde er beinahe hyperaktiv. (Seitdem bin ich auf mehrere andere Goldies getroffen, die übermäßig aufdrehten, wenn ihre Wünsche durchkreuzt wurden.)

„Je mehr ich versuche, ihn wegzuschieben oder wegzuscheuchen, desto mehr schnappt er nach meinen Händen," erklärte Betty, als wir auf dem verdrahteten Sofa saßen.

„Er hat wahrscheinlich gelernt, das zu tun, um Ihre Hände daran zu hindern, ihm wehzutun," überlegte ich. Ihre Hände ins Maul zu nehmen erlaubte Gypsy, sie – ebenso wie die Bestrafung – zu kontrollieren. Ich bemerkte, dass Betty den Hund eigentlich sowieso nicht wegschieben konnte. Jede Art von körperlicher Einschränkung war bei diesem ängstlichen Burschen unmöglich und ist sowieso meistens nicht sehr effektiv. Der Hund war groß und die Frau klein. Ich musste etwas Besseres als Zwang und Elektroschocks vorschlagen.

Ich fragte mich, wie viel zusätzlichen Schaden der Draht in Bezug auf Gypsys Bedürfnis nach Körperkontakt und Aufmerksamkeit angerichtet hatte. Es war wahrscheinlich, dass die Schockdrähte das Problem verschlimmert hatten. Nachdem er einen Schock bekommen hätte, würde Gypsy vermutlich noch mehr die Nähe seiner Besitzerin brauchen, um Trost zu finden und sich zu beruhigen.

„Hat Gypsy sich gebessert, seit Sie das Haus verdrahtet haben?" Ich war ziemlich sicher, wie die Antwort ausfallen würde.

„Nein. Er scheint fester denn je entschlossen, zu mir zu kommen, und ich glaube, es macht ihn fast wahnsinnig, die Stromschläge zu bekommen."

Das war gut möglich. Die milden Elektroschocks machten ihn in der Tat noch ängstlicher. Das System, das Betty erworben hatte, war ein älteres Modell. Es gab keine Warnung an den Hund ab, wenn er dem Draht nahe kam, sodass die Schocks beinahe unvermeidlich waren. Moderne Systeme sind etwas besser. Sie ersparen dem Hund den Stromstoß, indem sie ihn vorher mit einem bestimmten Ton warnen. Wenn der Hund zurückweicht, hört er einen „guten" Ton und bekommt keinen Schock.

Ich empfehle den Gebrauch von Schockhalsbändern wirklich nicht. Aber zu der Zeit war die Technik nicht so gut wie heutzutage, also musste ich mit dem arbeiten, was wir hatten. Die Herausforderung war, Gypsy zuerst beizubringen, wie er die Schocks vermeiden konnte, und ihn dann einige Alternativen dazu zu lehren, unablässig Trost bei seiner Besitzerin zu suchen.

Ich begann damit, mich zu vergewissern, dass Gypsy nicht aggressiv werden würde, wenn er einen Schock erhielt. Forschungen haben ergeben, dass Tiere, denen man einen Schock verabreicht, manchmal alles angreifen und beißen, was sie mit dem Unbehagen assoziieren. Betty bestätigte, dass der gutartige Gypsy keines von diesen Tieren war. Er biss nicht reflexartig zu, er wollte nur gestreichelt werden.

Als Nächstes begannen wir damit, Gypsy beizubringen, wie er die Schocks vermeiden konnte. Ich gab Betty ein Wortsignal. Etwa eine Sekunde bevor Gypsy den Draht um das Sofa oder im Türrahmen erreichte, sollte sie „Zing!" sagen. (Jedes Wort ist möglich, solange es jedes Mal dasselbe ist.) Sobald er stehen blieb, sollte sie ihn loben und „Braver Junge!" sagen. Diese beiden Äußerungen funktionierten wie der Warnton und der gute Ton, die in neueren Schocksystemen verwendet werden.

Gypsy lernte bald, dass eine halbe Sekunde später ein Schock folgte, wenn er das Wort „Zing" hörte und sich trotzdem weiter näherte. Der kluge Golden brauchte nicht lange, um dieses neue System zu verstehen. Gypsy fing an, ein Stück von der verdrahteten Zone entfernt neben dem Sofa zu liegen. Betty konnte ohne Angst vor Belästigungen auf dem Sofa oder am Schreibtisch sitzen.

Dieses Training hatte einen zusätzlichen Nutzen: Wenn Betty in einem nicht elektrifizierten Bereich war und Gypsy ankam, um nach ihrer Hand zu greifen, brauchte sie nur „Zing“ zu sagen, und Gypsy wich sofort zurück, um den Schock zu vermeiden – der gar nicht folgen konnte. Aber das wusste er nicht. Schließlich entfernte Betty das Schockhalsband und Gypsy blieb immer noch auf der Stelle stehen, wenn sie „Zing“ sagte.

Als ein weiterer Teil des Plans war es wichtig, dass Gypsy mehr Bewegung bekam. Das würde dazu beitragen, ihn davon abzuhalten, drinnen übermäßig erregt zu werden. Wenn er überdrehte, kam er für eine Auszeit nach draußen. Wir achteten darauf, zu vermeiden, dass Gypsy Betty dahingehend manipulierte, ihn hinauszulassen, indem er aufdrehte. In schönster Golden-Tradition wollte Gypsy Bettys Gesellschaft, aber das musste drinnen sein. Wenn er sich wieder beruhigt hatte, holte sie ihn also für einen weiteren Versuch wieder herein.

Ich gab Betty ein paar andere Strategien, die sie benutzen konnte, wenn Gypsy versuchte, ihre Hand zu nehmen. Statt sie weich und schlaff zu lassen – etwas, das Hunde leicht festhalten können – sollte sie eine Faust machen und ihren Arm langsam von Gypsy wegziehen. Hunde sind nicht gerade verrückt danach, zu versuchen, ihre Schnauzen um Fäuste zu legen. (Dies ist keine risikolose Taktik und ich gehe nicht herum und empfehle sie jedem Klienten.)

Aber Gypsy war ziemlich oral veranlagt. Er wollte sehr oft etwas im Maul haben, wie ein Baby seinen Schnuller. Als Ersatz für die Hände seiner Besitzerin gaben wir ihm ein paar andere Gegenstände, einschließlich eines Kauknochen und eines großen harten Gummiballs, die er im Maul haben konnte. Diese liebte er sehr.

Innerhalb von vier bis fünf Wochen hatte Betty einen Hund, der überall im Haus auf Kommando zurückwich. Er reagierte seine überschüssige Energie angemessen ab und lernte, sich selbst zu beruhigen, um Zugang zum Haus und zu seiner Besitzerin zu bekommen. Und er beschäftigte sich mit Spielzeug, statt Streicheleinheiten zu fordern. Gypsy saß nun zufrieden neben seiner erfreuten Besitzerin, während sie freundlich mit ihm plauderte, ihn einen guten Hund nannte und es auch so meinte. Betty war keine Gefangene in ihrem eigenen Haus mehr. Sie rief mich an, um mir zu sagen, dass sie große Freude an der einfachen Handlung hatte, ihren treu ergebenen Hund zu streicheln. Und das ist es schließlich, worauf es ankommt.

Diese Geschichten sind nicht besonders ungewöhnlich. Allen Besitzern lag das Wohl ihrer Hunde am Herzen, sonst hätten sie mich gar nicht erst gerufen. Die meisten von ihnen waren mehr als bereit, einige Mühe auf sich zu nehmen um ihre Tiere glücklich zu machen.

Da gab es Rhoda, die bereitwillig Meile um Meile mit ihrem Retrievermix lief, um dazu beizutragen, einen hartnäckigen Fall von Hyperaktivität zu lindern. Und die Warners, die stur monatelang mit einem ausgesetzten Cocker Spaniel arbeiteten, um eine Vorgeschichte der Misshandlung zu überwinden. Da war William Tegler, ein pensionierter Polizist, der seine Tage geduldig damit verbachte, sich auf einen Stuhl zu setzen und wieder aufzustehen, damit Zippo, sein weißer Spitz, lernte, sich ohne auszuflippen im gleichen Raum mit jemandem aufzuhalten, der herumging.

Verschiedene Probleme, verschiedene Hunde, verschiedene Halter. Aber alle diese Leute hatten eines gemeinsam: die Entschlossenheit, sich geduldig um die Hauptperson zu kümmern – ihre geliebten Hunde, die es allemal wert sind.

Tracker
Die Hündin, die nicht aufhörte zu singen

Irgendetwas war hier ganz und gar nicht in Ordnung. Als ich die lange, staubige Zufahrt hinaufging, um einen neuen Klienten zu treffen, der ein Geschäft damit machte, amerikanische Basset Hounds zu züchten, spitzte ich die Ohren, um einen Anflug des melodischen Bellens zu hören, für das die Rasse berühmt ist. Doch ich hörte nichts außer ein paar schwachen, krächzenden Lauten, die aus dem Zwingerbereich hinter dem heruntergekommenen Farmhaus kamen.

Eine Meute von Bassets würde sicherlich nicht dieses Geräusch erzeugen. Und was hatte es überhaupt mit dem krächzenden Laut auf sich? Ich sah Richard an, einen Freund, der mich an diesem Tag begleitete, weil er daran interessiert war, einen Basset Hound aufzunehmen. Seine Frau war nicht besonders begeistert von der Idee, aber Richard war hingerissen von der Rasse. Als ich daher am Anfang der Woche den Anruf von Brady Sinclair, dem Züchter, bekam, fragte ich, ob ich Richard mitbringen dürfe.

„Natürlich," sagte Brady. „Vielleicht kann ich ihm einen guten Waschbärhund verkaufen, nicht wahr?"

Jagen war das Letzte, was Richard im Sinn hatte. „Ich liebe einfach die Art, wie sie heulen," sagte er, öffnete den Mund und stieß eine recht gute Imitation des glockenähnlichen Basset-Rufs aus.

„Brrr, nun beruhige dich doch," sagte ich und hielt mir die Ohren zu. „Kein Wunder, dass Beth lieber ein Kätzchen haben würde." Richards Melodie erstarb und es waren nur noch die krächzenden Geräusche vom Zwinger her zu hören.

„Warum hören wir gar nichts von dieser wundervollen Musik?" fragte Richard, als wir zur Haustür gingen. Ich schüttelte den Kopf und klopfte.

Ein paar Minuten später führte Brady uns in den Zuchtbereich und die Zwingeranlage hinter dem Haus. „Sie haben gesagt, Sie hätten Probleme wegen des Bellens, aber ich höre nichts," sagte ich, als wir uns dem eingezäunten Bereich näherten. „Die Welpen sind drinnen und reden eine ganze Menge," sagte Brady und öffnete die Zwingertür. Drinnen war ein Wurf von acht oder neun süßen Welpen. Das Muttertier mit den traurigen Augen lag in einer Ecke.

„Dies ist das Problem," sagte Brady. Wie auf Kommando stieß das Muttertier eine Serie von Heultönen aus, um uns mitzuteilen, was sie von unserem Besuch hielt. „Das trifft es schon eher," sagte Richard und lächelte die Hündin anerkennend an. Brady verzog dagegen das Gesicht. „Tracker, halt die Klappe," sagte er.

Er wandte sich an mich. „Doc, diese Hündin ist eines meiner besten Zuchttiere. Aber die Nachbarn auf beiden Seiten sagen, dass sie den Sheriff rufen werden, wenn dieser Krach nicht aufhört. Noch eine weitere Beschwerde von den alten Meckerern, und ich bin aus dem Geschäft."

Es war mir vorher nicht aufgefallen, aber trotz der langen Auffahrt befanden sich nur etwa 100 m von unserem Standort entfernt weitere Häuser.

„Ich habe in der Zeitung gelesen, dass Sie möglicherweise eine bessere Methode kennen, mit solchen Dingen umzugehen." Brady sah hinüber zum hinteren Auslauf. Als er sich wieder zu mir umdrehte, wich er meinem Blick aus.

Während Richard mit den Welpen spielte, gingen Brady und ich nach draußen, wo mehrere ältere Bassets in einem Gehege waren. „Dies sind meine pensionierten Zuchthündinnen," sagte Brady. „Immer noch gut für die Zucht, aber zu nicht mehr viel anderem nütze."

Die Bassets sahen ganz normal aus, aber sie klangen nicht wie Bassets. Sie waren es, die die krächzenden Belltöne von sich gaben. Mir wurde das Herz schwer. „Was ist mit diesen Hunden los?"

„Ich musste ihre Stimmbänder durchtrennen lassen," antwortete Brady. „Hat ihnen nicht wehgetan. Konnte nicht das Risiko eingehen, mein Einkommen zu verlieren." (Anmerkung der Übersetzerin: das so genannte „Entbellen" – debarking – durch Durchtrennen der Stimmbänder ist in den USA recht verbreitet, wird aber in Europa als grausam und tierschutzwidrig betrachtet und ist nach dem Tierschutzgesetz verboten.)

„Verstehe."

„Sie sagen also, Sie kennen andere Mittel, das Bellen zu stoppen? Ich bin ganz Ohr." Dann fragte er Richard, der uns nach draußen gefolgt war: „Haben Sie sich schon einen ausgesucht, Kumpel?"

„Nein, Sir, ganz sicher nicht," sagte Richard. „John, ich sehe dich dann am Wagen," sagte er und ging davon.

„Ich glaube, Ihrem Kumpel gefallen meine Welpen nicht," sagte Brady. „Sein Pech."

Ich verbrachte die nächste Stunde mit dem Versuch, ihm einige einfache Trainingstechniken zu erklären, wie er seine Hunde ruhig halten könnte, ohne sie unters Messer zu legen. Ich wusste, dass Tracker dasselbe Schicksal wie die anderen erleiden würde, wenn Brady nicht bereit wäre, jeden Tag fleißig und gewissenhaft mit ihr zu üben, um das Gebell zu stoppen – und irgendwie hatte ich nicht das Gefühl, dass er dazu bereit war. Es ist schrecklich, einem Hund so etwas anzutun.

Bradys Laden wurde schließlich vom Sheriff zugemacht – und das war gut so. Hunde brauchen ihre Stimmen zu mehr als zum Musik machen. Es ist nicht viel darüber geforscht worden, was verschiedene Arten von Gebell oder Lautäußerungen bedeuten, aber die meisten Hundebesitzer verstehen diese Art von Hundesprache, jedenfalls soweit es ihren eigenen Fiffi betrifft.

Manchmal komme ich ins Haus eines Klienten und der Hund begrüßt mich enthusiastisch. Die Besitzer sagen mir dann, dass das nur sein Spielbellen oder sein Jemand-ist-an-der-Tür-Knurren ist. Auch ich kenne die Sprache der drei Hunde in meinem eigenen Haus inzwischen ziemlich gut. RooRoo, die Pudelhündin, „singt" immer, wenn sie anfängt, mit Charlie, dem schokoladenbraunen Labrador, zu spielen. Sie tut das nur dann und es ist ein ganz unverwechselbarer Laut. Wenn ihr Spiel aggressiver wird, fügt RooRoo ihrem Gesang ein kleines Knurren hinzu. Aber man kann das nicht verallgemeinern. Das Gebell des einen Hunden scheint nicht dasselbe zu bedeuten wie das eines anderen. Zumindest ist dies ein Code, den wir noch nicht geknackt haben.

Andererseits gibt es einige Arten von Lautäußerungen, über deren Bedeutung sich Menschen, die einige Zeit mit Hunden zu tun gehabt haben, wahrscheinlich einigen können.

- „Wiff, wiff, wiff" bedeutet: *Oh, da ist jemand draußen. Ich habe etwas Angst. Kommst du bitte herüber und hilfst mir nachzusehen?*
- „Knurr, bell" bedeutet: *Da draußen ist jemand und ich bin wirklich sauer!*
- „Wau, wau, wau" bedeutet: *Niemand ist da draußen und nichts ist los. Mann, mir ist vielleicht langweilig.*

Jeder ist vertraut mit Winseln, das oft die Unterwürfigkeit eines Hundes anzeigt. Es wird auch benutzt, um etwas Aufmerksamkeit von der Mutter oder dem Besitzer zu bekommen oder um zu sagen: *Lass mich bitte hier heraus,* oder: *Hol meinen Ball von da unten raus.* Dann gibt es das Heulen, das uns an das Erbe des Hundes als Verwandter des Wolfs erinnert.

Wölfe heulen als eine Form der sozialen Begrüßung oder Ankündigung. *Ich betrete das Territorium!* Und die höfliche Antwort von anderen Wölfen besteht darin, ihren Standpunkt zurückzuheulen. Wenn Hunde heulen (manche Rassen wie Beagles oder Bassets tun es öfter als andere), kann es also durch ihre Evolutionsgeschichte bedingt sein. Es ist ein fast reflexartiges Geheul, mit dem sie nicht aufhören können, selbst wenn sie es wollten.

Klar, wenn wir in die Einfahrt, unser Territorium, einbiegen, heulen wir nicht und unsere Haustiere heulen nicht zurück. Aber wenn Hunde heulen, kann es sehr schwer sein, sie zu unterbrechen. Man kann nicht einfach sagen: „Hör auf zu heulen!" und vom Hund erwarten, dass er es tut. Aber versuchen Sie das mal Ihrem Nachbarn von nebenan zu erklären, wenn er damit droht, einen Schuh durchs Fenster zu werfen, falls Ihr Hund nicht endlich die Klappe hält.

Dies ist der Punkt, an dem gewöhnlich ich ins Spiel komme.

Bellen und Heulen kann ein ernstes Problem für Hundehalter und ihre Nachbarn sein. Es erklärt, warum viele Hunde aus dem Haus geworfen, an der Türschwelle des örtlichen Tierheims oder am Rand der Autobahn ausgesetzt oder von ihrem eigenen Besitzer misshandelt werden.

Aber es gibt Wege, Bellen abzustellen, und das zu tun kann große Vorteile für den Besitzer (und jeden, der sonst in der Nähe wohnt) haben, dessen zerrüttete Nerven endlich Ruhe bekommen. Es ist auch für den Hund gut. Denken Sie an all die Energie, die der Hund in dem unablässigen Streben verbraucht, der Welt alles über sich mitzuteilen. Hundehalter rufen mich manchmal an, um mir zu sagen, dass ihre Tiere viel glücklicher und anhänglicher zu sein scheinen, seit ihre Gewohnheit zu bellen zum Erliegen gebracht worden ist. Es ist, als ob die Hunde sagen *Ah! Bin ich froh, dass ich das nicht mehr machen muss. Ich liebe dich, Mann!*

Wenn ich einen solchen Fall bekomme, muss ich als Erstes herausfinden, warum der Hund so viel bellt. Wenn der Hund zum Beispiel bellt, wenn der Besitzer weg ist, könnte er unter Trennungsangst leiden. Oder er bellt jedes Mal und spielt verrückt, wenn die Türglocke läutet, was bedeuten könnte, dass er territorial oder einfach durch den Reiz des Neuen aufgeregt ist. Hunde bellen auch, weil es in ihren Augen ein effektiver Weg ist, um sich die Führungsposition zu verschaffen.

Hunde, die den Briefträger anbellen, sind schon zum Klischee geworden. Aber es gibt einen guten Grund dafür. Wenn der Postbote die Stufen heraufkommt, fängt der Hund an zu bellen. Dann rennt er zum Fenster und sieht den Burschen weggehen. Am nächsten Tag bellt er sogar mit noch mehr Enthusiasmus: *He, es hat geklappt! Mein Bellen hat ihn in die Flucht geschlagen! Der nächste Typ sieht sich besser vor!*

Andererseits bellen Hunde manchmal, weil sie draußen etwas hören, das ihnen Angst macht. Oder sie können sich unwohl fühlen oder ein medizinisches Problem haben. Oder es kann sein, dass sie ausgesprochen einsam oder gelangweilt sind, besonders wenn sie ihre Tage im Hof angebunden zubringen. Langeweile ist ein weit verbreiteter Grund für nervtötendes Gebell, das stundenlang andauern kann. An diesem Punkt werfen die Nachbarn gewöhnlich Schuhe oder rufen die Polizei oder das Ordnungsamt an. Und die verzweifelten Besitzer rufen Leute wie mich an.

Um ehrlich zu sein ist Bellen etwas, das Hunde bereitwillig tun, und es ist ein ziemlich verbreitetes Problem. Wenn ich im Internet die Seiten über Haustierhaltung durchgehe, sind sie tatsächlich immer mit Horrorgeschichten gefüllt und Besitzer fragen um Rat, wie sie das Gebell abstellen können. Es ist immer ganz oben unter den beliebtesten Konversationsthemen.

Ich kann oftmals einen ziemlich guten Hinweis darauf bekommen, was los ist, wenn ich beobachten kann, wie der Hund aussieht, wenn er sich die Seele aus dem Leib bellt. Wenn es klingt, als ob er gleich ausrastet, er aber in Wirklichkeit nur ruhig dasteht und keine Anzeichen von Aggression zeigt, bestehen Aussichten, dass er eigentlich kein Ziel für seinen Ausbruch hat.

Wenn der Hund andererseits bellt, wenn jemand den Hof betritt, und vielleicht auf den Besucher zuläuft und dann wieder zurückkommt, meint das Gebell vermutlich: *Ich weiß, dass ich diesen Job erledigen muss, aber eigentlich möchte ich das gar nicht.* Lassen Sie diesen wilden, aber verängstigten Burschen nicht von hinten an sich heran, denn er wird wahrscheinlich ein Hintern-Beißer sein und zumindest ihren Stolz verletzen, wenn nicht noch etwas anderes.

Aber diese Sorte Hund ist immer noch dem ruhigen Typ vorzuziehen, der nicht warnt, prahlt oder sich beklagt, sondern sich lautlos auf Eindringlinge wirft, indem er schnurgerade und zielsicher wie ein Pfeil angerannt kommt und einfach zubeißt. Ich würde einen Kläffer jederzeit vorziehen.

Glücklicherweise signalisiert das meiste Gebell keine Aggression irgendwelcher Art. Und manche Klienten sind froh zu erfahren, dass ein paar der Bellprobleme erfolgreich mit speziellen Halsbändern angegangen werden können, die extra zu dem Zweck gemacht sind, übermäßiges Bellen abzustellen oder zu verringern.

Ich halte nicht sehr viel von technischem Schnickschnack. Ich ziehe es vor, Hunden dabei zu helfen, etwas zu lernen, und dabei so wenig käufliche Requisiten wie möglich zu verwenden. Aber es wäre dumm, alle Geräte pauschal von der Hand zu weisen. In den letzten Jahren sind einige sehr gute Hilfsmittel erfunden worden, die zugleich nützlich und relativ frei von schädlichen Nebenwirkungen sind. Gegen das Bellen scheinen drei Arten von Geräten ziemlich gut zu wirken, besonders wenn sie in Verbindung mit etwas Verhaltensumschulung eingesetzt werden. Hunde mit Trennungsangst oder phobischen Reaktionen sind jedoch normalerweise keine guten Kandidaten für diese Halsbänder, weil jede Art von Angstreaktion durch Bestrafung nur verschlimmert wird.

Was meine ich mit Bestrafung? Damit ist keine körperliche Quälerei gemeint. In der Sprache der Verhaltensforscher ist eine Strafe einfach etwas, das die Wahrscheinlichkeit senkt, dass ein Verhaltensproblem – in diesem Fall das Bellen – in der Zukunft wieder auftritt.

Antibell-Halsbänder können sehr effektive Bestrafer sein, besonders für einen kleinen oder mittelgroßen Hund, der aus keinem anderen erkennbaren Grund bellt, als dass er vor Langeweile fast aus der Haut fährt. Antibell-Halsbänder haben ein eingebautes Mikrofon. Wenn der Hund sich auf einen ganzen Nachmittag voll Gebell vorbereitet und sein erstes Wuff loslässt, gibt das Halsband einen lauten, kurzen Ton ab.

Ich glaube, dass Folgendes passiert: Der Hund weiß nicht, wo der Ton herkommt. Er schaut sich um, stellt die Ohren auf und horcht, ob er wieder kommt. Nichts passiert, also bellt er nach einer Weile erneut. Da ist wieder dieser Ton! Dieses Mal lauscht er etwas länger, nur um sicher zu gehen. Dann bellt er wieder, diesmal nicht ganz so laut, für den Fall, dass er etwas verpassen könnte. Noch einmal hört er den Ton. Vielleicht sollte er sich besser mal umschauen. Schließlich ist er so mit Schauen und Horchen beschäftigt, dass er vergisst, warum er eigentlich gebellt hatt, und einfach aufhört.

Natürlich ist es nicht immer so einfach, aber ich habe erlebt, wie Antibell-Halsbänder das Problem buchstäblich innerhalb von Minuten lösten. Wir nehmen nicht an, dass der Ton besonders unangenehm für Hunde ist, aber natürlich hängt das vom Hund ab und davon, wie sensibel sein Gehör auf den Ton reagiert. Jedenfalls ist das Halsband nicht dafür konzipiert, über einen sehr langen Zeitraum benutzt zu werden. Wenn es überhaupt wirkt, wirkt es ziemlich schnell.

Und wenn es nicht funktioniert, sind manchmal nur technische Probleme der Grund dafür. Vor einigen Jahren hatte ich einen Fall, der mich immer daran erinnert, warum ich technische Hilfsmittel nicht allzu sehr mag. Damals war das Halsband mit dem Ton eine neue Erfindung. Das Mikrofon nahm Geräusche ziemlich wahllos auf. Das führte zu Schwierigkeiten, als ich Tippy behandelte, eine schwarze Labradorhündin, deren Problem Bellen war. Und Schnappen. Und Vorspringen. Und Ungehorsam.

In dem Versuch, ihre Verhaltensprobleme zu lösen, hatten wir Tippy einen Gentle Leader angepasst. Das ist ein Halsband, das über den Nasenrücken und um den Nacken herum geht und dann unter dem Kinn eingehakt wird. Es ist konstruiert, um dabei zu helfen, den Hund vom Herumspringen abzuhalten.

Weil Tippy außerdem auch ein Bellproblem hatte, verwendeten wir ein Halsband mit einem Ton, um zu sehen, ob das etwas nützen würde. Leider rieb der Gentle Leader jedes Mal gegen das Mikrofon des Halsbandes und löste es aus, wenn Tippy eine bestimmte Bewegung machte. Die arme Tippy muss gedacht haben, dass sie von einer Meute von Küchenzeitschaltuhren umgeben war. Sie geriet geradezu außer sich. Nach ein oder zwei solchen Tagen begann ihr Besitzer zu denken, dass das Bellen eigentlich gar nicht so schlimm gewesen war.

Heutzutage können Antibell-Halsbänder mit Ton in ihrer Empfindlichkeit gegenüber Nicht-Bell-Geräuschen eingestellt werden. Größtenteils hat die Technik es leichter gemacht, Hunden mit Verhaltensproblemen zu helfen. Damit ist nicht gesagt, dass die Maschine jeden Vierbeiner überlisten kann. Ein Kriminalbeamter erzählte mir einmal, dass seine Polizeihunde so schlau waren, dass sie ein als Attrappe verwendetes Schockhalsband, aus dem die Batterien entfernt worden waren, von einem echten unterscheiden konnten. (Anders als Halsbänder mit Ton geben Schockhalsbänder einen Stromschlag ab, wenn der Hund bellt.)

Wenn der Hund erst einmal gelernt hat, nicht zu bellen, tauscht der Besitzer das „scharfe“ Halsband gegen eine Attrappe aus. Der Hund weiß nicht um den Unterschied und wird nicht aus der Rolle fallen. Aber diese hochsensiblen Polizeihunde ließen sich nicht täuschen, sogar wenn leere Batterien in die Attrappen eingelegt wurden. Der Beamte konnte nicht sagen, was den Hunden den Tipp gab – der Geruch der funktionierenden Batterien vielleicht oder eine kleine Vibration oder ein Geräusch, kurz bevor der elektrische Strom ausgelöst wurde –, aber sie bemerkten den Wechsel rasch. Wenn sie die echten Halsbänder trugen, gaben sie zum Beispiel ein zögerndes Bellen von sich, um auszuprobieren, ob diese eingeschaltet waren. Wenn der Kriminalbeamte ihnen die Attrappen anlegte, bellten sie sofort in höchster Lautstärke. Diese Hunde waren keine Dummköpfe. (Anmerkung der Übersetzerin: die Pointe liegt hier in einem nicht übersetzbaren Wortspiel, das darauf beruht, dass im Amerikanischen „dummy“ sowohl „Attrappe“ als auch „Dummkopf“ bedeutet.)

Ich habe niemals ein Schockhalsband für meinen eigenen oder jemand anderes Hund benutzt. Ich halte mich von Elektrizität lieber so fern wie möglich. Ich halte es eher mit dem Halsband mit Ton oder einem ziemlich neuen Trainingsgerät, das Citronella-Halsband genannt wird (Anmerkung der Übersetzerin: in Deutschland heißen diese Geräte zum Beispiel „Citro-Kläff-Ex“ oder „Aboistop“).

Wie das Antibell-Halsband mit dem Ton wird das Citronella-Halsband durch Bellen ausgelöst. Statt eines Tones gibt es jedoch einen Sprühnebel aus einer Flüssigkeit ab, die nach Citronella duftet. Es macht ein kleines „Pssst-Geräusch“, das den Hund für einen Moment erschreckt und seine Aufmerksamkeit von seinem Gebell ablenkt. Zusätzlich finden manche Hunde den Geruch von Citronella irgendwie interessant und auch das hilft, sie abzulenken. Seit kurzem sind die Halsbänder mit einem Warnton ausgerüstet und können vom Besitzer mit einer Fernbedienung in Gang gesetzt werden.

Forscher an der Cornell Universität in Ithaca, New York, haben herausgefunden, dass Citronella-Halsbänder deutlich wirksamer darin sind, Bellen zu reduzieren oder abzustellen, als Schockhalsbänder. Es wäre schön, wenn die Firma, die sie herstellt, eine Vielzahl von Gerüchen hinzufügen würde, wie zum Beispiel Limone oder Nelke, nur um den Fiffi auf Trab zu halten.

Während korrigierende Halsbänder gut funktionieren können, wenn nur ein bellender Hund in der Familie ist, werden die Dinge etwas komplizierter, wenn man zwei oder drei bellende Hunde hat. Wenn diese Halsbänder nicht präzise eingestellt sind, können sie den falschen Hund „bestrafen", wenn einer seiner Gefährten nahebei bellt. Ein Kollege erzählte mir, dass die Citronella-Halsbänder, die er in einem Mehr-Hunde-Haushalt einsetzte, so oft losgingen, dass sie das ganze Haus mit dem Geruch erfüllten. Die Hunde konnten dem Geruch nicht entkommen und entwickelten zu allem Überfluss zusätzlich zum Bellen noch andere Probleme. Zumindest wurde die Familie nicht mehr von Mücken geplagt.

Sie brauchen sich nicht auf Halsbänder zu verlassen, um Bellprobleme zu behandeln, wenn Sie bereit sind, mit Ihrem Hund zu arbeiten, ehe sein normales Gebell sich zu einem lästigen Problem entwickelt. Sie können ein kleines Spiel mit ihm spielen, bei dem Sie Ihren Hund lehren, auf Kommando mit dem Bellen aufzuhören und ihn dann mit einem „Braver Junge" und einem Leckerchen belohnen, wenn er den Mund hält.

In vielen Familien sind die Menschen allerdings zu beschäftigt, um sich Zeit fürs Training zu nehmen. Und natürlich bellen Hunde oft gerade dann, wenn keiner in der Nähe ist, um sie zu stoppen. Dies war definitiv der Fall bei Snowy, einem vier Jahre alten weiblichen West Highland White Terrier, der seine Besitzer und die Nachbarn mit seinem Bellen verrückt machte.

Snowy benutzte jeden Tag die Hundetür, um sich selber in den Garten hinauszulassen. Sie stöberte ein paar Eichhörnchen auf und verbellte sie eine Stunde lang oder länger. Dann hielt sie nach den Nachbarn Ausschau, ob diese sich auf den rückwärtigen Terrassen zeigten, sodass sie sie ebenfalls anbellen konnte.

„Was haben Sie bisher ausprobiert?“ fragte ich Mary Lou und Rob Russell, ein sympathisches, freundliches Paar in den späten Zwanzigern.

„Tja, wie haben eine Reihe von Halsbändern ausprobiert, aber sie schien sie nach den ersten paar Malen ziemlich zu ignorieren,“ sagte Rob.

„Ja, das habe ich schon erlebt,“ sagte ich. „Es ist, als ob man an einem fremden Ort schläft, an dem eine Uhr tickt. In der ersten Nacht liegen Sie wach und wünschen, jemand würde das Ding abstellen. Aber ab der dritten Nacht bemerken Sie es nicht einmal mehr.“ Er nickte.

„Was wir meistens tun, ist, sie einfach anzuschreien, um ihr Gebell zu beenden,“ sagte Mary Lou. „Sie rennt den Hügel hinauf zur Gartentür, sobald wir schreien. Wenn sie dort angekommen ist, bellt sie noch mehr.“

„Auch das habe ich schon erlebt,“ sagte ich. „Was Sie tun, wenn Sie herausgehen und schreien ist, ihr Aufmerksamkeit zu schenken, was sie wahrscheinlich mag, weil es draußen langweilig ist und Sie für mehr Anregung sorgen.“

„Sogar, wenn es negative Aufmerksamkeit ist?“

„Sicher, alles ist besser als gar nichts. Sie schreien: ‚Snowy, hör auf zu bellen!‘ und sie denkt, dass das ein schönes gemeinsames Spiel ist und Sie sie ermutigen: *Junge, Junge, du bellst zusammen mit mir! Lasst uns bellen!*“

Ich schlug vor, dass sie einfach drinnen bleiben sollten, wenn Snowy bellte, statt hinauszugehen und den Lärmpegel noch zu erhöhen. Es war möglich, dass sie aufhören würde zu bellen, wenn sie kein Publikum hatte. Was dann passierte, war eine von diesen auf einem glücklichen Zufall beruhenden einfachen Lösungen, die das Verhaltensproblem beträchtlich verringerte.

Rob rief am nächsten Tag an und sagte mir, dass es schwer für sie war, sich selbst zurück zu halten, als sie versuchten, nicht darauf zu reagieren, wenn Snowy draußen bellte. „Schließlich konnte Mary Lou es nicht mehr aushalten und klopfte mit ihrem Ring laut an die Fensterscheibe," sagte Rob. „Und raten Sie mal, was passierte? Snowy hörte auf zu bellen und sah hoch zum Haus und versuchte herauszufinden, was das war. Sie sah uns nicht, weil wir noch drinnen waren, und sie bellte die nächsten 15 Minuten nicht wieder. Dasselbe passierte gerade eben wieder. Das ist 15 oder 20 Minuten her und bisher noch kein Gebell."

„Großartig," sagte ich. „Lassen Sie uns sehen, ob es anhält, und dann können wir am anderen Teil des Problems arbeiten. Hatten Sie Gelegenheit, Ihren Nachbarn diese Käse-Leckerchen zu geben? Sind sie bereit zu helfen?"

„Oh ja," sagte er.

Ich konnte mich ohne weiteres mit den Nachbarn identifizieren, die jedes Mal, wenn sie nach draußen traten, um ein bisschen Frieden zu genießen, vom Gebell des kleinen Hundes begrüßt wurden. Ein paar Jahre zuvor hatte ich mich in der gleichen Lage befunden, nur noch schlimmer. Als irgendwelche neuen Nachbarn einzogen, brachten sie ihren überdrehten, wachsamen Chow-Chow namens Pup-Pup mit. Das war eine beunruhigende Veränderung für meine beiden Katzen, die den Garten des Nachbarn von nun an geflissentlich mieden und vorgaben, es nicht zu bemerken, wenn Pup-Pup sich gegen den Zaun warf und wütend bellte. Aber es war eine noch schlechtere Neuerung für mich, da ich die Ruhe auf meinem Grundstück sehr schätzte. Also nahm ich mir vor, Freundschaft mit Pup-Pup zu schließen. Seine Besitzer warnten mich, dass es nicht leicht sein würde, aber ich war bereit es zu versuchen.

Am nächsten Morgen schüttete ich eine ganze Menge Hundekuchen in eine Schüssel. Meine Strategie war einfach: ich würde ihm Leckerchen zuwerfen. Leute glauben oft, dass man das Verhalten verstärken wird, wenn man einem Hund Leckerbissen gibt, während er etwas tut, das er nicht soll – wie zum Beispiel bellen. Dies könnte gelegentlich einmal passieren, vor allem wenn man den Hund mit Lob überhäuft, während er bellt, und ihm dann einen Keks zuwirft. Und wenn Sie Ihrem Hund beibringen wollen, übermäßig zu bellen – nur zu, probieren Sie genau das aus. Aber Hunde, die draußen Menschen anbellen, bellen für gewöhnlich ganz schön wütend. Diese Art von Gebell kann mit etwas unter Kontrolle gebracht werden, das man klassische Konditionierung nennt.

Bei einer Art der klassischen Konditionierung, die als Gegenkonditionierung bezeichnet wird, benutzt man ein Wort oder einen anderen Reiz wie beispielsweise ein Leckerchen, um eine fröhliche Stimmung hervorzurufen, die unvereinbar mit der ärgerlichen oder ängstlichen Stimmung ist, die den Hund dazu bringt, aggressiv bellen zu wollen. Mit anderen Worten ruft das Leckerchen einen Stimmungswechsel hervor, der zu gutem Benehmen führt. Bei einer Technik, die man operante Konditionierung nennt, „sondert" der Hund dagegen ein erwünschtes Verhalten zu einer Zeit „ab" (und bekommt dann eine Belohnung), zu der er nicht emotional ist.

Hier ist ein Beispiel. Ein Trainer sagt „Sitz". Der Hund setzt sich und bekommt eine Belohnung. Er bekommt das Lob nach dem Verhalten. Dies ist ein Beispiel von operanter Konditionierung. Aber wenn der Hund sich schon schlecht benimmt und dieses Verhalten von einer Menge negativer Emotionen angetrieben wird, benutzt man stattdessen die klassische Konditionierung. Sie rufen eine zufriedene Stimmung hervor, indem Sie dem Hund einen Hinweis geben, dass er ein Leckerchen bekommen wird. Leckerchen sorgen dafür, dass er sich wohl fühlt. Er kann nicht zur selben Zeit glücklich und wütend sein, also erzielen Sie einen Rückgang des aggressiven Bellens, das als Resultat des Stimmungsumschwungs durch ein nettes, unterwürfiges, fröhliches Schwanzwedeln ersetzt wird.

Am ersten Morgen ging ich die Stufen zu meiner Einfahrt hinunter. Da war Pup-Pup, ganz pünktlich, und begrüßte mich mit seinem üblichen wütenden Gebell und Geknurr. Ich schaute ihn nicht an und sagte nichts. Ich benutzte nur einen Rückhand-Wurf, um einen Keks über den Maschendrahtzaun in seinen Garten zu schicken. Dann ging ich fort, stieg ins Auto und fuhr weg. Ich brauchte nicht in den Rückspiegel zu sehen, um zu wissen, dass Pup-Pup ziemlich verwirrt aussehen würde.

An den beiden nächsten Morgen tat ich dasselbe. Am vierten Tag bemerkte ich, dass Pup-Pup nur halbwegs zum Zaun lief und das Bellen und Knurren deutlich reduziert war. Ich fing an, die Routine ein bisschen zu variieren: Am fünften Tag warf ich den Keks von meiner Treppe aus. Am nächsten Tag ging ich hinüber zum Zaun und warf ihn dort. Den Tag danach hockte ich mich hin und steckte den Keks durch den Zaun. Pup-Pup war so damit beschäftigt, das Leckerchen aus meinen Fingern zu nehmen, dass er vergaß zu bellen. Ich ließ das Leckerchen nicht sofort los. Ich hielt es ein paar Sekunden lang fest, bis er seinen Griff lockerte und es erneut versuchte. Dann überließ ich es ihm.

Danach fuhr ich damit fort, ihn aus der Hand zu füttern. Sobald er vorsichtig nach dem Keks fasste, konnte er ihn haben. Dies trug dazu bei, die Sanftmütigkeit zu verstärken. Bald gab ich ihm den Keks und fügte ein bisschen Blickkontakt hinzu, wobei er wegschaute. Das bedeutete, dass er sich daran gewöhnte, dass ich immer mehr überlegen war, während er unterwürfiger wurde.

Nach zehn Tagen war der wütende, bellende Rüde durch einen netten, freundlichen Hund ersetzt worden, der herauskam, wenn ich das Haus verließ, und geduldig und mit wedelndem Schwanz auf sein Leckerchen wartete. Damit ich diese Routine nicht für den Rest meines Lebens würde einhalten müssen, schaltete ich bald auf ein Muster von intermittierender Verstärkung um, bei der ich ihm nur hin und wieder ein Leckerchen gab. Er fuhr fort, mich in derselben freundlichen Weise zu betrachten, während er darauf hoffte, gerade diesmal ein Leckerchen zu bekommen.

Es war ein großer Erfolg. Die Besitzer waren glücklich, ich war glücklich und Pup-Pup wohl auch. Die Einzigen, bei denen ich mir nicht so sicher bin, waren die Katzen, die Pup-Pup weiterhin die kalte Schulter zeigten, solange wir in jenem Haus lebten.

Ich erklärte all das den Russells und sie erklärten es ihren Nachbarn. Snowy bekam bald eine Menge Leckerchen und verlor tatsächlich nach und nach das Interesse am Bellen. Um den Alltag der Hündin interessanter zu machen, riet ich den Russells, dass sie sie mehrmals am Tage an der Leine ausführen und ihr etwas anstrengende Bewegung verschaffen sollten. Wenn Snowy weniger aufgestaute Energie übrig hatte, war es weniger wahrscheinlich, dass sie Unfug machen würde.

Viele Hunde bellen alles an, was sie als Eindringling betrachten, was alles vom Geräusch der Türklingel bis zum Schulbus sein kann, der die Straße heraufkommt. Diese Art von Gebell ist meistens nicht schwierig zu kontrollieren. Normalerweise mache ich eine Tonaufnahme vom Schulbus, der Türklingel oder sonstigem, und setze es auf eine Schleife, sodass es fortwährend abgespielt werden kann.

Wenn Sie das Band das erste Mal abspielen, wird Ihr Hund seine lärmende Routine vom Stapel lassen wie immer. Ihr Job an diesem Punkt ist, einfach ruhig zu bleiben und es zu ignorieren. Nachdem Ihr Hund sich beruhigt hat – ich habe Hunde getroffen, die 5 bis 10 Minuten weitermachten – spielen Sie das Band noch einmal kurz ab, oder bis er anfängt zu bellen. (Ich muss Klienten, die diese Methode verwenden, warnen, sich auf eine oder zwei Wochen mit einer Menge Gebell und Türklingeln und Schulbusgeräuschen vorzubereiten.) Lassen Sie ihn sich beruhigen und machen Sie es dann noch mal.

Nach 15 bis 20 Mal wird Ihr Hund den Eindruck bekommen, dass die Geräusche auf dem Band nichts bedeuten, also wird er anfangen, sie zu ignorieren.

Nach ein paar Wochen, in denen Sie das Band womöglich 30 bis 40 Mal am Tag abgespielt haben, wird es allmählich weniger Gebell und weniger Herumspringen und übermäßige Aufregung geben. Schließlich wird Ihr Hund in der Lage sein, ruhig dazusitzen, wenn die Türklingel geht oder der Schulbus durch die Nachbarschaft tuckert.

Natürlich ist das nicht immer narrensicher. Einige meiner Kollegen haben berichtet, dass diese Vorgehensweise fehlschlagen und den Hund sogar noch empfindlicher machen kann. Darum ist es wichtig, mit einem Profi zu arbeiten, statt auf sich selbst gestellt zu versuchen, das Verhalten des Hundes zu ändern. Das gilt besonders dann, wenn mehr als ein Verhaltensproblem vorliegt, wie es oft der Fall ist.

Ich erinnere mich an einen Hund, der ein Türklingel- *und* ein Briefträger-Problem hatte. Dusty, ein hübscher Airedale, lebte am Ende einer Sackgasse, daher hielten fortwährend Lastwagen an und drehten um, und dies erregte ihn beträchtlich. Er drehte wirklich durch, wenn Leute „seine" Türglocke läuteten. Es war vorgekommen, dass Dusty gegen die Fenster sprang und in den Türrahmen biss, wenn die Glocke läutete. Tatsächlich war in der ganzen Straße bekannt, dass Dusty einfach niemanden ins Haus lassen würde.

„Und mit gutem Grund," sagte Bill Wendell, sein Besitzer, während ich einige Notizen niederschrieb.

„Wie das?" fragte ich. Diese Art von Problem entwickelt sich oft aus heiterem Himmel. Es kommt nicht allzu oft vor, dass ich einen auslösenden Vorfall finden kann, der dazu führte, dass die Dinge den Bach hinunter gingen.

„Vor ein paar Monate ist in unser Haus eingebrochen worden," sagte Bill mir. „Der Typ muss zuerst die Türglocke geläutet und herausgefunden haben, dass wir nicht zu Hause waren. Er hat das Haus ganz schön verwüstet. Dusty hatte davor niemals auf Besucher reagiert."

Bill beugte sich hinunter, um Dusty zu streicheln, der nervös an seiner Seite stand und mich misstrauisch beobachtete. Um mir in Dustys Augen etwas mehr Legitimität zu verschaffen, hatte Bill vorgeschlagen, dass ich ihn in der Einfahrt treffen solle, sodass wir zusammen hineingehen konnten. Tatsächlich bellte oder sprang Dusty nicht, aber er war immer noch nicht besonders begeistert darüber, dass ich da war.

„Der arme Dusty blutete, als wir nach Hause kamen," sagte Bill. „Seitdem hat er immer nach diesem Typen Ausschau gehalten, um ihn fertig zu machen.“ Dusty war erst sechs Monate alt, aber er nahm seine Verantwortung sehr ernst. Er würde seine Familie beschützen, ob sie es zu würdigen wusste oder nicht.

Wir waren in der Lage, Dusty auf verschiedene Weise zu helfen. Als Erstes bat ich Bill, immer den Deckenventilator oder das Radio anzulassen, um Geräusche zu überdecken, die von draußen kamen. Ich stellte mir vor, dass Dusty sich nicht immer im Dienst fühlen würde, wenn er die potenziellen Übeltäter nicht kommen hören konnte. Danach ließ ich Bill die Türklingel mit einem kleinen Schalter verbinden, den er von seinem Schreibtisch aus betätigen konnte. Das machte es einfach, die Glocke als Teil des Trainingsprogramms häufig zu läuten.

Nach ein paar Wochen drehte Dusty nicht mehr durch, wenn die Glocke läutete. Dann arbeiteten Bill und ich daran, ihn „Sitz-Bleib“ machen zu lassen, während Bill zur Tür ging und sie öffnete. Wenn Dusty das gelang, wurde er gelobt und belohnt. Schließlich erreichte er den Punkt, an dem er nicht mehr verrückt spielte, wenn ein Lieferant oder andere Besucher an die Tür kamen. Wenn Leute ins Haus kamen, bat Bill sie, sich zu setzen, während Dusty herankam und sie beschnupperte, falls sie nichts dagegen hatten. Dies war seine Belohnung dafür, dass er sich angemessen benommen und nicht gebellt hatte. Hunde halten Schnüffeln für eine wichtige Sache – daher war das eine ziemlich gute Belohnung.

Zu guter Letzt hängte Bill draußen Schilder auf, die Besucher baten, an die Seiten- oder Hintertür zu kommen, statt die Türglocke zu läuten. Das half dabei, die Angelegenheit in Dustys Vorstellung ein bisschen durcheinander zu bringen und seine Gedanken vom Zielgebiet der Vordertür abzulenken. Ich hatte den Verdacht, Dusty würde immer etwas misstrauisch in Bezug auf Fremde bleiben. Aber da sein Verhalten nun unter Kontrolle war, war das eigentlich kein Problem. Und solange die Besucher nicht wie der Einbrecher rochen, mussten sie sich um nichts Sorgen machen.

Bellen kann für diejenigen, die in Appartements oder Etagenwohnungen leben, ein schreckliches Problem sein. Es ist schwierig genug für die Besitzer, mit Hunden zu leben, die Verhaltensprobleme haben. Sie tun es, weil sie den Hund lieben, komme was wolle. Nachbarn andererseits haben keine solche Bindung, die sie daran hindert, geradezu unangenehm zu werden und Komitees zu gründen, die dazu gedacht sind, Hundehalter und ihre lärmenden Köter auf die Straße zu setzen.

Dies war bei Lily Lubell und ihrem kleine Malteser Angel der Fall. Angel bestand aus ungefähr fünf Pfund Haar, aufgedonnert mit roten Schleifen hinter jedem Ohr, zwei kleinen Knopfaugen und dem nervtötendsten Kläffen, das man sich vorstellen kann. Sie war Lilys ganzer Stolz.

„Warum beschweren sich all diese gemeinen Leute über meinen kleinen Engel?“ fragte sie und hielt sich den kleinen jaulenden Hund ein paar Zentimeter vors Gesicht. Angel hörte gerade lange genug auf zu bellen, um nach ihrer Nasenspitze zu schnappen. „Du unterhältst Dr. Wright, während ich ihm eine Tasse Milchkaffee hole.“

Sie setzte Angel neben mich auf die Couch und rauschte in die Küche. Ihr langer Chiffonschal wehte hinter ihr her. Lily war ein hartes Stück Arbeit. Ich glaube, sie verbrachte ihre Tage in einer Art Theater-Workshop – ich hatte keine Ahnung, ob als Leiterin oder als aufstrebende Künstlerin. Alles was ich wusste, war, dass Angel eine Menge Probleme verursachte und man von mir erwartete, die beiden vor der Zwangsräumung zu bewahren.

Während ich auf meinen Kaffee wartete, blätterte ich in einem Bildband über den „Chien de Malte“. Ich entnahm daraus, dass Malteser trotz ihrer winzigen Größe furchtlos zu sein scheinen und dass ihre vertrauensvolle und anhängliche Natur sehr ansprechend ist. Ich sah hinüber zu Angel. Sie drückte sich zitternd in die andere Ecke des Sofas.

„Ist das so, Angel?“ flüsterte ich.

„Kläff, kläff, kläff!“ Beim Klang meiner Stimme zitterte sie noch mehr. Sie sprang von der Couch und flitzte hinter Lily her. Ich sah, dass ihre Krallen rot lackiert waren, passend zu den Schleifen in ihrem Haar. Ich klappte das Buch zu und wartete darauf, dass Lily zurückkehrte.

Nachdem wir uns ein wenig unterhalten hatten, dämmerte mir der Umfang der Herausforderung, die vor uns lag. Die Liste von Dingen, die Angel zum Bellen brachten und die ich mir auf meinem Block notierte, war beinahe endlos.

Bellt Fremde an. Bellt bei Fehlzündungen. Bellt, wenn die Tür in der Diele geschlossen wird. Bellt Einkaufstüten an. Bellt Kartons an. Bellt bei jedem Geräusch von draußen.

Nach ein paar Minuten sagte ich: „Es wäre vielleicht einfacher, wenn ich die Dinge aufschreiben würde, die Angel nicht anbellt. Gibt es irgendwen oder irgendwas, mit dem sie sich wohl zu fühlen scheint?"

„Nun, eigentlich nicht," sagte Lily. Ich legte meinen Stift hin.

„Wir können mit dem Aufschreiben aufhören," gab ich zu. „Es gibt eine Reihe von Dingen, die wir ausprobieren können, um Angel vertrauter mit neuen Sachen zu machen." Die Hündin war eindeutig neophobisch, ängstlich vor allem, was sie noch nie gesehen hatte. Da sie zudem ziemlich neugierig war, erschreckte sie sich selbst dauernd zu Tode. Und bestimmt traute sie keinem Menschen, außer vielleicht ihrer Besitzerin.

Wir konnten Angel auf vielen verschiedenen Wegen helfen. Ich gab meinen üblichen Rat, das Radio anzulassen, wenn Lily weg war. Einige Leute nehmen an, dass „Musik selbst die wildeste Bestie bezaubert", aber ich setze auf die Tatsache, dass es hilft, von anderen Geräusche abzulenken, auf die der Hund in der Regel reagieren würde.

Ich empfahl außerdem, dass Lily einen Freund bitten sollte, herüberzukommen und dabei zu helfen, Angel an den Gedanken zu gewöhnen, andere Leute um sich herum zu haben. Nach vielen telefonischen Beratungen und Verhandlungen lud Lily einen Freund ein, vor dem Angel keine Angst hatte. Die Idee war, eine Art „Reise nach Jerusalem" zu spielen, mit Leuten, die aufstanden, sich umherbewegten und sich wieder hinsetzten, bis Angel weniger nervös war, wenn Leute umhergingen. Gleichzeitig half der dauernde Wechsel ihr, sich ein bisschen zu entspannen, wenn Lily außer Sicht war. Nach ein oder zwei Wochen stellten wir fest, dass Angel weniger dazu neigte, Lily die ganze Zeit anzustarren und ihr mit den Augen zu folgen.

Als sich Angel erst einmal mit zwei Leuten im Haus wohl fühlte, wiederholten wir die Prozedur mit jemandem, den sie nicht so gut kannte. Dann wiederholten wir es später noch einmal mit einem Fremden. Angel wurde immer besser darin, mit verschiedenen Leuten umzugehen, und es wurde weniger wahrscheinlich, dass sie jedes Mal Rabatz machte, wenn jemand vorbeikam.

Obwohl wir einige Siege errangen, hatte ich das Gefühl, dass unser Programm nur unwesentliche Erfolge brachte. Angel beruhigte sich eigentlich nie ganz, sogar wenn sie nicht aufgebracht war. Sie schien insgesamt eine furchtsame Persönlichkeit zu haben, und das war der Antrieb für beinahe alles, was sie tat. Daher bat ich den Tierarzt, ihr ein angstlinderndes Medikament zu verschreiben, um ihr zu helfen, etwas besser zurechtzukommen.

Indem wir das Medikament mit dem Verhaltensprogramm kombinierten, konnten wir Angel weniger ängstlich und angespannt und für die Nachbarn weniger lästig machen. Obwohl ich es bevorzugt hätte, das Medikament nur als eine sehr kurzfristige Lösung zu verwenden, kehrten Angels Ängste zurück, sobald wir aufhörten, es ihr zu geben. Also stimmten wir alle darin überein, dass es das Beste war, Angel auf unbestimmte Zeit oder bis ihr Tierarzt eine Möglichkeit gefunden hätte, sie völlig von der Droge zu entwöhnen, auf eine sehr niedrige Erhaltungsdosis des Medikaments zu setzen.

Ich traf Angel vor einigen Jahren das erste Mal und dachte zu der Zeit, dass sie eine erstaunlich nervöse kleine Persönlichkeit war. Aber damals kannte ich auch die phobische Bande von Hunden noch nicht, denen ich später begegnen sollte und die ich in Badewannen versteckt oder auf den Pfoten kauend antraf.

PIXIE
Die Hündin, die sich zu Tode fürchtete

Pixie war ein kleines Ding mit einer überwältigend großen Angst. Die drei Jahre alte Yorkshire Terrier Hündin brachte vier Pfund auf die Waage, wenn sie völlig durchnässt war. Was sie, wenn Hunde Schweißdrüsen hätten, jedes Mal gewesen wäre, wenn sie Joe sah. Joe war Maria Stones Freund und Pixie hatte Angst vor ihm.

„Ich kann das nicht verstehen," sagte Maria zu mir, als wir uns trafen. „Pixie kann einfach keine Männer ertragen. Niemand hat ihr je etwas getan, besonders Joe nicht." Maria war kürzlich geschieden worden, wie sie mir sagte, und sie rechnete damit, oft mit Joe zusammen zu sein. Alles lief großartig, abgesehen von dem Pixie-Problem.

Pixie war davongeflitzt, als ich das Haus betrat, und ich glaubte nicht, dass ich sie wiedersehen würde. Aber ich hatte eine ziemlich genaue Vorstellung davon, was ich zu erwarten hatte – auch wenn ich nicht sah, wie sie sich zusammenkauerte.

„Ich habe ihm gesagt, er soll es nicht persönlich nehmen," sagte Maria. „Aber wie würden Sie sich fühlen, wenn der Hund Ihrer Freundin Sie vollpinkelt, wenn Sie ihn hochheben?"

Ich stimmte zu, dass ich möglicherweise ein bisschen gekränkt sein würde.

„Letztes Mal, als er versucht hat, sie hochzunehmen," fügte Maria hinzu, „hat sie versucht, ihn zu beißen."

Ich schüttelte den Kopf und fuhr fort, mir Notizen zu machen.

„Ich weiß nicht, wie viel er sich noch bieten lassen wird," sagte sie. „Es gibt eine Menge Mädchen mit netten Hunden und Katzen da draußen. Er hat das nicht nötig."

Ich war enttäuscht, dass Marias Besorgnis eher ihrem Freund zu gelten schien. Ich stellte mir vor, dass er keine besonders gute Partie war, wenn er Maria die Probleme ihres Hundes vorwarf. Ich hätte es vorgezogen, wenn sie ein bisschen mehr Mitgefühl mit Pixie gehabt hätte, die schließlich diejenige war, die am meisten litt.

Ich vermutete, dass der kleine Hund versuchte sich zu behaupten, wenn er diesen (in seinen Augen) riesigen Mann jeden Tag auf seinem Gebiet sah. Maria erzählte mir, dass Joe sie häufig besuchte und vorhatte, bald bei ihr einzuziehen. Aber für Pixie war das nicht leicht. Sie jaulte jedes Mal, wenn Joe vorbeiging, und zog sich dann zitternd in eine Ecke zurück. Die wenigen Male, die Joe versuchte, sie auf den Arm zu nehmen oder zu streicheln, zitterte, urinierte oder biss sie.

„Sie bellt sogar Joes Hemd auf dem Bett an, nachdem er gegangen ist," fügte Maria hinzu. „Was soll ich machen?"

Ich musste Pixie bewundern. Obwohl sie eindeutig Angst hatte, wurde sie so gut damit fertig, wie sie konnte. „Ich wünschte, dass Joe hätte mit dabei sein können, aber er muss arbeiten," sagte Maria.

„Wie nähert Joe sich Pixie?" fragte ich, da ich sein Benehmen nicht selbst beobachten konnte. „Ist er sehr laut oder grob?"

„Überhaupt nicht," antwortete Maria. „Wie ich schon sagte: er ist ein sehr sanfter Mensch."

„Okay," sagte ich. „Können Sie ihn bitten, sehr leise zu gehen und nicht mehr zu versuchen, Pixie hochzuheben? Und sich nicht über sie zu beugen oder sie gar zu streicheln?"

„Ja sicher, wenn es das ist, was Sie wollen. Aber ich weiß nicht, wie sie das dazu bringen soll, Freunde zu werden."

„Ich mache mir eigentlich noch keine Sorgen darum, wie sie Freunde werden," erklärte ich. „Wir müssen die Angst verringern, die Pixie hat, und das bedeutet anfangs, dass sie dem Burschen, der sie ängstigt, aus dem Weg gehen können muss. Ich kann wohl kaum erwarten, dass Sie in Betracht ziehen, Joe für eine Weile nicht mehr bei sich zu Hause zu treffen, bis wir Pixie ein bisschen stabilisiert haben?"

„Ist das nicht etwas übertrieben?"

„Nun ja, ich denke, Pixie würde sich viel besser machen, wenn sie für eine Woche oder so nur mit seinem, sagen wir mal, Hemd zurande kommen müsste. Wenn wir sie dazu kriegen können, sich mit seinem Kleidungsstück wohl zu fühlen – und ich kann Ihnen zeigen, wie Sie das machen können –, werden wir in der Lage sein, sie langsam dazu zu bringen, Joes Gegenwart und schließlich Joe selbst zu akzeptieren."

Maria stand auf. „Wenn ich Sie richtig verstanden habe," sagte sie und fuhr sich mit der Hand durchs Haar, „wollen Sie mich dazu bringen, dass ich eine Woche lang mit Joes Hemd anstelle von Joe auskomme. Und was bekomme ich nächste Woche? Vielleicht einen Socken?"

Sie fing langsam an zu kochen. Ich hatte das Gefühl, dass dies einer der Fälle sein würde, in denen der Hund den Kürzeren zieht, obwohl der Besitzer darauf besteht, dass er das Problem lösen will.

Ich erklärte so gut ich konnte die logische Grundlage für das Behandlungsprogramm. Es war wichtig, es langsam und leicht anzugehen. Pixie zu helfen, sich an Joes Hemd zu gewöhnen, war nur der erste Schritt; sich an Joe selbst zu gewöhnen, würde später kommen. Ich nannte Maria ein paar weitere Einzelheiten, mit denen sie beginnen sollte. Zum Beispiel wäre es eine gute Idee, wenn sie gelegentlich eines von Joes Hemden tragen würde, was seinen „beängstigenden" Geruch mit ihrem „akzeptablen" mischen würde. Sie war auch von diesem Vorschlag nicht begeistert, aber sie stimmte zu, es zu tun und mich einmal die Woche anzurufen, um Pixies Fortschritte zu schildern. Ich fragte mich, ob sie ihren Freund wirklich lange genug aus dem Haus verbannen würde, dass Pixie anfangen konnte, ruhiger zu werden. Als ich aus der Tür ging, erhaschte ich einen letzten flüchtigen Blick auf Pixie: ein kleiner zitternder Kopf schob sich vorsichtig um die Ecke des Korridors.

Maria meldete sich nicht mehr. Ich wartete zwei Wochen und rief sie dann an. Eine sanfte, freundliche männliche Stimme antwortete. Maria war nicht da, aber er würde gern eine Nachricht für sie entgegennehmen. Ich sagte ihm, wer ich war. Oh ja, Maria habe etwas davon gesagt, dass er den Hund nicht mehr hochnehmen solle. Aber er habe wirklich Freundschaft mit dem Viech schließen wollen.

„Ich vermute, Maria hat Ihnen nicht gesagt, was passiert ist?" Er erzählte mir die schlechte Nachricht und sagte, er werde Maria ausrichten, dass ich angerufen hatte.

Ich legte den Hörer auf und sah hinunter auf Pixies Diagnosebogen, der vor mir auf dem Schreibtisch lag. Ich bemerkte traurig, dass sie erst drei Jahre alt gewesen war. Keiner hatte vorhersehen können, dass sie eines Tages nach dem Fressen einfach zusammenbrechen würde. Ich nahm den Stift zur Hand und machte eine Notiz auf dem Blatt: „Pixie starb an einer Herzattacke."

Ich tat das Formular in meinen Ordner. Etwas später machte ich einen langen Spaziergang im Park.

Pixies Geschichte ist sehr ungewöhnlich und niemand kann sagen, ob es eine Möglichkeit gegeben hätte, ihr Leben zu retten. Aber ihre Angst wird sicherlich zu ihrem vorzeitigen Tod beigetragen haben. Seither habe ich zahlreiche Hunde gesehen und behandelt, deren tief sitzenden Ängste und Phobien ihnen – und ihren Besitzern – das Leben schwer machten.

Obwohl ein ängstliches Temperament einer der am stärksten vererbbaren Charakterzüge ist, die wir kennen, werden Hunde nicht mit bestimmten Ängsten geboren. Wenn sie in den ersten Wochen ihres Lebens einer großen Bandbreite von erfreulichen Erfahrungen und neuen Objekten und Menschen ausgesetzt werden, neigen sie viel weniger dazu, ängstlich zu sein, wenn sie erwachsen sind. Bei Hunden, die keinen Kontakt mit Menschen haben bis sie drei Monate oder älter sind, ist es sehr wahrscheinlich, dass sie gegenüber allen Leuten ängstliche Reaktionen zeigen, die sie von da an treffen.

Meine Kollegen und ich haben einmal zwei Gruppen von Welpen untersucht. Die in der einen Gruppe wurden in einem gewöhnlichen Wurf aufgezogen und die anderen hatten eine Menge Begegnungen mit Menschen. Wir wollten wissen, wie kontaktfreudig und unternehmungslustig die beiden Gruppen sein würden.

Wie setzen sie in eine 2,5 m^2 große quadratische Box. Die Box war in zwei Hälften geteilt und hatte in der Mitte einen kleinen Durchgang, der den Hunden erlaubte, nach Belieben hin und her zu gehen. Eine Seite der Box war leer. Die andere war mit verschiedenen Objekten gefüllt – einem Ballon an einer Schnur zum Beispiel und einem tickenden Metronom. Wir setzten die Welpen einen nach dem anderen in die leere Hälfte der Box und beobachteten, wie lange sie brauchten, um die andere Seite zu erkunden.

Die im Wurf aufgezogenen Welpen, die weder Menschen noch sehr vielen Objekten ausgesetzt gewesen waren, drängten sich in die Ecke. Sie wollten die anregende Seite der Box überhaupt nicht untersuchen. Dagegen verbrachten die mit Menschen aufgezogenen Welpen die meiste Zeit auf der aufregenden Seite. Sie waren neugieriger, kontaktfreudiger und weniger ängstlich.

Dies bedeutet, dass Hunde, die nicht von klein auf einer Vielfalt von Dingen ausgesetzt waren, generell ängstlich sind, nicht nur vor ein oder zwei Dingen, sondern vor allen neuen Dingen. Angst wird ein natürlicher Bestandteil ihrer Persönlichkeit. Und das gibt sich selten wieder, sondern wird normalerweise schlimmer, wenn der Hund älter wird.

Es ist normal für Hunde (und Menschen), Angst vor Dingen zu haben, von denen sie annehmen, sie würden ihnen schaden. Zum Beispiel haben viele Welpen Angst vor Stufen. Diese Art von Furcht ist normal, da der Welpe vernünftigerweise nicht hinfallen möchte. In den meisten Fällen lernt er schnell, unbefangen rauf- und runterzuflitzen. Wenn dagegen ein erwachsener Hund sich weigert, einer Treppe nahe zu kommen, oder anfängt zu hecheln oder sogar beim Anblick von Treppen zurückschreckt, ist das nicht normal. Es ist eine außer Kontrolle geratene phobische Reaktion.

Wie kommt es, dass der Welpe, der sich vorsichtig seinen Weg die Treppe hinauf und hinunter erarbeitet, zu jenem armen hechelnden Hund wird? Es passiert entweder, weil es ein Zug seiner Persönlichkeit ist oder weil es ein traumatisches Ereignis gab. Vielleicht wurde er eine Treppe hinuntergestoßen oder hat einfach einen schlimmen Sturz erlebt. Oftmals haben wir keine Ahnung, warum die Ängste sich entwickelt haben.

Hunde können sich, ebenso wie Menschen, vor beinahe allem fürchten. Meine Akten sind voll von Notizen über Hunde, die Angst hatten vor Männerstimmen, Tackern, Leuten, die im Raum umhergehen, oder sogar vor Papierfetzen. Einer meiner Großstadtkollegen erzählte mir, dass er oft auf Hunde trifft, die zwanzig Stockwerke hoch leben und den Fahrstuhl nicht betreten wollen. Auf dem Lande müssen Hunde, die ein paarmal von einem im Boden eingegrabenen Draht einen Stromschlag bekommen haben, vielleicht zukünftig ins Freie gezerrt werden. Nicht, dass das ihre Ängste verringern würde...

Hunde werden alles Mögliche tun, um auszuweichen, vor was auch immer sie Angst haben. Dies ist als Vermeidungslernen bekannt. Viele Hunde hecheln, blinzeln, zittern oder laufen auf und ab, wenn sie auf die gefürchteten Dinge stoßen. Oder sie versuchen, sich zu verstecken, laufen hinaus und sofort wieder hinein, bellen oder beißen aus schierer Panik.

Es ist nicht schön, wenn der eigene Hund etwas von all dem durchleiden muss, und es ist nichts, aus dem er herauswächst oder mit dem er erfolgreich alleine klarkommen könnte. Eine der unter Hunden am meisten verbreiteten Ängste ist die vor Gewittern. Wir wissen nicht genau, was es ist, das sie so sehr ängstigt. Ist es das Krachen des Donners? Das Aufleuchten der Blitze? Das Geräusch des Regens auf dem Dach? Zweige, die der Wind gegen das Fenster peitscht? Oder alles zusammen? Oder vielleicht ist es nichts von dem oben Aufgeführten. Manche Hunde fangen eine halbe Stunde vor dem ersten Regentropfen an zu hecheln und hin und her zu laufen. Können sie die negativen elektrischen Ladungen in der Luft spüren? Wir wissen es wirklich nicht.

Was wir wissen, ist, dass viele Hunde beträchtlich leiden, wenn stürmisches Wetter herrscht, und sie alle haben ihre eigene Art, damit umzugehen. Ich erinnere mich an eine vier Jahre alte Beagle-Mix-Hündin namens Aspen, die sich in der Badewanne versteckte, wenn es anfing zu stürmen. Sie liebte Bäder, und dieses repräsentierte einen sicheren Hafen für sie. Seltsamerweise hatte sie Angst vor Wasser, wenn es irgendeine Art von Regengeräusch verursachte, obwohl sie es so liebte, zu baden. Der Himmel konnte strahlend sonnig sein, aber wenn der Rasen gesprengt werden musste, geriet Aspen in Schwierigkeiten. Dem Geräusch des Wassers aus dem Sprinkler, das gegen die Fenster prasselte, folgte das Geräusch eines Hundes, der in die Badewanne springt.

Ein anderer Hund mit einer starken Gewitterfurcht war Koko. Sein Problem begann, als ihn eine Putzfrau, die davon genervt war, dass er ihr dauernd vor die Füße lief, in den Keller verbannte – einen feuchten, dunklen Ort, an dem er nie zuvor gewesen war. Zufällig brach zur gleichen Zeit ein Gewitter aus. Das Geräusch des Sturms, zusammen mit der fehlenden Fluchtmöglichkeit zurück in seine sichere, vertraute Umgebung, ängstigte ihn sehr. Danach war er, wenn es stürmte, so verängstigt, dass er seine Pfoten leckte, um sich zu trösten. Er leckte so viel, dass er eine schlimme Wunde bekam. Er kratzte sich außerdem die Pfoten blutig, als er versuchte, die Schlafzimmertür aufzubekommen, um sich unter dem Bett verstecken zu können. Armer Koko!

Dann war da noch Aslan, ein Golden Retriever, der sich, wenn er draußen von einem Gewitter überrascht wurde, duckte und zitterte und nervös zum Himmel aufschaute, als ob er darauf wartete, dass etwas herunterfallen und ihn erschlagen könnte. Das Einzige, was ihn ein bisschen beruhigen konnte, war, sich im Badezimmer zwischen der Toilette und der Wand zu verkeilen.

Viele Hunde versuchen diese Art, sich in die Enge zu flüchten, um sich selbst zu beruhigen. Es ist beinahe so, als ob es ihre Angst lindern würde, wenn sie sich selbst davon abhalten, sich zu bewegen. Oder vielleicht sagen sie sich: *Wenn ich mich verstecke, geht es vielleicht weg.*

Ich erinnere mich auch an Rocky, einen drei Jahre alten Wolfsspitz, der durch das Fliegengitter in der Küche brach, um vor dem Sturm nach drinnen zu fliehen, und dann gleich wieder nach draußen ausbrach. Er war einer jener Hunde, die einen Sturm vor dem ersten Donnerschlag vorhersagen können, und er begann zu hecheln und zu blinzeln und hinein- und hinauszulaufen.

Das Einzige, was Rocky etwas Trost spendete, war, sich in oder sogar unter die Arme seiner Besitzerin zu schmiegen: Er vergrub seine Nase in ihrer Achselhöhle, bis das Unwetter nachließ. „Ein sicherer Hafen im Sturm," sagte Clara strahlend, als ich eine Bemerkung über Rockys ungewöhnliches Verhalten machte. Am Ende baute sie Rocky eine kleine Höhle – eine kleine, mit einer Decke verhängte Box im abgedunkelten Schlafzimmer. Diese schien mindestens ebenso gut zu sein wie ihre Achselhöhle.

Die schlimmste Gewitterphobie, die mir jemals untergekommen ist, wurde von Taffy, einem vier Jahre alten gelben Labrador gehegt. Taffy lebte ganz schön im Überfluss gegenüber von einem feudalen Country Club in einem Vorort von Atlanta. Aber Geld kann kein Glück erkaufen. Taffy war die meiste Zeit ein gelassener Hund, aber wenn es zu stürmen begann, zitterte er, schüttelte sich, hechelte und suchte nach einem Platz, um sich zu verstecken.

Seine Besitzerin, Angela Tulander, rief mich an einem schwülen Abend erheblich gestresst an. Taffy, so stellte sich heraus, wusste immer, wann ein Sturm aufkam, und er mochte es kein bisschen. Aber in einer Nacht nahmen die Dinge eine Wendung zum Schlechteren.

„Mein Mann und ich gingen zum Abendessen aus und es goss und donnerte den ganzen Abend," sagte sie. „Wir blieben und hatten Nachtisch, bis das Schlimmste vorbei war. Als wir nach Hause kamen und in die Küche gingen, waren alle unsere Töpfe und Pfannen über den Küchenfußboden verstreut."

„Oh," sagte ich.

„Und da war Taffy," fuhr sie fort, „versteckt in der neuen Nussbaumvitrine, die wir gerade neu eingebaut hatten. Er hat sich durch den Rahmen gefressen."

Dies klang vertraut. Es ist nicht ungewöhnlich für Hunde mit Gewitterphobien, beträchtlichen Schaden anzurichten, wenn sie mitten in einer Panikattacke stecken. Also machten wir einen Termin aus, um die Dinge zu besprechen.

Am nächsten Tag griff ich mir eine Kassette („Der ultimative Gewittersturm"), ein Stroboskoplicht und einen Stift mit Raumdeodorant und machte mich auf, die Tulanders zu besuchen. Ich halte die Aufnahmen und in manchen Fällen das Licht für wichtig, um mit Gewitterphobien umzugehen. Das Deodorant zu benutzen, ist meine eigene Erfindung; nicht alle meiner Kollegen machen sich die Mühe.

Ich setzte mich mit Thornton und Angela Tulander, einem gut aussehenden, kultivierten Ehepaar in den Fünfzigern, hin und sagte Taffy „Hallo", der sich ganz ähnlich wie jeder andere Labrador benahm, da es zu der Zeit gerade nicht stürmte. Ich war froh zu sehen, dass er keine allgemein ängstliche Persönlichkeit hatte, was bedeutete, dass wir es nur mit einem Problem zu tun hatten. Aufgrund des ersten Eindrucks hätte ich nie vermutet, dass Taffy sich als einer der schwierigsten Fälle von Gewitterphobie entpuppen sollte, die mir je untergekommen sind.

Während die Tulanders und ich das Problem besprachen, saß Taffy höflich in der Nähe und beobachtete die Vorgänge mit Interesse. Er konnte nicht ahnen, dass wir jeden Moment einen Gewittersturm für ihn losbrechen lassen würden.

Die Tulanders hatten einige Dinge ausprobiert, um Taffys Problem zu lösen, einschließlich eines Maschendrahtzauns um den Garten. Sie taten dies, weil Taffy in seiner Angst jedes Mal zu fliehen versuchte, wenn er Donner hörte. Sie hatten außerdem eine schöne Hundehütte gekauft, damit er sich darin verstecken konnte. Die Hütte hatte die Größe eines Spielhauses für Kinder und Wände aus hölzernen Schindeln, die passend zu ihrem eigenen Haus im südlichen Kolonialstil gestrichen waren. Ich bin sicher, sie meinten es gut.

„Ich habe unseren Architekten damit beauftragt, die Pläne dafür zu zeichnen," erzählte Thornton mir.

„Sie ist wunderschön," sagte ich. „Sie sieht brandneu aus." Tatsächlich sah sie völlig unbenutzt aus.

„Taffy scheint sie nicht sehr zu mögen," gab er zu. „Es ist mir ein Rätsel warum."

Ich erklärte, dass Hunde Hundehütten meist nicht besonders mögen. Sie sind ihnen zu einsam. Die meisten Hunde würden viel lieber bei ihren Leuten sitzen.

„Er hasst die Hundehütte wirklich, wenn es draußen stürmt," fügte Angela hinzu. „Er hat sie nur einmal ausprobiert, und er kam herausgeschossen wie eine Kugel, als es anfing zu regnen." Die Sonne blitzte vom Dach der Hundehütte.

„Ist das ein Kupferdach?" fragte ich.

„Oh ja," antwortete Thornton.

Das Dach war wunderschön, aber ich wusste, dass es die Geräusche der Regentropfen während eines Sturmes enorm verstärken würde. Jeder Hund da drinnen, der bereits eine Phobie vor Regen hatte, würde vermutlich beim ersten Tropfen daraus verduften. Die Tulanders waren von ihren eigenen guten Absichten sabotiert worden, ganz zu schweigen von ihrem auserlesenen Geschmack.

Nachdem wir uns ein bisschen unterhalten hatten, holte ich die Gewitteraufnahme heraus. Ich erklärte den Tulanders, dass das Programm, das ich im Sinn hatte, höchstwahrscheinlich zwischen zwei und sechs Wochen brauchen würde, um merkliche Resultate zu bringen. Ich werde erklären, wie dieses Verhaltensprogramm funktioniert, aber es ist nichts, was Sie zu Hause tun können, ohne von einem Profi geschult worden zu sein. Wenn es nicht richtig gemacht wird, kann es fehlschlagen und zur Verschlimmerung führen.

„Das ist in Ordnung. Wir haben alle Zeit der Welt," sagte Angela. „Obwohl ich ihn gerne so bald wie möglich aus der Küchenvitrine haben möchte." Also fingen wir an.

Die Idee hinter den Gewitteraufnahmen ist ziemlich einfach: Indem man die Aufnahme – zuerst bei niedriger Lautstärke und allmählich lauter – abspielt und dem Hund viel Zeit gibt, sich anzupassen und ruhig zu bleiben, wird er nach und nach gegen den Lärm desensibilisiert. Das ist nicht dasselbe wie ihn zu zwingen, sich dem zu stellen, was er fürchtet, und zu hoffen, dass er darüber hinwegkommt. So etwas nennt man Flooding (Reizüberflutung), und es funktioniert nur selten.

Was ich gewöhnlich tue, ist, den Besitzer sich mit dem Hund in einen abgedunkelten Raum setzen zu lassen, mit einem Vorrat von den Leckerchen, die der Fiffi normalerweise am liebsten mag. Der Raum muss mit einem CD-Player oder Kassettenrekorder ausgerüstet sein. Zusätzlich mache ich während der ersten Sitzung das Raumdeodorant – etwas wie Tannenduft – auf und stelle es neben die Anlage.

Dies ist keine ungehobelte Art von mir, den Besitzern nahe zu legen, dass der Raum schlecht riecht, sondern es gibt dem Hund sowohl ein visuelles als auch ein olfaktorisches Signal, das er mit den anderen Elementen der Trainingssitzung verknüpfen kann. Es kann sein, dass der Lufterfrischer der einzige Reiz ist, der dem Hund erlaubt, zwischen einem echten Sturm und dem abgespielten Sturm in einer Trainingseinheit zu unterscheiden. Wenn er sich entspannt, während der aromatische Gegenstand im Raum ist, kann er sich in Zukunft ebenso gut entspannen. Andere Verhaltensforscher schlagen vor, einen kleinen Teppich zu benutzen, der mit etwas wie Nelkenöl benetzt ist. Es ist egal, welcher Geruch verwendet wird, solange er neu und unverwechselbar ist und die Menschen ihn aushalten können.

Der Lufterfrischer wird nur während der Übungseinheiten benutzt. Wenn das Verhaltensprogramm beendet ist, kann er immer dann geöffnet und der Duft freigesetzt werden, wenn ein Sturm zu erwarten ist. Dies erlaubt dem Hund, den Geruch mit den Gefühlen der Ruhe zu verbinden, die er während des Programms erfahren hat. Wenn der duftende Gegenstand die ganze Zeit aufgestellt bleibt, wird er mit keinem bestimmten Gefühl verknüpft und verliert seine Wirksamkeit.

Zu Beginn des Programms müssen wir herausfinden, ob wir den Hund so täuschen können, dass er glaubt, ein echtes Gewitter zu hören, oder nicht. Als Test drehen wir den „Sturm" bei mittlerer Lautstärke auf. Wenn der Hund anfängt zu hecheln und auf und ab zu laufen, wissen wir, dass wir die Aufnahme benutzen können. Wenn er uns verdutzt anschaut, als ob er sagen wollte: *Was soll das? Machst du Witze?*, müssen wir die Bedingungen ändern, bis wir mehr Glaubwürdigkeit erreichen. Die Hunde, die ich treffe, sind in der Regel phobisch genug, um der Simulation blind zu glauben.

Normalerweise beginne ich die erste Trainingssitzung mit ganz geringer Lautstärke. Wenn der Hund entspannt bleibt, wird er gelobt und bekommt ein Leckerchen. Dadurch kündigt der sehr sanfte Donner etwas an, das der Hund mag, statt etwas Beängstigendes, das Umherlaufen, Hecheln und Zittern auslöst. Die Idee ist nicht, den Hund zu zwingen, sich seinen Ängsten zu stellen. Es geht darum, ihm zu helfen, die leisen Donnerschläge und den fallenden Regen mit der Vorstellung zu verknüpfen, dass er etwas Feines zu essen bekommen wird.

Die ganze Aufnahme dauert ungefähr 40 oder 50 Minuten. Ich habe herausgefunden, dass es am besten wirkt, wenn man die Übung länger am Stück durchführt oder den gesamten Sturm abspielt, als wenn man in Intervallen von jeweils 5 Minuten oder mit etwas Pause dazwischen übt. Ich sage den Klienten, dass sie die Lautstärke für den Rest der Aufnahme ein ganz klein wenig höher stellen können, falls der Hund nach der Hälfte des „Sturms" immer noch entspannt ist.

An irgendeinem Punkt, wenn der Hund sich gerade überhaupt nicht aufregt, mache ich das Stroboskoplicht an. Die Kombination von Aufnahme, dämmerigem Raum und Licht, das von der Wand reflektiert wird, bedeutet, dass wir ein ziemlich realistisches Gewitter haben. Nach der ersten Sitzung, bei der ich die Besitzer lehre, was sie tun und worauf sie achten müssen, muss das Programm jeden Tag geübt werden. Es erfordert ganz schön viel Engagement – sowohl vom Besitzer als auch vom Hund.

Nach ein paar Wochen Übung sollte der Hund sich mit Stürmen ziemlich wohl fühlen. An diesem Punkt weise ich die Klienten an, eine Sitzung zu machen, bei der sie den Lufterfrischer öffnen, aber die Aufnahme nicht abspielen. Dadurch dauern die beruhigenden Effekte der Trainingsumgebung an, auch wenn nichts los ist. Dies hilft dabei, den Hund daran zu erinnern, dass alles in Ordnung ist, wenn ein Sturm aufkommt.

Tierverhaltenstherapeuten haben mit dieser Prozedur, die in

den letzten zehn Jahren durch Versuch und Irrtum weiterentwickelt wurde, viele Erfolge erzielt. Der komplizierte Name dafür ist Gegenkonditionierung mit systematischer Desensibilisierung. Dieselbe Art von Prozedur funktioniert bei anderen Typen der Furcht ebenso gut. Wiederum ist die Idee nicht, den Hund dazu zu zwingen, sich seinem schlimmsten Albtraum zu stellen. Durch Wiederholungen und indem Sie ihn allmählich und behutsam dem aussetzen, was er fürchtet, können Sie dabei helfen, die Bedrohung harmlos werden zu lassen.

Natürlich kann sogar das erfolgreichste Programm Rückschläge erleiden, wenn das wirkliche Leben in die Szenerie eindringt, die wir so sorgfältig gestalten, um den Hund in einem falschen Gefühl der Sicherheit zu wiegen. Erinnern Sie sich an Rocky, den Achselhöhlenkuschler? Er machte sich gut bei dem Programm, bis der Blitz nahe seinem Heim in einen Transformator einschlug. Es gab eine starke Explosion und der Strom ging aus – zusammen mit mehreren Wochen neugewonnenen Vertrauens. Also mussten wir von vorn beginnen. Es ist eine gute Idee, während einer Periode guten Wetters mit dem Training anzufangen, weil ein echtes Gewitter unglückliche Konsequenzen haben kann.

Ich erklärte all das den Tulanders und bat sie, mich in den Medienraum zu führen. Ich war sicher, wir könnten mit der Musikanlage, die dieses offensichtlich wohlhabende Paar vermutlich besaß, einen durch und durch realistischen Gewittersturm aufziehen lassen.

Thornton führte mich zu dem in der unteren Etage des Hauses gelegenen Hobbyraum. „Wird das reichen?“ fragte er.

Ich sah mich nach der gigantischen Anlage um, die ich erwartet hatte, und war erstaunt, einen billigen kleinen Kassettenrecorder mit 10 cm großen Lautsprechern zu sehen. „Unser Sohn hat ein sehr viel besseres System, aber er hat es aufs College mitgenommen,“ erklärte er.

„Es ist okay,“ sagte ich und versuchte, nicht entmutigt zu klingen. Es müsste an ein Wunder grenzen, wenn Taffy sich von dem kraftlosen Donner täuschen lassen würde, der aus solch schwachen Lautsprechern kommen konnte. Vermutlich würde er das Geräusch überhaupt nicht bemerken. Ich hasste es, einen Klienten zu enttäuschen und, noch schlimmer, nicht in der Lage zu sein, das Leiden eines Tieres zu lindern, aber ich hatte nicht mehr sehr viel Vertrauen in die ganze Sache.

„Probieren geht über studieren," sagte ich und versuchte etwas Enthusiasmus aufzubringen. Nachdem wir Taffy ins „Sitz" gebracht hatten, legte ich das Band ein und stellte die Lautstärke auf die Testhöhe ein. Ich wartete darauf, dass er mir einen verständnislosen Blick zuwerfen und anfangen würde, sich nach seinem Gummi-Hotdog umzusehen.

Aber zu meinem größten Erstaunen lachte er mich nicht aus. Er kaufte es mir tatsächlich ab. Trotz des lächerlich ungefährlich klingenden Donners, der aus den Lautsprechern kam, begann Taffy innerhalb von Sekunden zu hecheln, hin und her zu laufen, zu zittern und zu speicheln. Ich hatte noch nie eine so prompte und schwere Angstreaktion auf eine Aufnahme hin gesehen. Oder auch auf das echte Phänomen.

„Da geht's los," sagte Thornton. „Armer alter Taffy!" Er klang nicht besonders betrübt. Tatsächlich strahlte er anerkennend. „Besser, Sie drehen die Lautstärke etwas herunter, nicht wahr?"

„Ja." Ich stellte es schnell ab. Es dauerte etwa 15 Minuten, bis Taffy sich so weit beruhigt hatte, dass wir die Aufnahme erneut ausprobieren konnten. Ich stellte die Lautstärke so niedrig wie möglich ein. Der Donner klang vorwiegend wie atmosphärische Entladungen, die die blechernen Lautsprecher abgaben. Ich sah Taffy an. Er hörte zu, gut. Und er begann zu zittern.

Ich stellte den Ton schnell wieder ab. Es gab nichts, mit dem ich arbeiten konnte. Andere Tricks wie das Stroboskoplicht oder Backbleche (ein guter Weg, um Regengeräusche zu imitieren), waren außer jeder Diskussion. Ich konnte es nicht glauben. Thornton redete davon, seine Golfsachen zusammenzusuchen, wenn die Sitzung zu Ende wäre, und ich konnte nicht einmal mit der ersten

Maßnahme beginnen. Das Einzige, was ich sicher wusste, war, dass es für Taffy ein langer Weg der Besserung sein würde.

Schließlich wies ich die Tulanders an, ein angstlinderndes Medikament von ihrem Tierarzt zu holen, das helfen würde, die Schwere von Taffys Angst während der Gewitter zu verringern. Als weitere Vorsichtsmaßnahme riet ich ihnen, sie sollten Taffy bei Sturm in ihren behaglichen Keller bringen, die Waschmaschine und den Trockner anstellen und etwas sanfte Musik hinzufügen. Die Geräusche zu überdecken war unsere einzige Hoffnung.

Oh, wir versuchten immer noch, die Aufnahme zu benutzen. Wir versuchten es mehrere Tage lang mit der niedrigsten Lautstärke und Taffy so weit weg von den Lautsprechern wie möglich. Jedes Mal war Taffy außer sich, und er brauchte bis zu 20 Minuten, um sich nach der Trainingseinheit wieder abzuregen. Er war einfach nicht mehr er selbst. Dies lief nicht so, wie es sollte. Also nahmen wir den Weg über die Medikamente, und das verschaffte Taffy etwas Erleichterung. Ich war geradezu dankbar, dass der Sohn nicht vom College zurückkam und die Gewitterkassette in seine spitzenmäßige Musikanlage einlegte. Das hätte den armen Hund wahrscheinlich in den Wahnsinn getrieben.

Ängste und Phobien treten nicht bevorzugt bei bestimmten Rassen auf. Aber ich hatte Grund zur Beunruhigung, als ich den Anruf des Besitzers eines Shetland Sheepdogs bekam, der erklärte, dass sein Hund schlimme phobische Reaktionen auf die Geräusche draußen zeigte – so stark, dass er das Haus nur durch die Hintertür verlasse, die am weitesten von dem Krach entfernt sei. Shelties sind wundervolle kleine Hunde, äußerst treu, anhänglich und stark auf den Besitzer bezogen. Aber laut der Beschreibung des American Kennel Clubs neigen sie gelegentlich zu Scheue, Ängstlichkeit und Nervosität und ebenso zum Schnappen oder dazu, schnell gereizt zu sein. Nicht die Sorte Hund, mit der man eine halbe Meile von einer riesigen Luftwaffenbasis entfernt leben möchte, wo ständig das Donnern von startenden und landenden Transportjets zu hören ist und das Krachen von während der Geländeübungen abgefeuerten Waffen den Boden erschüttert.

Ich war nicht überrascht, als die Besitzer des Hundes, Bob und Jane Morgan, mir erzählten, dass Sarge häufig zitterte, beim Versuch zu entkommen den Türrahmen anfraß und – was Wunder – nach ihnen schnappte. Es war sinnlos, darüber zu spekulieren, ob eine gelassene Promenadenmischung oder ein Exemplar einer Jagdhunderasse vielleicht besser geeignet gewesen wäre, sich mit dieser Art von Umwelt zu arrangieren. Vielleicht wäre ein alter Hund mit starker Schwerhörigkeit das Beste gewesen. Aber sie hatten einen Sheltie und daran war nichts zu ändern – also musste ich versuchen, ihnen zu helfen.

Als ich hinüberfuhr, um die Morgans zu besuchen, sah oder vielmehr hörte ich, dass sie nicht übertrieben hatten. Als ich aus dem Auto stieg, konnte ich die Vibrationen eines Flugzeuges fühlen, das gerade startete. Der Lärm war ohrenbetäubend.

Die Morgans waren beide beim Militär gewesen und in den Ruhestand gegangen und dies war das erste neu gebaute Haus, das sie je besessen hatten. Es hatte einen eingebauten Swimmingpool und sie hatten nicht vor, wieder umzuziehen. Sie begrüßten mich mit offensichtlicher Erleichterung und sahen sich nach ihrem kleinen Begleiter um. Er war nirgendwo zu sehen.

„Wo ist Sarge?“

„Nun, ein Jet ist gerade gestartet, daher ist Sarge vermutlich irgendwo in einem Schrank,“ sagte Bob. „Sarge, komm!“

Ich war nicht verwundert, dass er keine Reaktion bekam.

„Kommt er normalerweise, wenn Sie rufen?“ fragte ich.

„Nein, aber ich versuche es weiterhin,“ sagte Bob. Er führte mich zum vorderen Schlafzimmer. „Sehen Sie sich das an,“ sagte er. Neben dem Fenster stand eine demolierte Hundebox aus Draht. „Vor kurzem war hier eine Geländeübung.“ Er zeigte aus dem Fenster. „Sarge hat sich geradewegs durchgebissen. Ich habe so etwas noch nie gesehen.“

Ich schon. Sehr motivierte Hunde in großer Panik tun das. Es war nicht allzu überraschend. Die Platzierung der Box direkt unter dem Fenster, wo die Schüsse sehr gut zu hören waren, war eine schlechte Wahl gewesen.

„Wir haben Sarge gefunden. Er versteckt sich hier," sagte Jane und zeigte mir einen begehbaren Schrank, der mit Kleidungsstücken und Schachteln vollgestopft war. „He, da bist du ja!" Sie beugte sich hinunter und spähte in das Durcheinander. „Komm wieder heraus, Sarge," lockte sie und fasste in den Schrank. Ich hörte ein tiefes, warnendes Knurren.

„Ich würde meine Hand nicht da hinein..."

„Autsch!" Sie riss ihre Hand zurück und stand schnell auf, wobei sie sich einen Finger rieb.

„Ich glaube, er ist jetzt noch nicht bereit, Besuch zu empfangen." Sie glättete ihr graues Haar. „Kaffee?"

Es war eine böse Situation, aber trotz des Krachs konnte ich Sarge helfen, seine Ängste zu überwinden und das Leben im Ruhestand zu genießen. Bob tat bereitwillig alles, worum ich ihn bat, wozu auch gehörte, sich die Tagespläne der Basis zu besorgen. Wir arbeiteten ein Programm aus, nach dem wir Sarge gegen die Vorder- und Rückseite des Hauses und den Garten desensibilisierten. Mit Hilfe der Flugpläne und Termine der Militärübungen konnten wir ein System von Leckerchen, beruhigendem Zusprechen und Streicheln benutzen, um Sarge zu helfen, sich an seine explosive Umgebung zu gewöhnen. Es würde nie die französische Riviera sein, aber nach sechs Wochen militärisch präzisen Drills, wie Bob die Übungseinheiten nannte, fühlte Sarge sich viel besser und die Familie war in der Lage, sich am Pool zu entspannen und das Leben etwas mehr zu genießen.

Ich empfehle niemals, dass Hunde, die nicht an eine Hundebox gewöhnt sind, dazu gezwungen werden, in so einer Box zu bleiben, besonders wenn ihre Besitzer weg sind. Ein solcher „Kennel" wird Schaden im Haus verhindern, aber manche Hunde geraten in

Panik und regen sich so auf, dass sie sich bei dem Versuch zu entkommen das Zahnfleisch oder die Pfotenballen aufschneiden. Manche Hunde gehen sogar noch weiter und verinnerlichen den Stress, was manchmal Magengeschwüre oder Verdauungsprobleme auslöst.

Wenn ich so überlege, was man alles nicht mit einem ängstlichen Hund anstellen sollte, erinnere ich mich an Ginger, eine zweieinhalbjährige Airedalehündin. Ihre Familie meinte es gut, aber sie machten lauter verkehrte Sachen, um mit Gingers Problem fertig zu werden.

Sie riefen mich am 28. Juli an. Ich bekomme im Juli viele Anrufe von durchgedrehten Tierhaltern, die Hilfe bei ihren Hunden und Katzen mit Feuerwerksphobie brauchen. (Anmerkung der Übersetzerin: der Unabhängigkeitstag am vierten Juli wird in den USA traditionell mit Feuerwerken begangen.) Auch Sie haben wahrscheinlich schon öffentliche Bekanntmachungen gehört, die Leute daran erinnern, ihre Haustiere am vierten Juli drinnen zu behalten. Jeder behält sie drinnen, gut. Sie tun sie in einen Raum oder in einen Käfig oder, wie in Gingers Fall, binden sie an einem Bein des Klaviers fest und gehen aus, um stundenlang zu picknicken und Feuerwerke anzusehen, und sie denken, ihr Hund sei vor Schaden sicher.

Am nächsten Tag bekomme ich Anrufe von verwirrten, verzweifelten Leuten, die wissen wollen, warum ihre Tiere sich selbst verletzt oder das Haus verwüstet haben oder sich den ganzen Tag unter dem Bett verstecken und nicht wieder herauskommen wollen. Wenn sie mich nicht am fünften Juli anrufen, rufen sie am Ende des Monats an, wenn ihre Hunde sich immer noch komisch benehmen oder ihre Furcht vor Knallfröschen auf andere Geräusche wie Gewitter übertragen haben.

Ginger tat mir Leid, denn ihre Besitzer hatten sie ganz schön in die Mangel genommen. Sie hatten eine Reihe von Notlösungen ausprobiert, die schon für sich selbst genommen beinahe Katastrophen waren. Sie begannen mit einem Elektrozaun, um Ginger daran zu hindern, aus dem Garten zu fliehen. Das hielt sie im Garten, gut, aber dann versuchte sie verzweifelt, wieder ins Haus zu gelangen, und fraß sich durch die Tür nach drinnen. Um das Kauen an der Tür zu verhindern, versuchte man, sie anzuketten. Sie wickelte die Kette bald um einen Baum, verfing sich darin und ihre Vorderbeine wurden tatsächlich vom Boden gerissen. Wie ihr Besitzer es unverblümt ausdrückte: „Sie erhängte sich beinahe." Das Nächste, was sie versuchten, war, den Hund am Klavier festzubinden. Als sie wieder nach Hause kamen, war das Klavierbein nur noch ein nicht mehr zu reparierender Haufen Splitter und Gingers Zahnfleisch sah nicht besser aus.

Bald nach diesem Vorfall riefen sie mich an. Ich glaube nicht, dass Ginger noch viele solche „Lösungen" ertragen hätte.

Ich konnte den Besitzern wirklich keine Vorwürfe machen, weil sie einfach nicht verstanden, was sie anrichteten. Sie waren sich offensichtlich nicht bewusst, dass ein Tier nicht in eine Situation gezwungen werden darf, die es nur noch mehr verstört und verängstigt. Es anzubinden, in einen Käfig zu sperren oder zu versuchen, es unter dem Bett hervorzuziehen, hilft nicht die Situation zu verbessern und kann gefährlich für das Tier oder den Besitzer sein. Hunde sollten dafür belohnt werden, dass sie ruhiges Verhalten zeigen, und niemals dafür bestraft werden, dass sie Angst haben.

Der englische Springer Spaniel ist eine der führenden Vogelhunderassen der Welt. Sogar Springer Spaniels, die nie eine Flinte gesehen oder ihre Tage nicht damit verbracht haben, Moorhühner, Schnepfen, Fasanen und Enten zu apportieren, haben diese Jagd-Gene eingebaut. Das ist der Grund dafür, warum ich nicht anders konnte, als über einen Springer amüsiert zu sein, den ich einmal traf und der Angst vor seinem eigenen Garten hatte.

Das Problem begann, als Hunter von einem Blauhäher im Sturzflug angegriffen wurde. Das Picken auf den Kopf erschütterte ihn so sehr, dass er drei Wochen lang keine Pfote in den Garten setzte. Sein Besitzer, Sam Weldon, musste ihn zu einem freien Bauplatz einen Block weiter bringen, damit er sein Geschäft erledigte.

Dies war offensichtlich unbequem und außerdem auch ein bisschen peinlich. Sam wollte Hilfe.

Ich fragte Sam, was für Schritte er unternommen hatte, um das Problem zu lösen. Er sagte mir, dass er viel Zeit damit verbracht hatte, auf der Terrasse an der Leine zu ziehen, um zu versuchen, Hunter aus dem Haus und die Stufen herunterzubekommen. Dies ist etwas, das die meisten Leute getan hätten, besonders wenn sie das Gefühl gehabt hätten, dass die Phobie ihres Hundes lächerlich war. Schließlich war der Blauhäher weitergeflogen. Es gab nichts mehr, wovor man sich fürchten musste.

Aber Hunter schien anderer Meinung zu sein. Er muss gedacht haben: *Auf keinen Fall gehe ich zurück in dieses Kampfgebiet!* Sams Ziehen an der Leine ängstigte ihn nur und machte ihn noch dickköpfiger in Bezug auf das Hinausgehen.

Meine Lösung des Problems war, es draußen ein bisschen angenehmer zu machen. Damit meine ich, dass wir anfingen, durch die Hintertür Leckerchen knapp nach draußen zu werfen. Ich ließ Ricky, Sams zehn Jahre alten Sohn, diese Angelegenheit übernehmen, da ich befürchtete, dass Sams Ansehen in den Augen seines besten Freundes ein wenig Schaden genommen hatte.

Zuerst grapschte Hunter sich die Leckerchen und rannte zurück ins Haus. Nach einer Weile wurde ihm klar, dass ihn niemand mehr zwang, nach draußen zu gehen. Dann begannen wir die Leckerchen weiter und weiter von der Tür weg zu werfen. Stets erlaubten wir Hunter, wieder ins Haus zurückzukommen und lobten ihn die ganze Zeit. Schließlich bekamen wir ihn dazu, bis zur Rasenkante zu gehen.

Als Nächstes bat ich die Mitglieder der Familie einschließlich Sam, der inzwischen wieder hoch in Hunters Gunst stand, in einem kreisförmigen Muster Leckerchen zu verstreuen, beginnend mit einem winzigen Kreis, der dann ausgedehnt werden sollte, bis Hunter in allen Winkeln des Gartens gewesen war. Nach etwa einer Woche entdeckte er, dass nichts im Garten ihm mehr wehtat. Und da er nicht gezwungen wurde draußen zu sein, gab es nichts, gegen das er zu rebellieren brauchte.

Hunter ist nicht der einzige Hund, der Angst vor seinem eigenen Garten hatte. Duchess war eine sechs Jahre alte Retrieverhündin, die tagsüber im Garten blieb, während ihr Besitzer bei der Arbeit war. Alles war gut, bis ihr Besitzer nahe der Veranda eine elektronische Insektenfalle installierte. Falls Sie noch keine gesehen haben: elektronische Insektenfallen sind röhrenförmige Objekte mit einem Neonlicht. Jedes Mal, wenn ein Insekt darin verschmort, geben die Garäte ein sehr lautes „Zapp“ ab. Menschen gewöhnen sich an das Geräusch, aber manchen Hunden geht es auf die Nerven.

Niemand erklärte Duchess die Sache mit der Insektenfalle. Kurzum, ihr rutschte das Herz in die Hose. Sie weigerte sich, freiwillig in den Garten zu gehen. Eines Tages, nachdem ihr Besitzer sie nach draußen gezerrt hatte, kaute sie in einem Versuch, nach drinnen und von dem unheimlichen, beängstigenden Ding wegzukommen, die PVC-Verkleidung von der Hauswand. Ich konnte ihr helfen, aber der Besitzer musste mehrere Hundert Dollar blechen, um die Verkleidung reparieren zu lassen.

Dann war da Foxy, ein drei Jahre alter Australian Shepherd, der eine der merkwürdigsten Ängste hatte, die mir je untergekommen sind. Foxy war bereit hinauszugehen, aber nur im Dunkeln. Tagsüber verließ er das Haus nur zögernd, um sich zu lösen und flitzte dann schnell wieder hinein, sogar wenn es bewölkt war. Wenn es aber klar und sonnig war, war es noch schlimmer. Er musste nach draußen gezerrt oder getragen werden und sein Besitzer hatte Bisse und Kratzer, die das bewiesen. Dieser unglückliche Bursche brauchte eine Technik, bei der wir Licht „einblendeten“.

Ich ließ seinen Besitzer, Brad Straber, einfach damit anfangen, ihn mit nach draußen zu nehmen, wenn es dunkel war, dann in der Dämmerung und so weiter. Die Idee war, ihn daran zu gewöhnen, bei Tageslicht draußen zu sein, ohne ihn dem Licht sofort voll auszusetzen. Ich denke, vielleicht hatte der Hund in Wirklichkeit eher Angst davor, was er sehen würde, wenn es draußen hell wäre, als dass er das Licht als solches fürchtete.

Was auch immer der Grund für Foxys Lichtphobie war – es war

nicht das Einzige, wovor er Angst hatte. Da war ein Laternenpfahl am Ende der Straße, der ihn total durchdrehen ließ.

Es gibt einige Forschungen, die zeigen, dass Wölfe sich vor fremden, unbewegten, vertikalen Objekten fürchten und von Natur aus vor ihnen zurückschrecken. Nun ist es eine Sache, vor einem Farmer Angst zu haben, der eine Schaufel schwingend auf einen zurennt, und eine ganz andere, sich vor einem Laternenpfahl zu fürchten. Aber wer bin ich, das zu behaupten? Wir versuchten, Foxy gegen vertikale Objekte zu desensibilisieren, aber es war ein quälend langsamer Prozess. Es ehrt Brad, dass er verstand, dass Foxy nicht dazu gedrängt werden konnte, Dinge zu machen, die andere Hunde beinahe im Schlaf tun können.

Während Hunde wie Ginger und Duchess den Versuch machen, sich ihren Weg zurück ins Haus freizukratzen und zu beißen, versuchen andere verzweifelt nach draußen zu gelangen. Ich denke dabei an zwei Hunde, die ich behandelte, als sie sechs Monate alt waren – verschiedene Rassen und verschiedene Haushalte, aber beide hatten Angst vor motorisierten Objekten im Haushalt.

Beide fürchteten sich vor dem Staubsauger, der Küchenmaschine, dem Summer des Wäschetrockners, dem Geschirrspüler, dem Mixer, dem elektrischen Dosenöffner, dem Garagentoröffner, dem Föhn, dem Rasierapparat und der Klimaanlage, um nur einiges zu nennen. Tatsächlich hatte einer der Hunde, Rascal, so viel Angst vor der Küche, dass sie nicht einmal hineinging, um zu fressen. *Das* war wirklich ein ängstlicher Hund!

Die Methode, die ich benutzte, um ihnen zu helfen, ihre Ängste zu besiegen, ist im Wesentlichen die gleiche, die ich für Gewitter oder Türklingeln nehme. Sie erfordert eine sehr langsame, schrittweise Gewöhnung an die Geräusche oder Objekte, die sie ängstigen und Besitzer, die geduldig sind, nicht bestrafen und bereit sind, Zeit zu investieren, um ihre Haustiere glücklich und gut angepasst zu machen.

In Rascals Fall, der vor einigen Jahren im PM-Magazin präsentiert wurde, bat ich ihren Besitzer, mir zu zeigen, wie der Hund auf den Dosenöffner reagierte. Dies ist normalerweise ein willkommenes Geräusch, das Hunde zur Mahlzeit heranlockt. Rascal wusste, was das surrende Geräusch bedeutete, und sie wollte fressen, sie wollte es wirklich. Aber es war schwer für sie. Sie rannte wieder und wieder zur Küche und dann wieder weg. Schließlich rannte sie fort oder versteckte sich unter einem Tisch.

Die Lösung, für die wir uns entschieden, war, den Dosenöffner 30 bis 40 Mal am Tag zu betätigen. Rascal bekam, nebenbei bemerkt, ihr Futter nur zu den Mahlzeiten und den Rest der Zeit lief der Dosenöffner leer. Rascals Besitzer musste sie anfangs gerade eben außerhalb der Küche füttern und die Schüssel dann Schritt für Schritt in die Küche bewegen. Wenn es etwas gibt, das Hunde dazu bringt, sich wohler zu fühlen, ist es Futter, und Rascals Ängste ließen allmählich nach.

Probleme mit Phobien zu lösen ist selten einfach, aber die meisten Besitzer tun alles, um ihren ängstlichen Haustieren zu helfen. Gewiss wollen sie sie nicht aufgeben. Eher würden sie die Pastamaschine und die Kaffeemühle aus dem Fenster werfen und mit ihren Hunden in einer Hütte im Wald leben.

SILKY
Die Hündin, die Voodoo praktizierte

„Was halten Sie davon, Dr. Wright?"

Ich stand zusammen mit Bill und Betsy Turner, einem Geschäftsmann im Nadelstreifenanzug und einer Modedesignerin, im Wohnzimmer ihres feudalen Hauses in einem Vorort von Atlanta. Wir schauten auf einen bizarren Fleck auf der cremefarbenen Auslegeware. Der Teppich war nicht billig und ich konnte verstehen, warum sie beunruhigt waren. Was ich nicht hatte, jedenfalls nicht jetzt gleich, war eine Antwort.

„Nun, das ist ganz sicher ungewöhnlich," sagte ich, um Zeit zu schinden. „Ich habe tatsächlich noch nie etwas Ähnliches gesehen."

„Wir nennen es Voodoo," erklärte Betsy und lächelte schwach.

Der fragliche Fleck hatte ein ziemlich kompliziertes Muster. Er bestand aus einem Kreis aus Urin von etwa 30 cm im Durchmesser, mit rötlichen Linien, die von der Mitte ausgingen wie die Speichen eines Rades.

Die Turners erklärten, dass die eigenartigen Markierungen vor etwa sechs Monaten erstmals aufgetaucht waren. „Ich erinnere mich, dass wir das zum ersten Mal am Tag, nachdem Silky eine kleinere Gesichtsoperation gehabt hatte, sahen," rief Betsy sich ins Gedächtnis. „Wir wollten bei ihr zu Hause bleiben, während sie sich erholte, weil sie irgendwie unglücklich schien, aber natürlich mussten wir zur Arbeit gehen." Seitdem erschienen die Markierungen zwischen viermal die Woche und einmal im Monat. Die einzige Konstante war, dass sie immer während des Tages erschienen, wenn die Turners nicht zu Hause waren. Es ist seltsam, so eine Sache zu Hause vorzufinden, und sie wollten wissen, was in aller Welt los war und wie man es beenden konnte.

Sie hatten nicht lange gebraucht, um herauszufinden, dass eines ihrer Haustiere verantwortlich war, sagte Bill mir. Ein Schnuppertest bewies, dass der Fleck Urin war, aber sie waren nicht sicher gewesen, wer der Täter war – Silky, ihre 12 Jahre alte kastrierte Cocker-Pudel-Hündin, oder Mitts, ihr schwarz-weißer Kater. Und sie waren von der merkwürdigen Form ebenso verwirrt wie von den rötlichen Streifen, die kein Urin waren.

Einige Wochen zuvor waren sie auf die Idee gekommen, eine Videokamera aufzustellen, um aufzuzeichnen, was passierte, während sie in ihren Büros waren und ein paar Dollar verdienten, um den edlen Teppich zu bezahlen, der nun auf dem besten Weg war, ruiniert zu werden. Ich musste zugeben, dass es eine gute Strategie war, aber die Umstände, die es nötig machten, waren weniger ideal. Ich habe in den letzten 15 Jahren Dutzende von Klienten getroffen, die so viel Zeit bei der Arbeit verbrachten, dass ihre Haustiere die meiste Zeit allein waren. Leider ist eines der Nebenprodukte von langen Arbeitszeiten und einsamen Haustieren mehr Umsatz für Tierverhaltenstherapeuten wie mich. Ganz eindeutig war die Reihe nun schließlich an diesem Paar.

„Möchten Sie das Video sehen?“ fragte Betsy.

„Auf jeden Fall,“ sagte ich. Tatsächlich konnte ich es kaum erwarten, weil ich diesmal um eine Antwort verlegen war.

Wir ließen uns auf dem Sofa nieder, um das Band zu sehen, das eine lange Einstellung vom Wohnzimmer zeigte. Silky schlief auf dem Teppich und Mitts hatte sich auf dem Fußboden vor dem Kamin eingerollt. So weit, so gut. Dann beobachteten wir, wie Silky aufwachte. Sie streckte sich, gähnte und begann den Teppich zu beschnuppern. Schließlich ging sie zu der fraglichen Stelle, hockte sich nieder und urinierte.

Das schloss Mitts als Verdächtigen aus.

Als Silky fertig war, ging sie ein kleines Stück weg und setzte sich hin. Ein oder zwei Minuten später kam sie zu dem Fleck zurück und begann ihre „Voodoo“-Zeremonie. An der Außenseite des Urinflecks beginnend, senkte sie ihre Nase und schob sie über den Teppich auf die Mitte des Flecks zu. Dann stoppte sie, ging zu einer anderen Stelle, schob ihre Nase wieder über den Teppich und machte so eine weitere „Speiche“ des Rades. Sogar auf dem Band konnten wir sehen, dass all diese Aktivität zu viel für ihre empfindliche Nase war. Sie blutete ein bisschen, was die rötlichen Markierungen erklärte.

Nachdem sie den Kreis vervollständigt hatte, betrachtete Silky ihr Werk. Sie schien zufrieden und ging aus dem Kamerabereich in Richtung Küche und Wassernapf, vermutlich weil sie nach den kreativen Bemühungen des Morgens durstig war.

Bill stellte das Video ab und er und Betsy sahen mich erwartungsvoll an. Ich musste etwas Zeit gewinnen, um über das merkwürdige Verhalten nachdenken zu können, das ich eben gesehen hatte. „Lassen Sie uns einen Blick auf Silkys Nase werfen,“ schlug ich vor. Bill brachte Silky ins Wohnzimmer. „Na, Kleine, ist deine Nase vom Reiben auf dem Teppich wund?“ Ich streichelte ihr den Kopf und sah sie mir an. Tatsächlich war es so.

„Nun, was denken Sie?“ fragte Betsy. Es wurde Zeit, eine rationale Erklärung für dieses eindeutig irrationale Verhalten zu liefern. Ich dachte einen Moment nach. „Sie sagen, sie tut das nie, wenn Sie in der Nähe sind?“

„Niemals,“ bestätigte Bill.

„Und sie kann normalerweise den Urin halten?“

„Ja, manchmal für 12 Stunden, wenn es sein muss,“ sagte Betsy. „Das ist der Grund, warum wir vermuten, dass sie es tut, weil sie einsam ist, wenn wir weg sind. Sie versucht wohl uns zu sagen, dass wir zu Hause bleiben sollen.“

Die „Malheure“ passierten immer unter der Woche, wenn die Turners weg waren. Die meisten Hunde haben keine Schwierigkeiten, mit dem Alleinsein umzugehen, aber Silky konnte eine Ausnahme sein. Ich vermutete, dass sie anfing nervös zu werden, sobald die Sonntagnacht zu Ende ging.

Doch ich hatte noch eine andere Theorie. „Ich frage mich, ob ein Anhaltspunkt für dieses Verhalten mit der Katze zusammen hängen kann.“

„Mitts? Ich sehe nicht, wie er hierbei eine Rolle spielen könnte,“ sagte Bill.

„Zeigen Sie mir, wo er seine ‚Pinkelpausen' macht. Kann Silky Mitts dabei sehen, wie er in der Erde scharrt und alles zudeckt, wenn er fertig ist?"

„Ich glaube schon," sagte Bill. „Aber ich habe sie niemals dabei erwischt, wie sie ihm mit einem interessierten Gesichtsausdruck zusah."

Ich lachte. „Nun, es ist nur eine Theorie."

Es schien tatsächlich ziemlich unwahrscheinlich, dass der Hund die Katze imitierte. Während Katzen für ihre pingeligen Toilettengewohnheiten bekannt sind, verscharren Hunde ihre Hinterlassenschaften normalerweise nicht. Aber sie haben viel Spaß daran, andere Dinge wie Knochen einzugraben, die sie später ausgraben, um sie zu fressen oder damit zu spielen.

Ich dachte an meine eigene Hündin, Charlie, die in den Wäldern um unser Haus herum Knochen im weichen Untergrund vergräbt. Nachdem sie einen Knochen verbuddelt hat, schiebt sie oft mit der Nase Blätter und Erde über die Stelle – genauso wie Silky, wenn sie mit der Nase auf dem teuren Teppich arbeitete. Es war möglich, dass Silky irgendein uraltes Verhaltensgebot befolgte und versuchte, ihren Urin zu vergraben.

Ich entschied mich dafür, diesen Gedankengang mit den Turners zu teilen, die sich inzwischen vermutlich fragten, ob ich wusste, was ich tat.

„Es könnte sein, dass Silky das Bedürfnis hat, den Urin zuzudecken und dass sie denkt, dass er vergraben ist," schlug ich vor.

„Das macht Sinn," sagte Betsy zu meiner großen Erleichterung. Ich spekuliere nicht gern, aber oft ist es der einzige Weg, eine Ahnung davon zu bekommen, was im Kopf des Hundes vor sich geht.

Ich musste auch die Möglichkeit in Betracht ziehen, dass Silkys Verhalten, zumindest teilweise, von einem körperlichen Problem verursacht wurde. „Ist Silky in letzter Zeit medizinisch untersucht worden?" fragte ich das Paar.

„Nein," sagte Betsy. „Glauben Sie, etwas ist mit ihr nicht in Ordnung?"

„Eigentlich nicht," sagte ich. „Aber bevor ich versuche, das Problem ausschließlich auf der Verhaltensebene anzugehen, müssen wir wissen, ob es einen medizinischen oder körperlichen Grund dafür geben kann, dass Silky das Wohnzimmer als stilles Örtchen benutzt. Ich muss einfach eine Harnwegserkrankung oder Niereninfektion ausschließen."

Ich empfahl ihnen, dass sie ihren Tierarzt bitten sollten, einen kompletten Gesundheitscheck zu machen, um festzustellen, ob irgendetwas Körperliches Silkys mangelhafte Stubenreinheit erklären könnte. Aber die Tatsache, dass Silky die meiste Zeit ohne Probleme den ganzen Tag durchhalten konnte, ließ mich vermuten, dass ein Verhaltensproblem vorlag und dass ein bisschen einfaches Wiederauffrischen der Erziehung in diesem Punkt mehr wert sein würde als eine medizinische Intervention.

Betsy rief mich eine Woche später an. Wie ich erwartet hatte, bekam Silky ein einwandfreies Gesundheitszeugnis, also mussten wir einige andere Möglichkeiten in Betracht ziehen. Da das Problem nur auftrat, wenn die Turners zur Arbeit gegangen waren, schien es wahrscheinlich, dass es für Silky ein Problem war, allein gelassen zu werden. Millionen von Leuten gehen jeden Tag zur Arbeit, und die meisten Hunde haben kein Problem damit. Aber manche Hunde haben wie manche Menschen ein wirkliches Bedürfnis nach häufiger Gesellschaft. Wenn sie für lange Zeit allein gelassen werden – und manchen Hunden können schon fünf Minuten lang vorkommen –, fangen sie an, sich zu langweilen oder nervös oder ängstlich zu werden.

Tierärzte und Verhaltenstherapeuten sehen viele Haustiere mit Trennungsangst, die ein Tier in schweren Fällen dazu veranlassen kann, an Türen zu knabbern, die Möbel zu zerstören oder sogar aus dem Fenster zu springen. „Es ist wahrscheinlich ein Trennungsproblem, weil Sie und Bill den ganzen Tag weg sind," sagte ich. „Aber ich kann keine ängstlichen Anteile erkennen. Silky wacht von einem Nickerchen auf und uriniert. Sie nimmt nicht die Wohnung auseinander und verliert dabei die Kontrolle."

„Tun das die meisten Hunde mit Trennungsangst?" fragte Betsy.

An diesem Punkt vermutete ich, dass sie sich vielleicht selbst ein bisschen mit Ängstlichkeit auskannte.

„Gewöhnlich ja," sagte ich. „Es könnte viel schlimmer sein, glauben Sie mir. Hunde, die wirklich darunter leiden, dass sie ihren Besitzer vermissen, reagieren sich auf alle möglichen Arten ab. Dieses Voodoozeug würde vermutlich nicht passieren, wenn Sie tagsüber zu Hause wären. Aber Sie sind es nicht, also lassen Sie uns von da ausgehen."

Meine Akten sind voll von traurigen Fällen von verängstigten „Schlüsselhunden", eine unglückliche Konsequenz der heutigen Familien mit zwei Einkommen. Während wir uns Mühe geben, die beste Tagespflege für unsere Kinder zu finden, wird der Notlage unserer Hunde weit weniger Aufmerksamkeit geschenkt. Sie werden oft den ganzen Tag allein zu Hause gelassen, fünf Tage die Woche. Und viele Hunde zeigen uns sehr deutlich, dass das inakzeptabel ist.

Hunde sind es gewöhnt, in Rudeln zu leben. Sie sind genetisch darauf programmiert, mit anderen zusammen zu sein, entweder mit anderen Hunden, wie es früher der Fall war, oder mit ihren Besitzern. Wenn wir den ganzen Tag weg sind, um zu arbeiten, können einige von ihnen das einfach nicht aushalten. Sie fangen an zu winseln und zu weinen, sobald ihre Besitzer die Tür schließen. Oder sie urinieren oder koten ins Haus. Oder sie beschäftigen sich mit allen möglichen destruktiven Verhaltensweisen.

Es sind dieselben Hunde, die perfekte Ladys und Gentlemen sein können, wenn Sie zu Hause sind oder mit ihnen zu ihren Abendspaziergängen ausgehen. Leider geht das Gehorsamstraining über Bord, wenn Ängste zuschlagen. Viele Leute versuchen mit den Trennungsproblemen ihrer Hunde umzugehen, indem sie losziehen und Hundeerziehungskurse belegen. Sie denken, die Probleme werden dann aufhören. Meiner Erfahrung nach bringt das nichts.

Zerstörerisches Verhalten und Verunreinigung des Hauses sind nicht immer von Trennungsangst verursacht. Manchmal ist auch Langeweile schuld. Ein Hund, der ignoriert wird oder für viele

Stunden allein gelassen wird, wird schließlich versuchen, sich selbst zu unterhalten. Wahrscheinlich ist seine Vorstellung davon, eine gute Zeit zu haben, nicht dieselbe wie Ihre. Oder er versucht vielleicht stundenlang, von einem Ort zu entkommen, den er nicht mag. Oder er könnte vor etwas Angst bekommen, z.B. vor einem Geräusch von draußen, das ihn veranlasst, sich abzureagieren. Gelegentlich treffen mehrere dieser Faktoren zur selben Zeit zusammen und verursachen eine schreckliche oder zumindest bizarre Abfolge von Fehlverhalten.

Ich schätzte, dass es in diesem Fall die beste Lösung war, das Problem von zwei Seiten anzugehen: indem wir Silky während des Tages mehr Gesellschaft gaben und indem wir die Urinmenge reduzierten, die sie für ihr improvisiertes Kunstwerk zur Verfügung hatte. Ich empfahl, dass die Turners sie öfter mit nach draußen nehmen und tagsüber weniger Wasser stehen lassen sollten. (Sie sollten jedoch immer mit Ihrem Tierarzt sprechen, bevor Sie das Trinkwasser Ihres Haustieres reduzieren.) Als Bill erklärte, dass er nur wenige Kilometer vom Haus entfernt arbeitete, schlug ich vor, dass er mittags nach Hause kommen und Silky, etwa auf einem Spaziergang, etwas zusätzliche Aufmerksamkeit geben sollte. Ich war ziemlich sicher, dass diese einfachen Maßnahmen allein viel dazu beitragen würden, das Problem zu lösen.

Da Hunde nicht gerne an demselben Ort spielen, an dem sie sich lösen, bat ich die Turners, Silkys „Örtchen“ zu einem Spielplatz zu machen, an dem Bälle geworfen werden und so weiter. Als zusätzliche Sicherheitsmaßnahme riet ich ihnen, einen Plastikläufer mit ein paar Spielzeugen oben drauf über die Stelle zu legen. Das würde die Vorstellung unterstützen, dass dieser Ort ganz sicher nicht zum Urinieren da war.

Dies war einer der Fälle, die ich nie ganz lösen konnte, obwohl die einfachen Änderungen, die wir vornahmen, etwas bewirkten. Betsy rief mich einige Wochen nach meinem Besuch an und erzählte mir, dass der Voodoo nun fast völlig der Vergangenheit angehörte.

Unglücklicherweise ist es nicht immer so einfach. Hunde müssen nicht die ganze Zeit unterhalten werden, aber viele von ihnen können sehr aufgebracht werden, wenn sie von ihren Besitzern getrennt werden. Ich würde Silkys Problem nicht als unbedeutend abtun – das war es bestimmt nicht –, aber im Vergleich zu Hunden, die eine voll ausgebrochene Trennungsangst haben, war es nicht annähernd so ernst, wie es hätte sein können.

Ich erinnere mich zum Beispiel an eine zehn Jahre alte Zwergpudelhündin namens Sunny. Ihre Besitzerin, Barbara Franklin, hatte vier Jahre lang zu Hause gearbeitet, was bedeutete, dass Sunny und sie ständig zusammen waren. Dann nahm sie einen Job außerhalb ihres Zuhauses an und entdeckte schnell, dass nicht einmal die Hölle solche Furien entfesselt wie ein verschmähter Pudel. Ein Gang durch das mit Trümmern übersäte Appartement zeigte, dass Sunny während der Stunden, die sie allein verbrachte, eindeutig fleißig gewesen war. Ich fragte mich wirklich, wie sie die Zeit gefunden hatte, sich einsam zu fühlen.

Obwohl Sunny außergewöhnlich destruktiv war, war das Grundmuster ziemlich typisch für Hunde, die unter Trennungsangst leiden. Sobald Barbara am Morgen das Haus verließ, ging Sunny an die Arbeit. Sie ging zum vorderen Schrank, riss Barbaras Schuhbeutel auf und türmte alle Schuhe zu einem Haufen auf. An irgendeinem Punkt kratzte sie sich den Weg ins Badezimmer frei, warf den Zeitschriftenständer aus Messing um, schredderte alle Zeitschriften und zerrte den Badezimmerteppich in den Flur. Manchmal zog sie den Zeitschriftenständer abwechslungshalber nur in den Flur statt die Zeitschriften zu zerreißen.

Die nächste Station war normalerweise das Schlafzimmer. Sunny ging zum Bettwäschebeutel unter dem Bett, öffnete ihn, zog eine Decke heraus und legte dann den Beutel oben drauf. Nachdem sie das vollbracht hatte, riss die kleine Hündin das Linoleum in der Küche auf, tat einige der Stücke in ihre Futterschüssel und schob die Schüssel dann in der Küche herum.

Wir mussten uns nicht allzu sehr anstrengen, eine Lösung für Sunnys Probleme zu finden, weil Barbara schließlich beschloss, nicht mehr auswärts zu arbeiten, worauf Sunnys zerstörerische Unternehmungen sofort aufhörten. Aber die meisten Leute haben nicht die Möglichkeit, ihre Tage zu Hause zu verbringen. Sie gehen frühmorgens zur Arbeit und kommen oft erst spät am Abend zurück. Ihre Hunde und ihr Eigentum bezahlen manchmal einen schrecklich hohen Preis dafür.

Hunde, die in der Abwesenheit ihrer Besitzer das Haus auseinander nehmen, müssen oft mit mehr als nur der Angst vor dem Alleinbleiben fertig werden. Es kann andere niederschmetternde Faktoren geben, die um die Zeit des ursprünglichen Fehlverhaltens herum vorkommen. Es ist nicht verwunderlich, dass Hundehalter gewöhnlich nicht verstehen, was da vor sich geht oder wie sie damit umgehen sollen. Sogar wenn sie mit den besten Absichten eingesetzt werden, sind ihre „Hausmittel“ nicht immer passend und können die Dinge verschlimmern.

Dies war bei einem sieben Jahre alten netten Deutschen Schäferhund namens Atticus der Fall. Atticus' Besitzer, Leo und Bonnie Mansfield, waren kürzlich von einer militärischen Mission in Korea heimgekehrt. Als sie zurück in die Staaten kamen, holten sie Atticus bei Leos Eltern ab, wo er mehrere Jahre lang gewesen war. Sie hatten ein schönes Wiedersehen, und ein paar Monate lang, bis zum Silvesterabend, war alles gut und schön.

Obwohl es nicht so schlimm ist wie am vierten Juli – der der Albtraum eines jeden Tierverhaltenstherapeuten ist –, kann der Silvesterabend ziemlich heikel für die seelische Gesundheit von Tieren sein, weil die Leute Knallfrösche anzünden, auf Töpfe und Pfannen schlagen und dergleichen mehr. Zusätzlich gehen die Leute oft aus und lassen ihre Tiere allein. Wenn der Krach beginnt, ist niemand zu Hause, um dem Vierbeiner Sicherheit zu geben, und daraus resultieren oft Zerstörungen.

Genau das passierte mit Atticus. Während die Familie zum Feiern ausgegangen war, zündeten einige Nachbarn Knallfrösche, und Atticus‘ Reaktion war ziemlich vorhersehbar. Als die Mansfields nach Mitternacht nach Hause kamen, waren sie schockiert, tiefe Kratzer an jeder Tür vorzufinden, die nach draußen führte. Also „gaben sie es“ Atticus und die Dinge gingen schnell bergab.

Als ich die Mansfields in ihrem Haus in einem westlichen Vorort von Atlanta traf, war ich von dem, was ich sah, wie vor den Kopf geschlagen. Atticus‘ Gesicht war zerkratzt und aufgeschürft und er lag lustlos auf dem Boden. Ich fragte mich, ob seine Besitzer ihn verprügelt hatten.

„Was ist mit diesem armen Hund passiert?“ fragte ich.

„Das ist eine lange Geschichte,“ sagte Leo mir. Aber statt mir die Einzelheiten zu erzählen, händigte er mir ein Blatt Papier aus. „Ich habe alles dokumentiert,“ erklärte er.

„Lassen Sie mal sehen, was wir da haben,“ sagte ich nachdenklich. Die traurige Chronik ging etwa so:

- Silvesternacht: Knallfrösche ängstigen Hund. Zerkratzt alle Türen. Mit zusammengerollter Zeitung bestraft.
- 5. Februar: Atticus versehentlich im Badezimmer eingesperrt. Öffnet Fenster mit Schnauze – erste erfolgreiche Flucht.
- 3. März: Hund kratzt wieder – Vertreter in der Nachbarschaft. Hund für anderthalb Stunden in Box gesperrt – Problem gelöst?
- 4. März: Atticus den ganzen Tag in Box gehalten. Zerreißt Handtuch in der Box und frisst es auf. Erbricht es später.
- 5. – 12. März: Frisst weiterhin Handtücher. Speichelt stark und leckt sich. Fell durchnässt.
- 13. März: Die Kinder finden Atticus auf dem Küchenfußboden und die Box ist offen!
- 15. März: Atticus wieder ausgebrochen. Blutige Krallen und Zahnfleisch. Teppich im Wohnzimmer zerrissen. Mit Zeitung bestraft.

Ich las den Rest der Liste durch. Jeder Vorfall war erschütternder als der vorherige. Armer Atticus, dachte ich. „Damit sind wir beim heutigen Tag angekommen,“ sagte ich. „Wollen Sie mir auch den Rest erzählen?“

In einem Versuch, Atticus davon abzuhalten, zu entwischen und die fast täglich vorkommende Zerstörung zu beenden, hatte Leo ein schweres Vorhängeschloss an Atticus' Box angebracht. Am nächsten Tag kamen die Kinder von der Schule nach Hause. Atticus war noch in der Box. Aber er hatte mit aller Macht versucht, herauszukommen. Sein Kopf und Hals waren geschwollen und wund von dem Versuch, sich durch das Gitter zu schieben. Er winselte vor Schmerz.

Es war ein trauriger Stand der Dinge. Seinem Verhalten – dem Kratzen an den Türen, dem starken Speicheln und den Fluchtversuchen aus der Box – konnte ich ganz klar entnehmen, dass Atticus Angst vor dem Alleinsein hatte und unter sehr starkem Stress stand. Deutsche Schäferhunde sind eine meiner Lieblingsrassen und diesen Hund wegen der Gefühllosigkeit seiner Besitzer leiden zu sehen brachte mich in Rage. Ich musste mir in Erinnerung rufen, dass ich hier war, um zu helfen und nicht um zu urteilen.

„Ein paar Bemerkungen," bot ich an. „Wenn man einen Hund bestraft, der unter Angst leidet, wird das für gewöhnlich seinen Stress verschlimmern. Es wird ihn nicht dazu bringen, das schlechte Benehmen zu unterlassen. Es mag den Anschein haben, als ob es einen Effekt hätte, wenn es für eine Weile keine weiteren Vorfälle gibt, aber der Stress ist immer noch da und baut sich weiter auf. Atticus hatte keinerlei Linderung. Ihn jeden Tag zurück in die Box zu tun, war definitiv unzumutbar, ganz zu schweigen davon, ihn mit der Zeitung zu schlagen."

„Ich verstehe, was Sie meinen," sagte Leo, „aber ich hatte das Gefühl, dass wir ihm eine Lektion erteilen müssten. Und unser Tierarzt sagte uns, wir sollten ihn wieder in den Käfig stecken."

„Ihr Tierarzt hat vermutlich nicht erkannt, dass Atticus an einer schweren nervösen Störung leidet," sagte ich. „Und was Sie wirklich wollen, ist, ihm Benehmen beizubringen und nicht ‚ihm eine Lektion zu erteilen'. Atticus muss lernen, dass es ihm gut gehen wird, wenn Sie weg sind, und dass er ruhig bleiben sollte, bis Sie wieder kommen. Aber das kann er nicht im Bunker begreifen, wie es bis jetzt war."

Nun habe ich im Allgemeinen nichts gegen Hundeboxen, vorausgesetzt, der Besitzer gewöhnt den Hund allmählich und ohne

Zwang an die Box. Atticus war anfangs vermutlich bereitwillig genug gewesen, die neue Umgebung zu untersuchen. Aber als er einmal Angst bekommen hatte und nach seinem ersten Ausbruchsversuch muss die Box sich wie ein Gefängnis angefühlt haben.

Die Tatsache, dass Atticus ungefähr einen Monat nach seinem unfreiwilligen Boxenaufenthalt angefangen hatte, stark zu speicheln, sagte mir, dass er seinen Stress verinnerlichte. Wenn Hunde richtig nervös werden, beginnen sie zu hecheln. Wenn sie genug hecheln und speicheln, wird ihr Fell nass, wozu sie beitragen, indem sie ihr Fell lecken und es noch nasser machen.

Dies war ein furchtbar erschreckender Fall. Es war mir klar, dass für die Familie die Hauptquelle ihres Kummers die Kratzer an den Türen waren, obwohl sie und besonders die Kinder um den Hund besorgt waren. Da war also dieser schöne Hund, dessen Kopf geschwollen und zerschnitten war, und sein Besitzer war vor allem darum besorgt, ihn dazu zu bringen, in seiner Box zu bleiben. Leo sagte mir sogar, dass er plane, einen stärkeren Käfig zu bauen, bis Atticus seine Versuche zu entkommen aufgebe, es sei denn, ich hätte eine bessere Idee.

Tatsächlich hatte ich mehrere. Der Trick bestand darin, einen Weg zu finden, Atticus davon abzubringen, das Haus zu zerstören, während die Familie weg war – ohne ihn ins Gefängnis zu stecken. Ich schaute auf Atticus, der immer noch auf dem Boden lag. Er hatte einen benommenen Gesichtsausdruck. Ich nahm an, es würde eine Weile dauern, bis sein unbeugsamer Schäferhundmut zurückkehren würde. Wir mussten die Dinge offensichtlich langsam und vorsichtig angehen.

Der Vorfall mit den Knallfröschen hatte vermutlich Atticus' Angst vor dem Alleinbleiben ausgelöst, erklärte ich den Mansfields. Danach war nicht mehr viel nötig – vielleicht ein Fremder, der an der Tür klingelte –, um ihn durchdrehen zu lassen. Einer der einfachsten Wege für die Kinder, ihm zu helfen sich wieder zu beruhigen, würde sein, ihn auf einen ordentlichen Spaziergang mitzunehmen, bevor sie morgens zur Schule gingen.

„Wenn ihr Kinder Atticus helft, morgens eine Menge Energie abzulassen, wird er diese Energie nicht mehr dafür übrig haben, um seine Angst oder Frustration anzuheizen, wenn er allein ist," erklärte ich. Gleichzeitig war es wichtig, ihn nicht in der Box zu halten, weil das seine Angst ganz offensichtlich mehr als alles andere anfachen würde.

Es war außerdem wichtig, Atticus' Ängste davor, jeden Tag zurückgelassen zu werden, zu lindern. Der beste Weg um das zu erreichen, erklärte ich, war, kein großes Aufhebens von ihm zu machen, bevor sie zur Tür hinausgingen. Ganz im Gegenteil: Sie sollten das Haus verlassen, als ob nichts passieren würde. „Versuchen Sie irgendein kleines Leckerchen über seinen Kopf und von ihm weg zu werfen," fügte ich hinzu. „Auf diese Weise kann Atticus sich mit Kauen beschäftigen, während Sie einen ruhigen Abgang machen."

Es würde hilfreich sein, tagsüber die Türen innerhalb des Hauses offen zu lassen, weil sich dadurch die ganze Umgebung weniger beengend anfühlen würde. Wenn Atticus sich ruhig benahm, sagte ich, sollten sie ihn loben. Und wenn sie ihn gelegentlich mitnehmen könnten, wenn sie irgendwo hingingen, wäre das ideal. Leo sagte, er könne Atticus ein paar Tage die Woche mit zur Arbeit nehmen, was großartig klang.

Und natürlich musste ich ihnen sagen, dass sie jegliche Bestrafungen einstellen sollten. Nachdem ich diesen bedauernswerten Hund mit seinem geschwollenen Gesicht und den zerschnittenen Pfoten gesehen hatte, konnte ich wirklich kaum glauben, dass sie ihn tatsächlich dafür bestraft hatten, dass er aus seinem Käfig ausgebrochen war.

Am Ende musste ich jedoch die Bereitschaft der Familie respektieren, einen Schritt zurückzugehen und neue Dinge auszuprobieren. Sie erkannten, dass das, was sie getan hatten, nicht funktionierte, und waren begierig, neue Wege zu lernen, wie sie Atticus mehr als Familienmitglied und weniger als Problemtier behandeln konnten. Dieser Fall entpuppte sich, wie ich nach mehreren weiteren Treffen und Telefonanrufen erkannte, als ein sehr erfolgreicher.

Innerhalb von zwei Monaten hatte Atticus wieder den alten Lebensfunken in den Augen und die Familie hatte ein glücklicheres, zufriedeneres Tier gewonnen.

Obwohl Atticus und Silky beide Probleme damit hatten, von ihren Besitzern getrennt zu sein, litt keiner von ihnen an echter Trennungsangst. Wie kann man den Unterschied feststellen? Nun, die meisten Hunde begrüßen ihre Leute begeistert, wenn diese wieder nach Hause kommen – und nach 30 Sekunden bis zu einer Minute ist alles vorbei. Hunde mit voll ausgebrochener Trennungsangst können dagegen richtig ausflippen vor Freude. Sie hecheln, springen umher und springen einen für weitere fünf oder zehn Minuten an, ehe ihnen die Puste ausgeht. Nach der anfänglichen übertrieben überschwänglichen Begrüßung werden sie weiterhin versuchen, dicht dabei zu bleiben – so dicht, dass die Besitzer das Gefühl bekommen, sie hätten einen ständigen Schatten.

Ich erinnere mich an eine vierjährige Mischlingshündin namens Shorty, die ein Paradebeispiel für Trennungsangst war. Shortys Besitzer, Travis Kent und seine Freundin Billie Speidel, hatten Shorty vor kurzem vom örtlichen Tierschutzverein adoptiert. „Sie ist einfach ein Schatz, aber sehr sensibel," sagte Travis, als wir uns in seinem Appartement trafen. „Wenn man sie nur ansieht und das Wort ‚Nein' sagt, duckt sie sich sofort."

Es ist nicht ungewöhnlich, dass Tierheimhunde anfänglich etwas Schwierigkeiten damit haben, sich anzupassen, oder dass sie eine übertrieben abhängige Beziehung zu ihrem neuen Besitzer eingehen. Es ist vermutlich nicht das Tierheim als solches, das diese Probleme verursacht, sondern vielmehr die Unsicherheit des Hundes darüber, wo dieser neue Wechsel oder der nächste hinführen mag.

Hunde werden ängstlich, wenn sie das Gefühl haben, dass sie nicht vorhersehen können, was in ihrem Leben als Nächstes passieren wird. Und diese Angst kann zu zerstörerischem Verhalten führen, wenn sie allein gelassen werden. In Shortys Fall bedeutete das, Jalousien zu zerreißen, Löcher in den Teppich zu graben, Tür- oder Fensterrahmen anzufressen oder sogar Türen aufzuklinken.

Shorty hatte solche Angst davor, allein gelassen zu werden, dass sie sogar zögerte hinauszugehen, um sich zu erleichtern. Sie ging nur bis zu dem kleinen Beet an der hinteren Terrasse und selbst dann überliefen sie Angstschauer, bis sie wieder drinnen war.

„Sehen Sie sich das an," sagte Travis und drängte Shorty, hinauszugehen und ihr Geschäft zu erledigen. Sie ging zögernd zu dem kleinen Fleck Erde, wobei sie sich nach Travis umschaute, der im Türrahmen stand. Als sie fertig war, wie ich zumindest annahm, flitzte sie schnell zurück ins Haus.

Aber das war nur der Anfang. Wie ich erfuhr, war Shorty so begierig, nach drinnen zu kommen, dass sie oft hereinsauste, bevor sie das beendet hatte, wofür sie nach draußen gegangen war. „Jetzt muss ich sagen ‚Wieder hinaus'" erklärte Travis. Mit etwas mehr Überredung ging Shorty wieder nach draußen und benutzte das Beet noch einmal. Dann flitzte sie zurück ins Haus.

„Geh zurück! Geh zurück!" Travis blieb fest. Shorty ging wieder hinaus. Endlich fertig rannte sie hinter Travis ins Haus.

Dieses seltsame Ritual bedeutete, dass Shorty Travis niemals sehr lange verließ. Obwohl er nicht mit hinausging, stand er immer in der Tür, ermutigte sie, schickte sie zurück und ermutigte sie noch einmal. Dieses Szenario wiederholte sich jedes Mal, wenn der Hund zur Toilette musste. Ich konnte nur erahnen, was Shorty durchmachte, wenn Travis zur Arbeit ging und es ihr überließ, mit ihren furchtbaren Ängsten allein fertig zu werden.

Eigentlich brauchte ich nicht viel Vorstellungskraft aufzubringen. Der Schaden im Haus erzählte die ganze Geschichte deutlich. Viele Hunde mit Trennungsangst richten Schaden an, wenn sie allein zu Hause sind. Was Shortys Geschichte so ungewöhnlich machte, war, dass sie oft Dinge auseinander nahm, wenn Travis und Billie daheim waren, aber draußen im Garten herumpusselten oder Gartenarbeit machten.

Shortys Verhalten war etwas überspannt, aber die Lösung war

ganz einfach. Ich empfahl, dass das Paar Shortys Schlafplatz vor das Esszimmerfenster verlagern und darauf achten sollte, dass die Jalousien hochgezogen waren, wenn sie hinausgingen. Als Shorty ihre Familie in einer entspannten Situation sehen konnte, hörte sie auf, die ganze Zeit verrückt zu spielen. Dies war nicht das einzige Element des Programms, aber es trug viel dazu bei, die Frustration und das Abreagieren zu stoppen.

Menschen sind berechenbar. Die meisten von uns folgen einer ziemlich festgelegten Routine. Morgens zum Beispiel stellen wir den Kaffeeautomaten an, lassen die Dusche laufen und drehen den Thermostat herunter. Wir füttern und tränken unsere Haustiere und gehen mit ihnen hinaus. Wir ziehen unsere Jacken an und nehmen die Schlüssel aus unseren Taschen oder Handtaschen. Dann gehen wir zur Tür hinaus und schließen hinter uns ab.

Meistens tun wir dieselben Dinge in derselben Reihenfolge. Daran ist nichts bemerkenswert. Aber unsere Hunde beobachten und lauschen und schnüffeln und sie sind nicht dumm. Wenn sie zu Trennungsangst neigen, beginnen sie beim ersten Hinweis darauf, dass wir Weggehen werden, sich aufzuregen. Mit jedem zusätzlichen Anzeichen werden sie zunehmend erregt. Zu dem Zeitpunkt, an dem wir endlich zur Tür gehen, sind sie vielleicht so unglücklich und verzweifelt, dass sie unser Hand- oder Fußgelenk ergreifen und es nicht mehr loslassen oder sogar einen schmerzhaften Biss anbringen.

Nehmen wir Snoopy. Dieser ängstliche Basset Hound folgte seiner Besitzerin den ganzen Morgen durch das ganze Haus, wobei er mehr und mehr in Panik geriet, wenn die Zeit näher kam, zu der sie weggehen würde. Dann biss er sie, wenn sie versuchte, zur Tür zu gehen. Dies ist nicht die Art von Abschied, die die meisten Menschen im Sinn haben, wenn sie beschließen, einen Hund anzuschaffen.

Nebenbei bemerkt reagieren andere Hunde genau entgegengesetzt. Statt zu versuchen, ihre Besitzer körperlich zurückzuhalten, werden sie deprimiert und bewegen sich nicht mehr. Sie legen sich hin, legen das Kinn auf die Beine und verweigern das Fressen, bis ihre Besitzer zurückkommen. Ich habe beide Extreme gesehen und es gibt keine Möglichkeit vorherzusagen, wie verschiedene Hunde reagieren werden. Aber der Schlüssel dazu, beide Reaktionen zu stoppen, ist, den Hund in Verwirrung über das Ritual des Weggehens zu bringen.

Die Idee ist folgende: indem man seine Routine regelmäßig ändert, wird es für einen Hund mit Trennungsangst sehr viel schwieriger, vorherzusagen, wann man wirklich weggeht. Das ist wichtig, weil diese Hunde, wenn sie erst einmal jemandes Muster erkannt haben, mit jedem Punkt im Ablauf des Musters immer ängstlicher werden. Zu der Zeit, wo man weggeht, kann die Angst so groß sein, dass sie unfähig sind, sie zu kontrollieren. Also reagieren sie sie ab.

Das meiste zerstörerische Verhalten, die Panik, das Bellen oder was auch immer tritt innerhalb von 5 bis 30 Minuten nach dem Weggang der Besitzer auf. Manche Hunde fahren stundenlang fort zu bellen oder sich abzureagieren, aber sogar dann wird das Fehlverhalten ohne die emotionale Raserei dieser ersten paar Minuten ablaufen.

Andererseits haben manche Hunde die schlimmsten Verhaltensprobleme kurz bevor ihre Besitzer nach Hause kommen. Dies wird nicht unbedingt von einem erneuten Ausbruch der Angst vor dem Alleinsein verursacht. Im Gegenteil tritt es manchmal genau deshalb auf, *weil* der Besitzer nach Hause kommt. Das stimmt vor allem dann, wenn Verunreinigung des Hauses mit im Spiel ist.

Hunde, die Malheure im Haus verursachen, werden oft bestraft. Und sie können das kommen sehen. Ich vermute, dass ihre Überlegungen etwa so gehen: *Ich sehe dies Zeug auf dem Fußboden, ich rieche es und sehr bald wird er nach Hause kommen und er wird es auch sehen und riechen. Ich fühle mich nicht besonders wohl. Vielleicht wird es mir gut tun, die Couch aufzureißen. Oh nein, da kommt er. Dieser*

Ausdruck auf seinem Gesicht gefällt mir ganz und gar nicht. Er wird mich mit der Nase reinstecken, aber ich weiß nicht, warum. Was habe ich bloß getan?

Hunde kapieren ziemlich schnell. Nach ein paar Wiederholungen von Delikt und Bestrafung wird der Angstpegel des Hundes steigen, immer wenn sein Besitzer im Begriff ist nach Hause zu kommen. Zu der Zeit, wo der Besitzer tatsächlich zur Tür hereinkommt, fürchtet sich der Hund womöglich zu Tode. Er zieht automatisch den Schwanz ein und schleicht davon. Der Besitzer wird denken: „Aha! Er weiß, dass er etwas falsch gemacht hat und fühlt sich schuldig. Besser, ich bestrafe ihn, damit er es nicht wieder tut." Aber natürlich tut der Hund es wieder. Alles was die Bestrafung bewirkt, ist, dass er das nächste Mal die Heimkehr des Besitzers noch mehr fürchtet.

Ich habe die größte Mühe, die Leute davon zu überzeugen, dass das, was sie als „Schuld" auf den Gesichtern ihrer Hunde wahrnehmen, in Wirklichkeit nichts dergleichen ist. Der Hund mag die „Bescherung" vor Stunden zurückgelassen haben und fühlt sich nicht mehr verantwortlich dafür. Wenn Leute sich sträuben, diese Erklärung zu akzeptieren, zeige ich ihnen oft ein kleines Experiment, das ich „Das jüngste Gericht steht bevor" nenne.

Vor einigen Jahren versuchte ich diesen Ansatz bei einer Frau namens Sharon Mulliner, die bei ihrem acht Jahre alten Zwergpudel mit ihrer Weisheit am Ende war. Der Pudel, der Dandy hieß, hatte in jeden Raum des Hauses uriniert und gekotet, außer ins Ess- und Wohnzimmer, die beide verschlossen gehalten wurden. Dandy hatte außerdem den Teppich und zwei Türen zerstört.

Sharon und ihr Ehemann reagierten so, wie viele Menschen es tun: sie schimpften Dandy entweder aus oder rieben seine Nase in dem Malheur. Dandy sehe immer schuldbewusst aus, sagten sie, daher wussten sie, dass er verstand, was er getan hatte. „Aber das hat ihn nicht davon abgehalten, es wieder zu tun, manchmal sogar direkt vor unseren Augen," sagte Sharon.

Also empfahl ich, dass sie mein Experiment ausprobieren sollte. „Was wäre, wenn ich Ihnen zeigen könnte, dass Dandy in Wirklichkeit kein schlechtes Gewissen hat und dass Bestrafung nach hinten losgehen kann?“ sagte ich. „Würden Sie dann daran interessiert sein, es auf andere Weise zu versuchen?“

Als sie zustimmte, öffnete ich meine Aktentasche. „Ausstellungsstück A,“ sagte ich und nahm einen echt aussehenden Plastik-Hundehaufen heraus, den ich in einem Scherzartikelladen gefunden hatte. „Man weiß nie, welche Werkzeuge man in diesem Beruf braucht,“ sagte ich, als Sharon anfing zu lachen.

Ich sagte, sie sollte das Haus für ein paar Minuten verlassen. „Gehen Sie zur Tür hinaus, wie sie es gewöhnlich tun,“ sagte ich. „Kommen Sie dann in etwa fünf Minuten wieder. Dandy und ich werden eine Überraschung für Sie haben.“

„Darauf gehe ich jede Wette ein,“ sagte sie und machte die Tür hinter sich zu.

„Nun, Dandy, jetzt sind nur noch wir beide da.“ Dandy hatte in der Küche gelegen und war bestürzt aufgesprungen, als Sharon gegangen war. „Mach dir keine Sorgen, Dandy,“ sagte ich mit einem hilflosen Gefühl. Wie Zweijährige, die nach ihrer Mama weinen, lassen sich Hunde nicht von Fremden trösten. Das ist der Grund dafür, dass Hundesitter nicht immer eine Lösung sind. Für Hunde sind menschliche Wesen einfach nicht austauschbar.

Ich streichelte Dandy ein bisschen und lockte ihn dann mit ein paar kleinen Hundeleckerchen, die er zögernd probierte, ins Wohnzimmer. Als er mit dem Kauen fertig war, schaute er auf und bemerkte den künstlichen Haufen, den er misstrauisch beäugte. Er stand für ein paar Sekunden darüber und beschnüffelte ihn dann vorsichtig. *Es riecht ganz sicher nicht nach dem, wonach es aussieht. Hmmm.*

In diesem Moment kam Sharon ins Haus zurück. „Achten Sie genau darauf, was passiert,“ sagte ich. Dandy schaute auf, sah seine Besitzerin und ließ sofort den Kopf hängen, zog den Schwanz ein und versuchte sich aus dem Zimmer zu stehlen. Es war die perfekte Imitation eines Pudels, der eine Bescherung auf dem Teppich angerichtet hatte.

„Wow,“ sagte Sharon. „Sie denken nicht, dass Dandy glaubt, er habe das getan, nicht wahr?“

„Er ist nicht dumm," sagte ich. „Ich denke, Dandy weiß, dass er den Haufen nicht gemacht hat. Aber er reagierte genauso als ob, weil er die Anwesenheit des ‚Fehltritts' damit assoziiert hat, dass Sie zur Küchentür hereinkommen. Also schleicht er ängstlich und unterwürfig weg in dem Versuch, zu vermeiden, dass seine Nase hineingesteckt wird." Ich sah auf den Plastikhaufen. „Oder darauf, in diesem Fall."

„Also mache ich ihn noch ängstlicher, wenn ich ihn bestrafe." Sharon nahm Dandy hoch und umarmte ihn.

„So ist es," sagte ich. „Lassen Sie uns an dem Punkt weitermachen. Ich denke, Sie werden ohne die Strafen bessere Resultate erzielen."

Und so war es.

Trennungsangst ist für Hundehalter eines der schwierigsten Probleme, weil es nichts Herzzerreißenderes gibt als die Vorstellung, dass dein Haustier in dem Moment zusammenbricht, in dem du zur Tür hinausgegangen bist. Zerkaute Teppiche oder demolierte Türrahmen zu ersetzen ist auch nicht besonders lustig. Also ist es nicht verwunderlich, dass Menschen beträchtliche Anstrengungen unternehmen, um herauszufinden, was wirklich vor sich geht, wenn ihr Hund allein zu Hause ist.

Eine meiner Klientinnen, Betty Smythe, war so besorgt um ihren kleinen Terriermix Snowdy, dass sie einen Kassettenrekorder anschaltete, als sie das Haus verließ. Das Winseln, fand sie heraus, begann ein paar Minuten nachdem sie gegangen war und hörte mindestens eine Stunde lang nicht mehr auf, bis Snowdy, offensichtlich erschöpft, Ruhe gab.

Nachdem sie das Mitleid erregende Winseln des Hundes so hautnah miterlebt hatte, wusste Betty, dass sie etwas unternehmen musste. Also fing sie damit an, tagsüber zu Hause anzurufen und Botschaften auf dem Anrufbeantworter zurückzulassen. In der Hoffnung, dass Snowdy es hören würde, sagte sie ihm, dass sie ihn liebe, hoffe, dass alles in Ordnung sei und sie bald wieder daheim sein würde. Es war alles ziemlich herzzerreißend, sagte sie.

Als ich zu unserem ersten Beratungsgespräch ankam, erzählte Betty mir Snowdys traurige Geschichte. Der Hund war 14 Jahre alt, fast blind und hatte kürzlich seinen Kumpel, einen Dachshund namens Becky, verloren. Snowdy verbrachte die meiste Zeit des Tages auf einem orthopädischen Bett und war nicht an Fremde gewöhnt. Ich sah hinüber zu dem Bett. In der Tat sah Snowdy misstrauisch in meine Richtung und zitterte und bebte die ganze Zeit.

„Er tut mir so Leid," erzählte Betty traurig. „Sein bester Freund ist gerade eben gestorben und er kann kaum sehen und hasst es, wenn ich weg bin."

Ich wusste, dass dies schwierig werden würde. Mit 14 ist ein Hund nicht mehr allzu anpassungsfähig. Und Snowdys Gesundheit ließ offensichtlich nach. Er hatte eine Menge, was ihn unglücklich machte. Aber ich hatte eine Idee.

„Er kann nicht besonders gut sehen, also lassen Sie uns seine anderen Sinne nutzen, um ihn mit einer interessanteren Sache als dem Winseln zu beschäftigen," sagte ich. „Ich möchte gern, dass Sie ein Sortiment von Hundeleckerchen kaufen, lauter verschiedene Sorten. Probieren Sie sie aus und finden Sie heraus, welche Snowdy spannend findet."

Die Idee, so erklärte ich, war, dass sie die Leckerchen im ganzen Haus verstecken sollte, bevor sie morgens wegging. Indem sie eine Spur von Leckerchen legte – wie Hänsel und Gretel, die auf dem Weg durch den Wald Brotkrumen verstreuten –, würde Betty dafür sorgen, dass Snowdys Tag mit einer aufregenden Schatzsuche begann.

Ich war nicht sicher, ob dies Snowdy ruhig halten würde oder nicht, daher war ich erfreut, als Betty ein paar Tage später anrief. Sie sagte, dass Snowdy ein gutes Weilchen damit verbracht hatte, die verschiedenen Leckerchen zu erschnüffeln, und dass er das Winseln auf 10 bis 15 Minuten, nachdem Betty das Haus verlassen hatte, verschoben hatte.

Das war ermutigend. Ich sagte, sie solle ein paar Kauspielzeuge kaufen und sie zusätzlich zu den Leckerchen einsetzen, um die Schatzsuche noch aufregender zu machen. Snowdy würde nicht nur mit dem Finden der Leckerchen beschäftigt sein, sondern das Kauen der Spielzeuge würde dabei helfen, seine Angst etwas zu lindern.

Obwohl es bedauerlich war, dass Snowdy einen Teil seines Sehvermögens eingebüßt hatte, dachte ich, wir könnten diese Behinderung vielleicht zu unserem Vorteil nutzen. Ich schlug Betty vor, dass sie ihre Routine beim Weggehen variieren und an verschiedenen Tagen durch verschiedene Türen hinausgehen sollte. Es war möglich, dass Snowdy denken würde, sie sei immer noch im Haus, und dass es dadurch weniger wahrscheinlich sein würde, dass er Angst bekam.

Um Snowdy weiter zu verwirren, empfahl ich, dass Betty sich gelegentlich so benehmen sollte, als ob sie im Begriff wäre wegzugehen – zum Beispiel indem sie den Fernseher ausmachte, was sie immer tat, wenn sie das Haus verließ –, dann aber blieb. Oder sie könnte die Tür öffnen, für einen Moment weggehen und dann schnell wieder kommen und sich hinsetzen.

In den meisten Fällen möchte man Hunde beruhigen, indem man Rituale schafft, die Sicherheit geben, sodass sie weniger besorgt und ängstlich sind. Bei Hunden mit Trennungsangst ist es jedoch oft besser, das Gegenteil zu tun. Wenn man die Auslöser ihrer Angst – alle die kleinen vorhersehbaren Hinweise, die ihnen sagen, dass man im Begriff ist wegzugehen – weglässt, ist es weniger wahrscheinlich, dass ihr Stress sich bis in unangenehme Bereiche steigert.

Nach ein paar Wochen mit Schatzsuche, Kauspielzeugen und Schein-Abschieden war Snowdy viel ruhiger als zuvor, aber das Winseln und Bellen setzte sich in einem gewissen Ausmaß fort. Bettys Tierarzt begann Snowdy mit einem antidepressiven und angstlindernden Medikament zu behandeln. Das half ein klein wenig, aber das Problem bestand nach wie vor.

Schließlich schlug Betty selber eine Lösung vor. Ich zögere, sie zu erwähnen, weil es eine ist, die ich normalerweise nicht empfehlen würde. Aber gegen Erfolg lässt sich schwerlich etwas einwenden.

Betty dachte, dass es helfen würde, einen weiteren Hund anzuschaffen – einen Welpen, der helfen würde, die leere Stelle in Snowdys Herz auszufüllen, die der Tod seines langjährigen Kameraden zurückgelassen hatte. Dies ist bei Hunden mit Trennungsangst meistens eine schlechte Idee. Verhaltensforscher haben den Pegel von Stresshormonen bei Hunden untersucht und herausgefunden, dass Hunde sehr viel mehr gestresst sind, wenn sie von ihrer Bezugsperson getrennt sind, als von einem hündischen Begleiter. Menschen haben es vor langer Zeit in Angriff genommen, Hunde zu den besten Freunden des Menschen zu machen, und es zeigt sich recht deutlich, dass wir erfolgreich dabei waren. Dehalb ist es unwahrscheinlich, dass es eine Lösung für Trennungsangst ist, ein anderes Haustier anzuschaffen. Tatsächlich kann es sogar zusätzliche Probleme erzeugen, wie etwa die Konkurrenz um Aufmerksamkeit, was die Dinge nur schlimmer machen wird.

Ich war einigermaßen skeptisch, als Betty sagte, sie würde einen weiteren Hund ins Haus holen. Ich nannte alle Gründe, die dagegen sprachen, aber ich konnte sie nicht aufhalten. Schließlich waren unsere Bemühungen nicht vollständig erfolgreich gewesen. Und Snowdy vermisste offensichtlich seinen alten Kameraden und wanderte auf der Suche nach ihm oft durchs Haus oder saß oder lag an Stellen, die sie zu teilen gewöhnt waren.

Also zog Betty los und adoptierte eine sehr hässliche, winzige, ein Jahr alte Mischlingshündin. Sie sagte, dass ihr Aussehen keine Rolle spiele, weil Snowdy sowieso fast blind war. Der kleine Hund, den Betty Beauty nannte (= amerikanisch für „Schönheit"), wurde von Snowdy nicht zurückgewiesen. Beauty ging geradewegs los und leckte Snowdy, und Snowdy genoss das wirklich. Er hörte auf zu winseln und zu bellen und verbrachte seine letzten Jahre in Zufriedenheit mit seiner neuen Gefährtin.

Man kann eben nie wissen.

Lass
Die Hündin, die ihre Spielsachen tötete

Die Notiz, die ich in der Hand hielt, besagte: „Verschmutzt den Teppich und bellt am Fenster". Ich hatte ein paar Tage zuvor mit meiner neuen Klientin, Sharon Rodman, eine sehr kurze Unterhaltung am Telefon gehabt und war gekommen, um sie in ihrem Appartement im Herzen von Atlanta zu treffen.

In dem Moment, in dem ich den Flur trat, begann Lass, eine zwei Jahre alte winzige Sheltiehündin, mir alles über sich selbst zu erzählen. Mir wurde klar, dass „bellen" keine angemessene Beschreibung des Problems war. Lass wurde rasend. „Jiff, jiff, jiff!"

Sie rannte von Fenster zu Fenster und von Tür zu Tür, obwohl ich direkt vor ihr stand und offensichtlich derjenige war, der das ganze Spektakel verursacht hatte, indem ich die Türglocke betätigte. Sie begann sich bellend auf der Stelle zu drehen und dabei mit den Vorderpfoten in der Luft herumzufuchteln. Sie konzentrierte sich überhaupt nicht auf mich. Sharon sah mich hilflos an und zuckte mit den Schultern. Der Krach verebbte allmählich und Lass sank erschöpft zu Boden.

„Wenigstens hat sie nicht auf den Teppich gepinkelt," sagte Sharon als eine Art Einleitung.

„Gut," sagte ich lahm. Ich hatte keine Ahnung, was diesem Hund fehlte, aber ich wollte es herausfinden. Lass und Sharon sahen beide so aus, als hätten sie das Ganze satt. Ich kam sofort zur Sache.

„Bitte erzählen Sie mir, was mit Lass los ist," sagte ich. Die Überreaktion des Hundes einem Besucher gegenüber gab mir ein paar Hinweise, aber ich wollte die ganze Geschichte hören.

Es schien, dass Lass in dieser übertriebenen Weise auf alles reagierte, worauf man überhaupt reagieren konnte. Als Sharon die endlose Liste der Geräusche und Ereignisse durchging, die Lass losgehen ließen wie eine Wunderkerze, wurde mir klar, dass mein erster Eindruck richtig war. Alles – vom Zuschlagen einer Autotür bis zum Flattern der Vorhänge – war genug, um den Ablauf auszulösen.

Und was für ein Ablauf das war! Die Hündin sprang auf, rannte zu ihren Kauspielsachen und schüttelte sie, als ob sie sie vernichten wollte. Sharon nannte dieses Verhalten „töten". Dann ließ Lass die Spielzeuge fallen und raste durch das Appartement. Dies wurde von etwas noch Bizarrerem abgelöst: Lass knallte gegen die Vordertür, rappelte sich auf und rannte dann zur hinteren Schiebetür und prallte dagegen. Sie rappelte sich wieder auf und rannte wieder durch das Appartement, während sie die ganze Zeit bellte und jaulte.

Ein vorbeilaufender Jogger konnte das auslösen. Ebenso das Geräusch eines sich öffnenden Garagentors. Wenn das Telefon klingelte, attackierte sie die Telefonschnur. Wenn Sharon ihre Spielzeuge wegnahm, griff Lass die Möbel an. Wenn Lass aufgebracht genug war, urinierte sie oft auch noch.

Ich dachte sofort, dass dies in Zusammenhang mit einer Anfallserkrankung stehen könnte, und schlug Sharon vor, dass sie und Lass einen Tierarzt aufsuchen sollten. Aber es gab keine Anzeichen für epileptische Anfälle, sagte Sharon und zitierte eine kürzlich durchgeführte Untersuchung. Eine andere, wenn auch entfernte, Möglichkeit war, dass Lass hyperaktiv war. Dies ist eigentlich ein seltener Zustand. Die meisten Hunde, die von Leuten für hyperaktiv gehalten werden, brauchen lediglich mehr Bewegung und versuchen, ihre überschüssige Energie loszuwerden. Aber Sharon erzählte mir, dass Lass viel Bewegung habe. Und sogar wenn sie nach einem langen Spaziergang nach Hause kämen, würde Lass beim geringsten Anlass ihre Nummer abziehen. Der arme Hund muss völlig erschöpft gewesen sein. Auf jeden Fall war ihr Tierarzt nicht der Meinung, dass Hyperaktivität das Problem war.

„Ich vermute, Sie können sie nicht an viele verschiedene Orte mitnehmen," sagte ich, während ich ein paar Notizen über Lass' Getue machte.

„Nun, das ist wirklich komisch," sagte Sharon. „Wenn ich sie zum Haus eines Freundes mitnehme oder sogar in die Hundepension gebe, benimmt sie sich ganz normal."

Es wurde immer geheimnisvoller. Ich dachte einen Moment über Sharon nach und ich bemerkte, dass sie etwas nervöser war als meine sonstigen Klienten. Sie rang oft die Hände und zappelte auf der Couch herum. Ich musste mich fragen, ob ihre Veranlagung irgendwie auf den Hund abgefärbt haben könnte. Aber darüber konnte ich nur Vermutungen anstellen.

Ich fragte mich, ob Lass' Schwierigkeiten von etwas in dem Appartement selbst herrühren konnten. Was konnte diesen Feuersturm jedes Mal auslösen, wenn ein Geräusch oder eine Bewegung da war?

Lass war ziemlich klein. Sie konnte nicht aus den Fenstern sehen und es gab keine Möbel, auf die sie springen konnte, um einen Ausblick nach draußen zu bekommen. Die hintere Schiebetür führte in einen winzigen Innenhof, der von einer Backsteinmauer umgeben war. Das Arrangement gab Sharon viel Privatsphäre, sperrte aber im Grunde genommen für den kleinen Sheltie die Welt aus.

„Sharon, lassen Sie uns von der Annahme ausgehen, dass Lass weder verrückt noch hyperaktiv ist," sagte ich. „Vielleicht ist sie frustriert wie nur was, weil sie Dinge hört und nicht in der Lage ist, zu sehen, was sie verursacht, wo sie herkommen, und vor allem, weil sie nicht in der Lage ist, irgendetwas dagegen zu tun."

„Okay," sagte Sharon. „Ich glaube, das nehme ich Ihnen ab."

„Das Temperament Ihrer Hündin ist so geartet, dass sie vielleicht als eine Möglichkeit, Frustration abzureagieren, Spielzeug attackiert und durchs Haus rast."

„Wie wollen Sie wissen, dass sie nicht einfach ängstlich ist?" fragte Sharon.

„Nun, ihre Körpersprache sagt mir, dass sie keine Angstreaktion zeigt," sagte ich. Ich hatte Lass genau beobachtet, als ich hereinkam. Ihre sozialen Signale – ein lächelndes Gesicht und hoch getragener Schwanz und aufgestellte Ohren – hatten mir gezeigt, dass sie nicht wirklich Angst vor der Türglocke oder davor hatte, dass ein Fremder ihr Zuhause betrat.

„Wenn sie Geräusche hört, denkt sie wahrscheinlich: *Lasst mich an dieses Ding ran. Wenn ich es nicht bekommen kann, greife ich etwas anderes an und schüttele es herum und töte es, dann werde ich dieses schlimme hilflose Gefühl los.* Haben Sie jemals versucht, Lass davon abzuhalten, herumzusausen?“ fragte ich.

„Oh ja,“ sagte Sharon. „Ich habe sogar vor ihr gestanden. Sie flitzt einfach vorbei oder springt an mir hoch und prallt von meinen Beinen ab. Dann fängt sie mit dem Herumwirbeln an.“

Ich machte ein paar Notizen. Die Umgebung war eindeutig nicht ideal für Lass, aber es gab nichts, was wir dagegen tun konnten. Und war es nicht eigentlich egal, was das Verhalten verursachte, wenn wir Strategien ausarbeiten konnten, es zu stoppen? Das Urinieren im Haus konnte zum Beispiel mit etwas Wiederauffrischung der grundlegenden Erziehung gelöst werden wie häufigeren Spaziergängen, dem Einschränken der Wasseraufnahme unter tierärztlicher Aufsicht und so weiter.

Aber Sharon bezahlte mich nicht für einfache Ratschläge darüber, wie man einen Hund stubenrein bekommt. Ich musste auf das Gesamtbild achten.

Als ich ihre tägliche Routine ein bisschen genauer unter die Lupe nahm, stieß ich auf eine andere mögliche Erklärung für das verrückte Verhalten des Hundes. Eine Sache, die ich bemerkt hatte, war das Babygitter am Fuß der Treppe. Sharon erklärte, dass sie es aufstellte, um Lass vom Schlafzimmer fern zu halten, wo sie vielleicht die Kissen aufreißen oder Sharons Sachen anfressen könnte. Das Gitter diente außerdem dazu, Lass nachts im Schlafzimmer zu halten. Ich fragte mich, ob das einige der Probleme verursachen könnte.

Zur Schlafenszeit, erklärte Sharon, schloss sie das Gitter, nahm Lass an eine kurze Leine und hängte diese über den Bettpfosten. „Ich möchte nicht, dass sie die ganze Nacht die Wände hochgeht und mich aufweckt,“ erklärte Sharon. Dies Arrangement bedeutete, dass Lass nicht aufs Bett springen oder sich auch nur viel herum bewegen konnte. Es konnte helfen zu erklären, warum sie tagsüber so aufgedreht war.

Ich sagte zu Sharon, dass mir die nächtliche Beschränkung ein bisschen extrem zu sein schien. Schließlich konnte Lass nicht einmal einen Schluck Wasser trinken gehen. Angebunden zu sein könne sehr frustrierend für sie sein und teilweise erklären, warum sie am Tage so übermäßig aktiv war.

Ich erklärte Sharon, dass es vermutlich dazu beitragen würde, ihr allgemeines Gefühl der Frustration abzubauen, wenn sie Lass nachts ein bisschen mehr Freiheit erlaubte. Das könnte ihr dabei helfen, sich tagsüber besser zu kontrollieren. Aber ich wusste, dass das nur ein kleiner Teil der Lösung war. Ich wollte unbedingt einen Weg finden, wie man das Muster des Ausflippens beim geringsten Geräusch oder der geringsten Bewegung unterbrechen konnte.

Ich empfahl, dass Sharon ein Antibell-Halsband ausprobieren sollte. Das sind raffinierte Geräte, die einen Ton von sich geben, wenn der Hund bellt. Der Ton erschreckt das Tier vorübergehend, was das Bellen beendet. Und weil Hunde den Ton nicht mögen, entscheiden sie oft, dass das ständige Bellen diese Folgen nicht wert ist. Wir diskutierten auch die Möglichkeit, ein maskierendes Geräusch zu erzeugen – zum Beispiel, indem sie den Fernseher laufen ließ –, um die Geräusche von draußen zu überdecken. Aber Sharon hatte das schon ohne großen Erfolg ausprobiert.

„Lass scheint direkt durch das Fernsehen hindurchzuhören," sagte sie. „Und natürlich ist es manchmal kein Geräusch, das sie hochgehen lässt, sondern nur eine Bewegung des Vorhangs." Also entschieden wir uns dafür, mit dem Antibell-Halsband weiterzumachen.

Ich schlug auch noch vor, dass Sharon Lass' Lieblingsspielzeuge wegnehmen sollte – Gummihamburger, Stoffknoten, eine Quietschmaus und zwei alte Tennisbälle. Das mag grausam erscheinen, aber ich wollte Lass' Versuchung zu „töten" beseitigen. Außerdem würde ich sie durch etwas Besseres ersetzen.

Ich bat Sharon, einen Haufen Kauknochen im Appartement zu verstreuen. Ich hoffte, dass Lass diese mit derselben Begeisterung attackieren würde wie ihre vorherigen Spielzeuge – mit einem Unterschied: statt die Büffelhautknochen zu „töten", stellte ich mir vor, würde ihr Geschmacksempfinden die Oberhand gewinnen und sie würde sie eher kauen als sie lediglich anzugreifen. Dies würde nicht nur das Herumrennen bremsen, sondern das Kauen würde ihr helfen, etwas von der überschüssigen Energie und Frustration abzuarbeiten.

Ich hoffte, dass diese Hypothese richtig war und diese paar einfachen Änderungen die meisten Probleme beheben würden. Tatsächlich rief Sharon zwei Wochen später an und berichtete, dass das Programm ganz gut funktionierte. Immer wenn Lass sich erschreckte, was immer noch dauernd passierte, reagierte sie ihre Besorgnis damit ab, an einem Kauknochen zu arbeiten, anstatt herumzurennen und von den Fenstern abzuprallen. Und das Halsband half dabei, das zwanghafte Bellen zu kontrollieren. So weit, so gut. Sharon und ich sprachen oft am Telefon miteinander und nahmen, wenn nötig, leichte Änderungen und Anpassungen vor.

Zum Beispiel schlug ich nach einigen Wochen vor, dass Sharon Vorteile aus einer Auszeit-Zone ziehen sollte, wo Lass sich nach einer Episode für ein paar Minuten beruhigen konnte. Lass in die kleine, ruhige, dunkle Toilette weg vom Eingangsbereich zu tun, half ihr, sich wieder zu sammeln. Auch bat ich Sharons Tierarzt, vorübergehend ein angstlinderndes Medikament zu verschreiben. Dies würde es einfacher für Lass machen, sich anzupassen, während sie lernte, neue Wege zu gehen.

Schließlich entschied ich, Sharon den Weg zur Vordertür mit dem Babygitter zu blockieren. Auf diese Weise würde, sogar wenn das „Töten“ der Spielzeuge angefangen hatte, der zweite Teil des rasenden Sich-selbst-gegen-die-Haustür-Werfens durch das Gitter unterbunden werden.

Die Kombination daraus, das Spielzeug zu entfernen, Lass etwas zu geben, wo hinein sie wirklich die Zähne schlagen konnte, ihren Weg zur Tür zu blockieren, eine Auszeit-Zone bereit zu stellen und ihr Medikamente zu geben, halfen uns, einen wirklich guten Start zu haben. Schließlich war Lass in der Lage, in Sharons Schlafzimmer zu schlafen, ohne an den Bettpfosten gebunden zu sein.

Einige Monate später rief Sharon an, um mir mitzuteilen, dass sie und Lass an einen anderen Ort ziehen würden. „Es gibt dort jede

Menge Fenster und keine Mauern, die die Sicht behindern," sagte Sharon.

„Gut!" antwortete ich. Weil ein Umzug für manche Hunde ein Problem sein kann, sagte ich, dass ich da sein würde, wenn sie Hilfe brauchte. Ich habe nie wieder von ihr gehört – toi toi toi.

Lass' Situation war gar nicht so ungewöhnlich. Hunde haben ein sehr starkes Bedürfnis, ihre Umgebung zu kontrollieren, was sie zum Teil dadurch erreichen, dass sie verschiedene Reize wie etwa Geräusche identifizieren oder vorhersagen. Wenn sie dieses Gefühl der Kontrolle nicht haben, zum Beispiel weil sie nicht aus dem Fenster sehen können, kann das möglicherweise eine Menge Stress für sie bedeuten. Und Hunde gehen oft mit Stress um, indem sie sich destruktiv oder selbstzerstörerisch verhalten.

Hunde passen sich nicht so schnell an Veränderungen an wie Menschen, sodass sogar kleinere Störungen oder Neuerungen in ihrem Leben eine Menge Stress verursachen können. Ein neuer Wohnungsgenosse oder sogar nur ein neues Möbelstück kann für manche Hunde sehr erschütternd sein. Das Gleiche gilt für die Aufnahme eines weiteren Haustieres in die Familie oder das Ändern des Tagesablaufs.

Eine Hündin, die enorme Probleme damit hatte, sich an neue Dinge in ihrem Leben anzupassen, war Jenny, eine zwei Jahre alte Bichon-Frisé-Hündin. Jennys Besitzerin, Gilian Rudolph, hatte sechs Monate zuvor ihren Ehemann durch eine Herzattacke verloren. Gilian erholte sich ziemlich schnell. Sie hatte einen neuen Mann getroffen und war nun verlobt. Jenny dagegen geriet nach dem Tod ihres Besitzers ins Trudeln. Und Gilians neue Romanze machte es nicht besser. Jenny hatte ein Problem. Ein großes.

„Wenn du mich lieben willst, musst du auch meinen Hund lieben." Das ist normalerweise eine vernünftige Erwartung, wenn zwei Leute zusammenkommen, und Drew, Gilians Verlobter, war bereit, sein Bestes zu tun. Aber Jenny weigerte sich, ihren Part zu übernehmen. „Sie hatten gleich einen schlechten Start," erzählte Gilian mir, als wir uns trafen, um das Problem zu diskutieren. Tatsächlich hatte Drew ihr gesagt, dass Jenny nicht in sein Haus einziehen werde, ehe sie ihr Verhalten nicht geändert habe.

„Was genau ist passiert?" fragte ich, den Stift in der Hand.

„Nun, immer wenn Drew mir nahe kam versuchte Jenny, uns auseinander zu bringen."

„So etwas höre ich nicht zum ersten Mal," sagte ich, „falls Sie das tröstet."

„Jenny ist ein großartiger Anstandswauwau," fuhr Gilian fort. „Sie drängt sich einfach zwischen uns oder setzt sich auf meinem Schoß."

„Es könnte sein, dass sie sich mit Drew richtig unwohl fühlt, nur weil er ihr fremd ist," schlug ich vor. „Hat Jenny irgendetwas anderes getan, das zeigt, dass sie die Situation stressig fand?"

„Zählt dazu auf den Teppich zu pinkeln, wenn er sich hinunterbeugt, um sie zu streicheln?"

„Das würde ich schon sagen," lächelte ich. „Wie lange geht das schon so?"

„Etwa einen Monat," sagte Gilian. „Und es ist wirklich ein großes Problem, weil Drew sich weigert, Jenny im Haus zu haben, solange sie solche Sachen tut."

„Ich verstehe."

„Ich kann es ihm wirklich nicht verdenken," sagte sie und tätschelte Jenny. „Dennoch finde ich, dass er etwas flexibler sein sollte."

„Nun, lassen Sie uns sehen, ob wir das so weit klären können, dass es keine große Affäre mehr ist," sagte ich. Es war ein bisschen Groll in Gilians Stimme und ich fragte mich, inwieweit der Hund ihre Beziehung zu Drew belastete.

Leider war mehr passiert als nur ein gelegentliches Malheur und das besitzergreifende Verhalten. Jenny brach zum Beispiel beim Fernsehen hin und wieder in einen Anfall wilden Gebells aus.

„Was sie die Wände hochgehen lässt," erklärte Gilian, „ist das Gebimmel, das den Werbespruch eines Teppichreinigers begleitet."

Jennsy Lieblingssendung dagegen war passenderweise „Lassie“. Jenny lag, fasziniert von dem Collie und seinem Herrn, Timm, eine geschlagene halbe Stunde regungslos auf der Glasplatte des Couchtischs.

Ich fragte mich, ob Jenny das Fernsehen benutzte, um abzuschalten, wie Zehnjährige, die nach der Schule mit leerem Gesichtsausdruck auf den Bildschirm starren. Fernsehgucken und ins Zombieland verschwinden könnten ein Verhalten sein, das Jenny verwendete, um sich selbst zu therapieren und mit all den Problemen in ihrem Leben fertig zu werden.

Ich war ziemlich stark an dieser Möglichkeit interessiert. Es gibt keine endgültigen Forschungsergebnisse über Hunde und Fernsehen. Manche Hunde ignorieren es völlig, andere scheinen zuzusehen und darauf zu reagieren, besonders auf Hunde und auf Belllaute. In den letzten Jahren hat die Technik das Flimmern der Fernsehsignale fast völlig beseitigt. Einer meiner Kollegen hat vorhergesagt, dass Hunde glauben werden, dass das Bild auf der Mattscheibe echt ist, wenn das Fernsehen es schafft, realistischere Bilder zu erzeugen. Daher wird Jennys Reaktion – den Bildschirm anzubellen – vermutlich in Zukunft bei Hunden häufiger ein Problem werden.

Auf jeden Fall hatte Drew nichts gegen die Tatsache einzuwenden, dass Jenny es genoss, fernzusehen. Es machte ihm nicht einmal etwas aus, dass sie dabei den Couchtisch als Aussichtspunkt benutzte. Aber das unkontrollierbare Anbellen des Fernsehers brachte ihn auf die Palme. Ehe Jenny in sein Haus ziehen könne, so sagte er Gilian, müsse auch das aufhören.

„Er versucht das ganze Zeug nicht persönlich zu nehmen,“ sagte Gilian. „Aber vielleicht ist es persönlich gemeint. Vielleicht versucht Jenny, mir damit etwas zu sagen.“

Ich fragte mich, wie weitgehend sie über die Botschaft nachgedacht haben mochte, die Jenny sandte, aber ich entschloss mich, diese Sache nicht anzurühren. Die persönliche Beziehung des Paares lag außerhalb meines Zuständigkeitsbereichs. Ich behandele nur Hunde und Katzen.

Jenny hatte ein zusätzliches Problem, das eine Quelle großer Peinlichkeit für Gilian war. Wenigstens einmal am Tag fing Jenny an zu winseln, legte ihre Beine um Gilians Arm und begann, aufzureiten. Gilian fand das extrem widerwärtig und, überflüssig zu sagen, Drew auch. Ich erkannte darin ein klassisches Zeichen von Übererregung, zusammen mit den anderen eigenartigen Verhaltensweisen – zwanghaft den Fernseher anzubellen oder umgekehrt beim Anschauen von „Lassie" in einen nahezu apathischen Zustand zu verfallen. Dies war ein Weg für Jenny, die eindeutig enorm gestresst war, ihre nervöse Energie abzubauen.

Es gab offensichtlich nicht viel, was wir gegen die dem Stress zugrunde liegende Ursache, nämlich Drews Eindringen in die Familie, tun konnten. Daher entschied ich mich, nach verschiedenen Arten zu suchen, Jenny von ihrem Problemverhalten abzulenken.

Als Erstes bat ich Gilian, eine Liste von Dingen aufzustellen, die Jenny glücklich machten. Für die meisten Hunde drehen sich diese um dieselbe Art von Dingen wie Fressen oder spazieren gehen. Ich sagte Gilian, dass sie das nächste Mal, wenn Jenny den Fernseher anstarren oder stürmisch bellen würde, sich mit einem der fröhlichen Worte einmischen und Jenny ein Leckerchen oder einen Spaziergang anbieten sollte. Es ist schwierig für Hunde, sich danebenzubenehmen, wenn sie sich glücklich fühlen. Verhaltensforscher sprechen bei diesem Phänomen von der Theorie der konkurrierenden Motivationen. Killer wird Sie nicht beißen, wenn er gestreichelt wird, und Jenny würde nicht wie verrückt bellen, wenn sie fraß oder einen Spaziergang angeboten bekam.

Ich wollte Jenny außerdem von der Gewohnheit abbringen, auf dem Glascouchtisch zu liegen. Ich schlug vor, den Tisch vom Fernseher wegzustellen und Jenny einen ebenso bequemen Platz anzubieten. Jenny schien kühle, glatte Oberflächen zu mögen, also brachte Gilian einen Lederstuhl an, den sie benutzen konnte. Ich sagte Gilian, dass sie Jenny, falls diese den Stuhl nicht benutzen mochte, dazu ermutigen könnte, nahebei auf dem gefliesten Fußboden zu liegen, indem sie einige ihrer Spielzeuge dorthin legte und sie streichelte, wenn sie sich dort hinlegte.

Tatsächlich begann Jenny zur Ruhe zu kommen. Nach ein paar Wochen bellte sie den Fernseher viel seltener an. Um das Bellen weiter zu reduzieren, schlug ich einen neuen Weg vor, es zu unterbinden. Zuvor stimmten Gilian und Drew einem Chor von Neins an, wenn Jenny anfing, Krach zu machen – ein Chor, den sie fast ganz ignorierte. Ich sagte Gilian, sie sollte stattdessen mit einem scharfen „Ah, ah, ah!“ reagieren.

Tierverhaltenstherapeuten haben alle Arten von Geräuschen ausprobiert, um zu sehen, welche am effektivsten dafür sind, den Hund dazu zu bringen, aufzuschauen und aufmerksam zu werden. „Nein“ wird von Hundehaltern so oft gebraucht, dass es praktisch bedeutungslos ist. Das alternative Geräusch zu machen, so erklärte ich, würde Jennys Aufmerksamkeit erregen und das Bellen für eine Sekunde stoppen, worauf sie sie loben und ihr helfen sollten, sich zu entspannen.

Ich schlug außerdem vor, dass sie eine Kassettenaufnahme von dem Werbegeklingel machen sollten, das Jenny so aufregte. Sie sollten das Band ein- oder zweimal am Tag abspielen, sagte ich, bevorzugt an einer Stelle weit weg vom Fernseher. Die Idee war, das Gebimmel in niedriger Lautstärke abzuspielen, während sie Jenny etwas gaben, mit dem sie sich beschäftigen konnte – etwas, das nicht vereinbar war mit wüstem Gebell, wie ein paar Hundekuchen. Jenny konnte nicht zur gleichen Zeit fressen und bellen und würde allmählich lernen, dass das Geklingel ein Zeichen war, dass etwas Angenehmes passieren würde.

Sehr viel unerfreulicher war Jennys Angewohnheit, zu urinieren, wenn Drew sie begrüßte. Ich ordnete das als unterwürfiges Urinieren ein, welches ein Element von Angst enthält. Jenny kannte Drew nicht besonders gut und er machte sie offensichtlich nervös. Die beste Lösung schien, die Art zu ändern, wie Drew sich Jenny näherte, sodass sie weniger nervös sein würde und eher die Chance hätte, ihre Haltung zu bewahren.

Als ich über dieses Problem nachdachte, wurde ich an einen

Hund erinnert, den ich einige Jahre zuvor getroffen hatte. Max, ein zwei Jahre alter Airedale Terrier, fürchtete sich ebenfalls vor dem Mann in seinem Leben. Barry war ein großer, imposanter Mann mit einer tiefen Stimme. Wenn er nach der Arbeit nach Hause kam, donnerte er: „He, Max“ und beugte sich über ihn, um ihm einen kräftigen Klaps auf den Kopf zu geben. Der arme Hund machte oftmals genau dann unter sich. Manchmal war Max tatsächlich so angespannt, dass er schon urinierte, wenn Barry ihn nur ansah. Ich musste Barry lehren, in einem höheren, leichteren Tonfall zu sprechen und Max eher ein Leckerchen zuzuwerfen, als mit ausgestreckter Hand auf ihn zuzugehen. Ich empfahl außerdem, dass er einen Radiowecker stellen sollte, der jeden Tag angehen würde, kurz bevor er nach Hause kam. Auf diese Weise würde Max ein bisschen Zeit haben, sich für seinen Auftritt vorzubereiten.

Drew war weder imposant, noch hatte er eine tiefe Stimme, aber das hielt Jenny nicht davon ab, genau wie Max zu reagieren. Ich bat Drew, Jenny nicht direkt anzusehen, wenn er in ihre Nähe kam, jedenfalls bis das Problem behoben war. Er sollte wegschauen, sich hinhocken und darauf warten, dass der Hund sich ihm näherte.

„Ich schätze, das kann ich tun,“ sagte Drew. „Alles, was sie davon abhält, meine Schuhe vollzupinkeln. Vermutlich weiß sie, dass ich sie nicht besonders mag,“ fügte er hinzu.

„Nun, lassen Sie uns sehen, ob wir sie etwas liebenswürdiger machen können.“ Ich lächelte, aber gleichzeitig dachte ich, dass Drew von Jennys Standpunkt aus gesehen auch kein großer Gewinn war.

Ich wusste nicht recht, wie ich das Aufreiten am Arm angehen sollte, aber glücklicherweise brauchte ich es gar nicht anzugehen. Als Jennys Stresspegel sank und ihr anderes Fehlverhalten unter Kontrolle kam, brauchte sie diese sozial nicht akzeptable Art, überschüssige Energie abzulassen, nicht mehr.

Ich würde gern sagen können, dass dieser Fall zur allgemeinen Zufriedenheit gelöst wurde. Gewiss lernte Jenny sich in einer passenderen Weise zu benehmen und Gilian war dankbar dafür, dass sie in der Lage war, die Menge an Stress zu verringern, der Jenny ausgesetzt war. Aber ich war nicht allzu überrascht, als Gilian eine Nachricht auf dem Anrufbeantworter hinterließ, nachdem das Programm mehrere Wochen gelaufen war.

„Ich wollte Ihnen nur sagen, dass Jenny sich viel besser benimmt," sagte sie. „Aber Drew scheint sie immer noch nicht besonders leiden zu können ..." Auf ein nervöses Lachen folgte ein: „Nun ja, wir schicken Ihnen eine Hochzeitseinladung. Sie hören bald wieder von mir."

Ich bin froh, dass ich nicht mit angehaltenem Atem darauf wartete, weil die Einladung niemals kam und die Hochzeit, wie ich später erfuhr, niemals stattfand. Ich bin sicher, dafür gab es eine Menge komplizierter Gründe, aber ich glaube, dass Gilian im Grunde ihres Herzens ihren Hund mehr liebte als Drew. Und da war dann Schluss.

Gesunde Hunde, die mit ihrem Leben zufrieden zu sein scheinen, bekommen fast immer eine Menge Aufmerksamkeit von ihren Besitzern. Sie zählen auf diese Zuwendung und freuen sich darauf. Und da sie regelmäßig Zuwendung bekommen, können sie vorhersehen, wann es passieren wird und sie lernen, sich so zu benehmen, dass sie mehr davon bekommen. *Wenn er den Ball wirft und ich ihn hole und wiederbringe, werde ich gestreichelt. He, das ist prima!* Dies gibt Hunden ein Gefühl der Sicherheit. Es ist sehr tröstlich.

Hunde sind immer auf Rituale bedacht. Sie wollen genau wissen, was kommt. Es ist in Ordnung, die Art der Zuwendung oder Beschäftigung zu ändern, die man seinem Hund gibt, solange er weiß, worauf es am Ende hinausläuft. Hunde, die sich in dieser Hinsicht sicher fühlen, kommen besser mit kleineren Änderungen in ihrem Tagesablauf zurecht, weil sie wissen, dass sie auf wichtige Gewissheiten zählen können.

Während Jennys Fall glücklich endete – jedenfalls für den Hund –, sind andere nicht so einfach. Manchmal kann ich schon aus der

Umgebung, in der der Hund lebt, erkennen, dass der Besitzer es schwer haben wird, Dinge zu ändern, damit der Hund sich zufriedener und sicherer fühlt.

Cooper war ein großartiger kleiner vier Jahre alter Beagle mit einem Menschenproblem, das ihm enormen Stress bereitete. Das Problem begann, als er ein Welpe war, und meiner Meinung nach landete er am Ende im falschen Haushalt bei den falschen Leuten. Man bat mich, den Versuch zu unternehmen, diesen eckigen Stift in ein rundes Loch zu passen, bevor jemand verletzt würde.

Roxanne Bell war eine gute Mutter und eine sehr nervöse Person. Ihre beiden Kinder hatten eine Vielzahl von emotionalen Problemen, wie sie mir sagte, als wir uns trafen. Ich erfuhr bald, dass außer ihrem Ehemann jeder in der Familie aufgrund der verschiedensten psychischen Symptome irgendein die Stimmung beeinflussendes Medikament nahm. Dies war nicht die ideale Atmosphäre für einen Hund wie Cooper.

Cooper hatte eine merkwürdige Vorgeschichte. Ich hörte alles darüber und mehr, weil Roxanne ununterbrochen redete und sich kaum Zeit nahm, Luft zu holen. Kürzlich sah ich mir den Diagnosebogen noch einmal an und konnte die seitenlangen Notizen kaum entziffern, die ich gemacht hatte, während ich versuchte, ihren schnellen Gedankengängen zu folgen.

Die Bells hatten Cooper bei einem Züchter erworben. Er sollte ein reinrassiger Beagle sein, aber der Züchter bot ihnen keine Papiere an. Dies hätte sofort die Alarmglocken schrillen lassen müssen, aber das tat es nicht gleich.

„Der Bursche sagte uns, dass dieser Hund nicht so sei wie die anderen Welpen in dem Wurf. Er sei krank und so weiter," sagte Roxanne. „Daher behielt er das arme kleine Ding die ganze Zeit im Keller. Ich glaube wirklich nicht, dass er sehr viel mit ihm rausging oder ihn irgendwo herumlaufen ließ – außer zu seinem Platz im Keller. Armer kleiner Cooper."

Als sie einen Moment innehielt, um Atem zu schöpfen, fragte ich: „Wissen Sie, was mit Cooper nicht in Ordnung war?"

„Er hat nicht wirklich gesagt, dass er krank sei. Wissen Sie, er hat nur von ‚kränklich' geredet," meinte Roxanne. „Wir fanden ihn so niedlich und er war der Einzige, der noch übrig war, also entschlossen wir uns, ihm eine Chance zu geben und ihn mit nach Hause zu nehmen. Er war erst sechs Wochen alt, aber natürlich wussten wir nicht, wie lange er im Keller eingepfercht gewesen war, daher nannten wir ihn Cooper" (to coop = einpferchen).

„Ich verstehe," unterbrach ich sie in dem Versuch, etwas Kontrolle über das Treffen zu gewinnen. „Lassen Sie uns zu der Frage übergehen, was diese Art von früher Erfahrung für Cooper bedeutete, damit wir sein Naturell ein bisschen besser verstehen können." Ich schaute zu Cooper hinüber, der sich unter dem Couchtisch versteckte und nervös Roxannes Kinder beobachtete, die sich nahebei auf dem Teppich balgten.

Hunde, die während der ersten Wochen oder Monate ihres Lebens isoliert gehalten werden, nehmen Umweltreize anders wahr als Welpen – und übrigens auch Menschen –, die mit einer normalen Anzahl von sozialen Kontakten aufgezogen worden sind. Wenn sie in die Welt hinausziehen und einer großen Vielfalt von Menschen, Orten und Geräuschen ausgesetzt werden, haben sie das Gefühl, das alles sei mehr, als sie verkraften können – und sie versuchen es zu meiden.

„Ist das der Grund dafür, dass er sich immer unter Gegenständen versteckt und nach den Jungen schnappt?" fragte Roxanne.

„Höchstwahrscheinlich," sagte ich. Ich gab dem Hund keine Schuld. Diese Umgebung fing an, mich ebenfalls nervös zu machen. Ich erklärte, dass Hunde wie Cooper oft ängstlich und neophobisch sind, was bedeutet, dass sie sich vor allem Neuen fürchten – angefangen bei Menschen auf der Straße bis hin zu einem neuen Spielzeug im Haus. Und weil sie die ganze Zeit Angst haben, reagieren sie oft beim geringsten Anlass mit Knurren oder Schnappen.

„Ich möchte nicht, dass er die Kinder beißt und nach ihnen schnappt und ich mache mir Sorgen, dass er jemand anderes beißen wird, besonders ein anderes Kind," sagte Roxanne zu mir.

Mir wurde klar, dass dies ernster war, als ich ursprünglich gedacht hatte. „Roxanne," fragte ich, „war Cooper immer so wie jetzt?"

„Ja, so ziemlich," sagte sie. „Er schnappt, wenn man ihm das Futter wegnimmt, und knurrt die Kinder an oder beißt sie, wenn sie ihn nur ein klein wenig am Schwanz ziehen."

Also zogen die Kinder ihn am Schwanz und nahmen sein Futter weg, während er fraß, dachte ich. Großartig. „Was macht ihr beiden noch so alles mit dem Hund?" fragte ich die Kinder.

Statt mir direkt zu antworten, sagte Brad, der Jüngere: „Los, Cooper, wir wollen uns tot stellen."

„Spielt nicht dieses grausige Spiel," sagte Roxanne. „Er wird euch beißen."

„Könnt ihr Burschen mir das Spiel erklären?" fragte ich. Nach etlichen Fehlstarts und einer Menge Gekicher beschrieben die Jungen ihr Lieblingsspiel.

Wenn sie Freunde zu Besuch hatten und alle es satt hatten, Videospiele zu spielen oder Fernsehen zu gucken, riefen sie Cooper herein und spielten das Spiel „tot umfallen". Das Spiel war einfach: Falls Cooper freundlich genug gestimmt war, um herüberzukommen und sie zum Streicheln aufzufordern, würden sich alle Kinder hintenüber fallen lassen und vorgeben, tot zu sein. Cooper war daraufhin sehr besorgt und stupste ihre schlaffen, leblosen Körper an. Das machte ihnen Spaß und sie fingen an zu kichern und herumzuspringen. Cooper, der wahrscheinlich gedacht hatte, dass seine Familie tatsächlich gestorben sei, erschrak furchtbar. Wie zu erwarten reagierte er auf die plötzliche Bewegung mit Knurren oder Schnappen. Dies beendete natürlich das Spiel und Cooper wurde in einen anderen Raum verbannt.

Dies ist ein Fall, an den ich mich nicht gern erinnere, weil ich nicht in der Lage war, viel für den armen Cooper zu tun. Ich sagte der Familie, dass es unbedingt notwendig sei, Cooper in Ruhe zu lassen und ihm einen eigenen Platz einzuräumen, besonders wenn er fraß. Ich erklärte, dass Cooper aufgrund seines frühen Eingesperrtseins niemals zu der Sorte Hund gehören würde, die Aufmerksamkeit besonders schätzt, vor allem nicht die Art von Neckereien, denen er hier ausgesetzt war.

Um für die Sicherheit aller zu sorgen, empfahl ich, dass sie Cooper an einen Gentle Leader gewöhnen sollten. Das ist eine spezielle Halsband-Geschirr-Kombination, die über die Nase und den Nacken passt. Wenn der Hund einen Satz nach vorne macht, zieht die Schlaufe seinen Kopf scharf nach unten, was dazu führen kann, dass er kopfüber stürzt, wenn er sich wirklich sehr schnell bewegt. Der Gentle Leader und andere Halsbänder wie das Snoot Loop und das Halti Kopfhalfter tun dem Hund nicht weh und sind eine große Hilfe bei Hunden, die dazu neigen, ihren Besitzer hinter sich herzuziehen. Nach ein paar Fehlstarts lernen sie sehr schnell, diese Art von Verhalten zu unterlassen. Ich dachte, das Halsband würde den Bells helfen, Kontrolle zu erlangen ohne sich selbst zu gefährden. Zusätzlich würde es Cooper dabei helfen, zu lernen, in der Nähe von Kindern ruhig zu bleiben. Leider fand Roxannes Jüngster, dass die Schlaufe grausam aussehe (was sie nicht ist), daher versuchten sie es gar nicht erst.

Es war eine sehr unglückliche und ungewöhnliche Situation. Die meisten meiner Klienten sind sehr um ihre Haustiere besorgt und würden beinahe alles tun, damit diese glücklich sind und sich in ihrer Umgebung wohlfühlen. Die Bells waren auch besorgt, andernfalls hätten sie mich nicht gerufen. Aber sie hatten weder die Mittel noch das Engagement, um die Sache durchzuziehen.

Obwohl Coopers Fall etwas krass war, zeigt er doch, was passieren kann, wenn ein Hund das Gefühl hat, dass er keinerlei Kontrolle über Menschen oder Ereignisse hat. Cooper wurde beinahe wie ein Spielzeug behandelt und keiner dachte wirklich darüber nach, wie er sich fühlen musste, wenn sie ihn am Schwanz packten, ihm sein Futter wegnahmen oder plötzlich aufsprangen und ihm Angst machten.

Wir stellen uns Stress auslösende Ereignisse als dramatische oder wenigstens offensichtliche Geschehnisse in unserem Leben vor. Und das sind sie auch, wenn wir davon betroffen sind. Aber Hunde bewegen sich auf einer ganz anderen Ebene. Dinge, die wir nie bemerken oder als unwichtig abtun würden, können für sie sehr stressig sein. Eine läutende Türglocke oder ein Donnerschlag können für einen Hund fast so viel Stress bedeuten wie der Gedanke an eine Herzoperation für uns.

Natürlich können einige Dinge, die unseren Stresslevel in den höchsten Gang schalten, denselben Effekt auf unsere Hunde haben. Ich denke da ans Umziehen. In ein neues Haus umzuziehen kann unglaublich stressig sein. Für die menschlichen Mitglieder der Familie bedeutet ein Umzug, dass monatelang alles aus den Fugen ist. Man kann nichts mehr wieder finden, Geld ist wahrscheinlich knapp und alles, was man gerade jetzt braucht, wie zum Beispiel die Zahnbürste, ist immer in der untersten Kiste verpackt.

Aber wenigstens können Sie verstehen, wozu der Umzug gut ist. Versuchen Sie einmal Ihrem Hund zu erklären, dass der Umzug eine gute Sache ist, weil Sie einen neuen Job bekommen oder in ein besseres Haus in einen Vorort ziehen. Alles, was Ihr Hund weiß, ist, dass plötzlich sein ganzes Leben zerstört ist, und er hat nicht die leiseste Ahnung warum. Und die Tatsache, dass die menschlichen Familienmitglieder ebenfalls unter Stress stehen, macht sein Gefühl der Besorgnis nicht gerade geringer.

Vor einigen Jahren traf ich einen kleinen Malteser, der unter meinen Klienten den Rekord darin hält, innerhalb kurzer Zeit am häufigsten umgezogen zu sein. Die Hündin Mi-Mi war mit ihrer amerikanischen Besitzerin Jane Bigelow von Japan herübergeflogen. Nachdem sie in die Staaten zurückgekehrt waren, zogen Mi-Mi und Jane nach Philadelphia, New York und Atlanta, alles innerhalb von drei Monaten.

Mi-Mi war damit anfangs gut klargekommen, aber als sie nach Atlanta kamen, fing sie an, die innere Gelassenheit zu verlieren. Ich traf mich mit Jane in ihrem Appartement – ihrer, wie sich herausstellte, vorläufigen Bleibe, weil sie auf eine dauerhafte Anstellung bei dem großen Unternehmen wartete, für das sie arbeitete. Die Umzüge, erklärte sie, hatten ihr Leben völlig unvorhersehbar gemacht, und Mi-Mi kam kaum dazu, sich an eine Routine zu gewöhnen, ehe sie wieder entwurzelt wurde.

„Mi-Mi ist so enorm gestresst, dass ich nicht mehr weiß, was ich noch mit ihr anfangen soll," sagte Jane. „Sie hat begonnen, die ganze Zeit zu bellen, und wenn ich abends nach Hause komme, folgt sie mir ständig überall hin."

„Ich kann es ihr nicht verdenken," sagte ich. „Dieses kleine Mädchen weiß wahrscheinlich von einem Tag zum anderen nicht mehr, ob Sie wieder auftauchen werden oder wo sie am nächsten Morgen aufwachen wird."

„Sie haben Recht," sagte sie. „Und sie hat nie zuvor so viel Englisch gehört."

„Wow, daran habe ich noch gar nicht gedacht," sagte ich.

Obwohl Hunde nicht so wahnsinnig viel von unserer Unterhaltung verstehen, konnten die sehr verschiedenen Laute der englischen und japanischen Sprache eine weitere Sache sein, an die die kleine Mi-Mi sich anpassen musste – eine Art Hunde-Kulturschock. Viele kulturelle Unterschiede zwischen Japan und den USA konnten verwirrend für sie sein. Ich dachte einen Moment nach. „Warum versuchen Sie nicht, Japanisch mit Mi-Mi zu sprechen?" schlug ich vor. Schließlich war das ihre „Muttersprache".

Ich wusste, dass Jane sehr viel mehr würde tun müssen, als „Sitz" auf Japanisch zu sagen, damit Mi-Mi anfangen würde, sich zu entspannen. Hunde sehnen sich nach Vorhersagbarkeit in ihrem Leben. Sogar nur einmal umzuziehen bedeutet Stress. Vier Mal in drei Monaten umzuziehen ist genug, um sie in ein emotionales Chaos zu stürzen.

Es ist immer eine gute Idee, den Hund, wenn irgend möglich, zu einem Besuch an den neuen Ort mitzunehmen, ehe man umzieht. Dies gibt ihm nicht nur die Gelegenheit, eine Vorstellung von der Umgebung zu bekommen – *Hmm, riecht, als ob eine Katze hier gewesen ist. Diese Teppiche gefallen mir. Man kann darauf viel einfacher laufen als auf dem Parkett* –, sondern er wird auch seinen eigenen Geruch wieder erkennen können, wenn später der eigentliche Umzug erfolgt. Alles, was man tun kann, um den Ort vertraut und freundlich erscheinen zu lassen, wird dazu beitragen, den Stress zu verringern.

Natürlich ist es nicht immer möglich, vorherige Besuche zu arrangieren. Das Einzige, was Sie dann tun können, ist zu versuchen, das neue Zuhause ebenso bequem und anheimelnd zu machen wie den Ort, den der Hund gerade verlassen hat. Es ist zum Beispiel eine gute Idee, einige der beliebtesten Besitztümer des Hundes mitzubringen, wie Kauspielzeuge oder seinen speziellen Schlafplatz. Wenn Sie am neuen Ort ankommen, achten Sie darauf, wo er sich entspannt. Dann tun Sie seine Spielzeuge und sein Lager an *diesen* Fleck. Er wird diese Objekte nicht nur mit angenehmen Gefühlen verbinden, sondern die Tatsache, dass Sie ihn die Stelle aussuchen lassen, wird einen gewissen Grad an Kontrolle in seinem Leben wieder herstellen.

Nichts von all dem konnte Mi-Mi an diesem Punkt helfen, wenigstens nicht bis zum nächsten Umzug, aber ich schlug ein paar andere Dinge vor, die Janet vielleicht ausprobieren konnte. Es war klar, dass Mi-Mi teilweise unter Trennungsangst litt, die der Grund dafür war, dass sie abends an Janet klebte wie ein Schatten. Es würde nicht schaden, sagte ich Janet, ein System von stufenweisen Abwesenheiten zu planen, nach dem sie regelmäßig das Haus verlassen und fast sofort wiederkommen würde. Wenn Janet dies ziemlich oft tat, würde Mi-Mi bald begreifen, dass nichts passierte, wenn Janet wegging. Noch wichtiger war, dass es ihr helfen würde zu lernen, dass Janet immer wieder zurückkam.

Ich sagte Janet, es wäre außerdem hilfreich, wenn sie versuchen würde, dieselbe Routine wieder herzustellen, die sie an früheren Wohnorten hatte, wie etwa zur gleichen Zeit aufzustehen und nach dem Frühstück wie immer spazieren zu gehen. Hunde lieben vertraute, vorhersagbare Vorgänge, weil sie ihnen das Gefühl geben, sie hätten Kontrolle in ihrem Leben. Und das ist bei weitem der beste Weg, den Grad an Stress gering zu halten.

Janet stimmte zu, all dies zu versuchen. Sie rief etwa zwei Wochen später an, um zu erklären, dass Mi-Mi zwar immer noch Schwierigkeiten hatte, sich anzupassen, es ihr aber doch eindeutig besser ging. Im Hintergrund konnte ich leise, wohltuende japanische Musik hören.

„Das ist für Mi-Mi," sagte Janet. „Ich kann das Gedudel nicht ausstehen, aber sie bellt niemals, solange es an ist." Es war klar, dass Mi-Mi ein teilweise asiatisches Umfeld brauchte, jedenfalls für eine Weile, um ihr zu versichern, dass sie zu Hause war. Die Musik würde nicht alle ihre Probleme lösen, aber es war eine weitere Möglichkeit, das Leben vorhersehbar zu machen. Und für Hunde macht das ungeheuer viel aus.

ZERO
Die Hündin, die in einem Vogelkäfig lebte

Ich konnte die Vögel zwitschern hören, sobald ich die Autotür öffnete. Als ich mich der Haustür des bescheidenen Bungalows im Außenbezirk von Atlanta näherte, wurde das Geräusch lauter. Ich schaute durch das große Fenster auf der Vorderseite und sah überall Sittiche. Sie saßen auf Sitzstangen, hüpften auf dem Boden herum und flogen von einem Zimmer ins andere. So etwas hatte ich noch nie gesehen.

„Dr. Wright! Danke, dass Sie gekommen sind!“ Eine kleine grauhaarige Dame riss die Tür auf und begrüßte mich enthusiastisch. „Willkommen im Vogelkäfig. Ich bin die Vogelfrau.“ Sie streckte die Hand aus. „Sagt Hallo, Hi-Fi und Tweety.“ Offensichtlich sprach sie zu den beiden Sittichen, die sich auf ihrer Schulter niedergelassen hatten. Der eine reagierte mit einem lauten „Hi-hi-hi-hi-hi“ auf ihre Aufforderung, der andere legte nur den Kopf auf die Seite und sah mich neugierig an.

„Hallo, ihr beiden,“ sagte ich und suchte den Flur nach einem Hund ab. Normalerweise sind sie die Ersten, die auf den Plan treten, wenn ich einen Hausbesuch mache.

„Ist Zero da, Mrs. Moseley?“

„Aber sicher, er ist im Wohnzimmer – und nennen Sie mich einfach Birdie,“ sagte sie. (Anmerkung der Übersetzerin: Birdie = Vögelchen)

Als wir das Wohnzimmer betraten, sah ich, dass sie das Erkerfenster in einen riesigen Vogelkäfig verwandelt hatte. Die Tür stand offen und die Vögel flogen ein und aus und stießen auf die Gardinen, den Kaminsims, die Sessel und Birdie selbst nieder. Ich konnte absehen, dass die Unterhaltung aufgrund der Kakophonie des Gezwitschers schwierig werden würde. Der Boden des Geheges war ziemlich sauber, aber der ganze Raum roch wie ein Zoogeschäft.

Endlich entdeckte ich Zero, einen netten Border-Collie-Beagle-Mix, der mich mit heraushängender Zunge und einem Lächeln auf dem Gesicht eifrig ansah. Er teilte das Zimmer mit den Vögeln, genoss aber offensichtlich nicht dieselbe Freiheit wie sie. Ein Ende einer zwei Meter langen Leine war an seinem Halsband befestigt, das andere an einer Gitter-Hundebox. Sein lautes Hecheln verriet mir, dass er ganz schön unter Stress stand. Der Grund dafür ist kein Geheimnis, dachte ich, als ein Paar grüne, schlagende Schwingen an meiner Nase vorbeisausten. „Hui!"

„Machen Sie sich keine Sorgen, sie verfehlen einen immer," sagte Birdie.

„Jagt Zero die Vögel?" fragte ich, als ich bemerkte, dass sie keine Anstalten machte, ihn von der Leine zu lassen.

„Oh, er hat's versucht, aber ich kann das nicht erlauben," sagte sie. „Darum ist er angebunden." Sie runzelte die Stirn. „Tatsächlich glaube ich, dass er etwas Angst vor ihnen hat. Manchmal tun sie so, als wollten sie Sturzflüge auf ihn machen."

„Armer kleiner Kerl," sagte ich, kniete nieder und kraulte ihn unter dem Kinn. Seine Augen strahlten vor Dankbarkeit und sein buschiger Schwanz bewegte sein ganzes Hinterteil hin und her.

„Passen Sie auf," sagte Birdie. „Er könnte beißen."

Ich sah kein Anzeichen dafür, dass Zero vorhatte zu beißen. Er schien einfach dankbar für die Aufmerksamkeit. Aber Birdie hatte mich gerufen, weil sie besorgt darüber war, dass Zero übermäßig erregbar und aggressiv war und mit ärgerlicher Häufigkeit nach ihr geschnappt hatte.

„Können wir uns irgendwo hinsetzen und über Zero sprechen?" fragte ich. Die Vögel gingen mir auf die Nerven. Die beiden auf Birdies Schulter waren von drei anderen abgelöst worden, einschließlich eines hübschen, blassgelben Sittichs.

„Böser Hund, böser Hund," skandierte der Sittich.

„Sicher, gehen wir in die Küche," sagte Birdie. Sie wischte sich die Vögel von den Schultern und schickte sich an, den Raum zu verlassen, ohne Anstalten zu machen, Zero abzuleinen. Er sah uns sehnsüchtig nach und bellte ein- oder zweimal.

„Schon geht's los," sagte sie, als wir in die relative Ruhe der Küche und in das anschließende Esszimmer traten. „Immer ein Kommentar." Das Bellen ging noch ein oder zwei Minuten weiter, aber es war unter dem Krach der Vögel kaum hörbar.

Ich setzte mich und fing an, Notizen zu machen. Birdie sagte mir, dass Zero anderthalb Jahre alt und kastriert sei. Sie hatte ihn etwa sechs Monate zuvor adoptiert und glaubte nicht, dass er in Gehorsam trainiert war. Er sei übermäßig aufgedreht, erzählte Birdie mir. Er sprang an, knabberte an Fingern, schnappte und bellte. Gelegentlich umklammerte er ihr Bein und tat „abscheuliche Dinge".

Was Birdie von Zero erwartete, war, ruhig und passiv zu sein. Mit all den herumfliegenden Vögeln habe sie genug Leben in der Bude, erklärte sie.

Ich fragte Birdie nach Zeros Tagesablauf. Sie führte ihn jeden Morgen um sieben Uhr aus. Dann tat sie ihn in seine Box im Wohnzimmer und ging zur Arbeit. Um elf Uhr kam jemand vorbei, den sie beauftragt hatte, und nahm Zero auf einen 15-minütigen Gang mit. Birdie nahm ihn nach der Arbeit und noch einmal um Mitternacht zu weiteren Spaziergängen mit. Die Spaziergänge dauerten normalerweise etwa 30 Minuten und sie ging jeden Abend dieselbe Strecke.

„Vier Spaziergänge am Tag sind gut," bemerkte ich, als ich die Information niederschrieb. „Und wenn Sie nach der Arbeit zu Hause sind, was tun Sie und Zero dann?"

„Ich halte ihn meistens angebunden. Andernfalls würde er nach den Vögeln springen."

Ich legte meinen Stift hin. „Lassen Sie uns klarstellen, ob ich Sie richtig verstanden habe: Zero ist im Wesentlichen die ganze Zeit eingesperrt oder angebunden, wenn er nicht ausgeführt wird oder frisst?"

„Das ist richtig," sagte sie. „Es ist die einzige Möglichkeit, wie ich ihn unter Kontrolle halten kann."

„Verbringt er die Nacht in seiner Box?"

„Oh nein," sagte Birdie. „Er kommt mit mir nach oben ins Schlafzimmer."

Nun, das war wenigstens etwas.

„Ich hänge seine Leine über den Bettpfosten, damit er keinen Unsinn machen kann."

„Oh," sagte ich und notierte es.

Ich versuchte mir ein Bild davon zu machen wie sie mit Zero umging, wenn er sich schlecht benahm, obwohl es den Anschein hatte, dass seine Gelegenheiten für irgendwelche Arten von Fehlverhalten rar waren, wenn man die Umstände in Betracht zog.

Birdie sagte, dass sie ihn anschreie, wenn er etwas falsch mache oder eine zusammengerollte Zeitung nehme und damit gegen die Couch schlage, um ihn einzuschüchtern, damit er mit dem aufhörte, was er gerade tat.

„Bringt ihn das dazu, aufzuhören?" fragte ich.

„Darauf können Sie wetten," sagte sie. „Jedenfalls hört er für eine Minute auf."

„Belohnen Sie Zero, wenn er sich ruhig benimmt?"

Sie dachte einen Augenblick lang nach. „Eigentlich nicht. Obwohl ich froh bin, wenn ich ihn nicht anschreien muss. Meinen Sie, ich sollte ihm Leckerchen geben?"

Ich erklärte, dass eine Belohnung alles Mögliche sein kann, angefangen bei einem Tätscheln am Hinterteil oder den Worten „Braver Hund" bis dahin, ihn auf einen Extra-Spaziergang mitzunehmen oder ein paar Minuten mit ihm zu spielen. Es musste kein Futter sein. Es musste nur etwas sein, das dazu führte, dass er sich gut fühle und ihm half zu lernen, dass er belohnt statt bestraft werden würde, wenn er sich in bestimmter Weise benahm.

„Oh, ich verstehe. Nun, ich vermute, das könnte ich tun."

Ich dachte einen Moment über die Situation nach. Das System von Anschreien und Einschüchtern mit der Zeitung grenzte meiner Meinung nach an eine psychische Misshandlung Zeros. Der Hund wurde im Grunde genommen wie eine Geisel gehalten. Als Mischung aus einer Jagd- und einer Hütehunderasse war Zero mit einer enormen Menge an Energie und Begeisterungsfähigkeit ausgestattet, die absolut keine Möglichkeit hatte, sich zu äußern.

Gelegentlich sehe ich im Zuge meiner Arbeit Fehlgriffe wie diesen. Birdie wäre ohne Hund besser dran gewesen oder zumindest mit einem älteren, sanften Tier, das einfach zu ihren Füßen liegen und dösen würde. Zero wäre mit einer aktiven Familie besser gefahren, die es liebte, im Freien zu sein und Frisbee zu werfen oder auf die Jagd zu gehen oder im Garten Ball zu spielen. Aber wie gewöhnlich musste ich mit der bestehenden Situation umgehen. Ich pflege den Leuten nicht zu empfehlen, dass sie ein besseres Zuhause für ihr Haustier finden sollen, ehe ich nicht versucht habe, das Leben des Hundes dort angenehmer zu machen, wo er ist.

Ich erklärte Birdie, dass Zero sich nicht ausgesprochen übertrieben benahm. Zuerst war sie ein bisschen gekränkt, aber nachdem ich ihr erläutert hatte, dass er sehr viel mehr Bewegung und etwas Freiheit brauchte, sagte sie, dass sie darüber noch nie wirklich nachgedacht hatte. Das war für mich in dem Augenblick offenkundig gewesen, in dem ich zur Tür hereinkam.

Wenn sie ihn viel öfter für gutes Benehmen lobte, sagte ich, würde dadurch sein Verhalten in andere Bahnen gelenkt und zu einem besseren Muster geformt. Birdie war einverstanden, es zu tun. „Wenn ich etwas finde, wofür ich ihn loben kann," fügte sie hinzu.

„Nun, wenn er ruhig ist und Sie nicht anspringt oder zwickt, können Sie mit beruhigender Stimme ‚Braaaver Hund' sagen," meinte ich. „Da er Anzeichen von Aggressivität gezeigt hat, sollten Sie ihn nicht anschauen, wenn Sie ihn loben." Direkter Blickkontakt kann auf viele Hunde, die schon eine Neigung dazu haben, aggressiv zu werden, erregend wirken.

„Was noch?" fragte sie und nahm einen Stift und Papier heraus. Es erstaunt mich immer, dass manche Leute Anweisungen darüber aufschreiben müssen, wie sie mit ihrem Hund umgehen sollen, wo doch andere Menschen instinktiv wissen, wie man es macht. Aber ich führte es genau für sie aus.

Zero wolle ihr nur nahe sein, erklärte ich. Wenn er brav sei, solle sie ihn mit einer fünf- bis zehnminütigen Spielphase oder einem zusätzlichen Spaziergang belohnen. „Lassen Sie nicht zu, dass er durch Bellen oder Winseln Dinge fordert," fügte ich hinzu. Die Idee war, ihm den Tag über einen Rahmen von Aktivitäten zu geben, damit er etwas haben würde, auf das er sich freuen konnte.

Zusätzlich empfahl ich, dass sie Zero öfter von der Leine lassen sollte, solange er sich ihren Wünschen fügte und ruhig blieb, was er wahrscheinlich sein würde, wenn sie ihm mehr Gelegenheiten gab, seine Energie loszuwerden, indem er herumrannte und draußen spielte.

Schließlich schlug ich vor, dass sie aufhören sollte, Zero und seine Box im Wohnzimmer zu halten. Das würde ihn vor dem Tschilpen und den Sturzflügen bewahren, die ihn vermutlich ganz verrückt machten. Ich half ihr, die Box ins Schlafzimmer zu schaffen, und sie stimmte zu, sie dort nachts mit offener Tür stehen zu lassen, solange er sich benahm.

Als ich ein paar Wochen später am Telefon mit Birdie sprach, sagte sie mir, dass Zero eindeutig ruhiger geworden war. Der besorgte Ausdruck war von seinem Gesicht verschwunden und die Vorfälle schlechten Benehmens waren beträchtlich zurück gegangen. Zero habe nun das ganze Haus zu seiner Verfügung, sagte sie mir, aber er meide das Wohnzimmer völlig. „Ist das nicht seltsam?" sagte sie. Irgendwie war ich nicht allzu überrascht.

Birdie hob die beste Nachricht bis zuletzt auf. „Hören Sie sich das an, Dr. Wright," sagte sie. Im Hintergrund konnte ich lebhaftes Zwitschern hören. „Na los, Daffy," lockte sie. Dann drang eine krächzende Stimme aus dem Hörer.

„Guuuter Hund, guuuter Hund."

Ich lachte erfreut. Nun, da die Vögel mit im Boot saßen, wusste ich, dass es Zero gut gehen würde.

Birdies Situation war ungewöhnlich, aber ihre Einstellung zur Disziplin war es leider nicht. Viele Leute verfallen darauf, ihre Hunde anzuschreien, zu bedrohen oder einzusperren, wenn sie nicht tun, was sie sollen. Sogar Hunde, die eine Gehorsamsausbildung durchlaufen haben und ein paar Basiskommandos kennen, können gelegentlich ungebärdig oder dickköpfig sein und ein großer Teil meiner Arbeit besteht darin, Leute zu lehren, wie sie mit Verhaltensproblemen umgehen können. Diese Probleme sind oft auf einen Mangel an angemessener Disziplinierung zurückzuführen. Und damit meine ich nicht körperliche Bestrafung.

Richtige Disziplinierung beinhaltet, dem Hund zu zeigen, welches Verhalten richtig und welches falsch ist. Das zeigt man ihm nicht, indem man ihm einen Klaps gibt oder ihm wehtut. Man tut es, indem man konsequent ist – indem man dem Hund zeigt, was man von ihm erwartet, und ihn dann lobt, wenn er es tut.

Stellen Sie sich vor, ein Hund uriniert auf den Teppich. Statt ihn zu schlagen, was vermutlich dazu führen wird, dass er sich wegschleicht und in ein anderes Zimmer pinkelt, um Ihnen auszuweichen, müssen Sie ihn auf frischer Tat ertappen und „Ah, ah, ah!" sagen. Dies ist eine sanfte Korrektur, die seine Aufmerksamkeit erregt. Dann bringen Sie ihn ruhig, aber entschlossen zur Tür, führen ihn nach draußen, erlauben ihm, sich dort zu lösen und loben ihn, wenn er es tut.

Wenn Sie das konsequent tun, wird der Hund die Regeln lernen: *Wenn ich das Bedürfnis habe, zu pinkeln, gehe ich zur Vordertür und von dort nach draußen. Es fühlt sich gut an, sich zu erleichtern, und ich werde dafür gelobt. He, das ist wirklich gut!*

Menschen machen die größten Fortschritte bei Verhaltensproblemen, wenn sie sanfte Disziplin und sanfte Korrekturen anwenden. Sie machen die geringsten Fortschritte, wenn sie Drohungen oder körperliche Bestrafung benutzen oder den Hund sogar wirklich schlagen. Die zusammengerollte Zeitung, die Birdie nahm, um Zero einzuschüchtern, war schlimm genug. Noch schlimmer ist es, wenn jemand tatsächlich bereit ist, den Hund mit der Hand zu schlagen. Tatsache ist, dass Schlagen dazu führen kann, dass ein kleineres Verhaltensproblem zu einem ernsten Fall von Aggression eskaliert.

Das passierte der Whitlock-Familie, als sie sich dazu entschloss, schweres Geschütz aufzufahren, um mit ihrer Welsh-Terrier-Hündin Skippy zurechtzukommen, nachdem diese den Fehler begangen hatte, auf den Wohnzimmerteppich zu urinieren.

„Ich habe sie gewöhnlich angeschrien," sagte Kristin Whitlock, als wir uns zu einem Beratungsgespräch in ihrem kleinen Apparte-ment in Atlanta trafen. „Wir haben einen Gehorsamskurs besucht, daher habe ich gedacht, dass sie nicht auf den Teppich machen würde."

„Nun ja, das ist leider keine Fähigkeit, die normalerweise in einem Hundekurs vermittelt wird," sagte ich.

„Das stimmt," gab Kristin zu, „aber es kann einen wirklich verrückt machen, es hinterher aufputzen und riechen zu müssen."

„Wie sind Sie damit umgegangen?" fragte ich.

„Na ja, Joe und ich haben sie meistens angeschrien, aber sie hat dann geknurrt," sagte Kristin.

Ich sah Skippy an, die unter dem Wohnzimmertisch saß und mich mit rollenden Augen misstrauisch musterte. Das Knurren hätte für ihre Leute ein Hinweis darauf sein sollen, mit dem Anschreien aufzuhören. Da sie sich jedoch mit Angelegenheiten der Disziplin nicht auskannten, wählten sie genau den falschen Ansatz und ließen die Schlacht eskalieren.

Wie sich herausstellte, war ein weiteres Problem, dass sie Skippy anschrien, wenn sie den Vorfall entdeckten, sogar wenn das erst Stunden später der Fall war. „Sie weiß, was sie getan hat," meinte Kristin.

„Nun, wahrscheinlich weiß sie es nicht," sagte ich. Wir haben alle schon einmal einen schuldbewussten Ausdruck auf dem Gesicht eines Hundes gesehen, den wir dahingehend interpretieren, dass er weiß, dass er etwas falsch gemacht hat. Aber in Wirklichkeit bezieht sich dieser Ausdruck auf die Bestrafung, von der er weiß, dass sie kommen wird, sobald die Besitzer auf der Bildfläche erscheinen. Hunde können große Schwierigkeiten damit haben, ihr Verhalten mit der ärgerlichen Reaktion in Verbindung zu bringen, die erst später kommt. Sie lernen nur aus Erfahrung, dass ihre Besitzer oft wütend sind, wenn sie nach Hause kommen. Sie haben nicht die geringste Ahnung warum.

So oder so hatte Kristins und Joes Geschrei Skippy dazu veranlasst, zu knurren. Daher rollte Kristin das nächste Mal, als es einen

Unfall gab, eine Zeitung auf und schlug den kleinen Hund. Nun war Skippy nicht so gutmütig wie Zero, wenn sie mit einer zusammengerollten Zeitung konfrontiert wurde. Tatsächlich sah die mutige kleine Hündin keinen Grund, wegen etwas angegriffen zu werden, mit dem sie nichts zu tun hatte (die Tatsache, dass sie auf den Teppich uriniert hatte, war zu dem Zeitpunkt längst vergessen). Also schnappte sie nach der Zeitung. Ganz plötzlich hatten Kristin und Joe alle Hände voll zu tun, Kniffen und Bissen eines Hundes auszuweichen, der nie zuvor aggressiv gewesen war. Es war ihr Fehler – der meiner Meinung nach viel schlimmer war als Skippys Reaktion –, der dazu führte, dass ich auf der Bildfläche erschien.

Skippys Aggression hörte nicht mit diesem einen Vorfall auf. In den Monaten nach dem anfänglichen Auftreten begann sie nach Kristin und Joe zu springen und zu schnappen, wann immer die beiden sie anschrien. „Oder wenn wir sie nur ansehen," sagte Joe. „Und wenn wir dicht an ihr vorbeigehen, wenn sie in der Diele liegt. Sie ist ganz schön empfindlich geworden."

Sie war außerdem sehr intolerant gegenüber Zeitungen geworden. Sie hatte angefangen, jede Zeitung zu attackieren, die sie sah, sogar wenn Kristin und Joe nur auf dem Sofa saßen und die Sportseite lasen. Skippy war offensichtlich durch die Disziplinierung verängstigt worden und ging zu Präventivschlägen über.

„Ich fürchte, Sie beide haben dazu beigetragen, weil sie zuerst nicht wussten, wie sie sie effektiv disziplinieren könnten," sagte ich und hatte das Gefühl, ich müsste die Hündin verteidigen. Es gefiel mir nicht, zu hören, wie ihr die Schuld für etwas gegeben wurde, das sich ihre Besitzer – zugegebenermaßen mit den besten Absichten – selbst eingebrockt hatten.

Dieser Fall war bedauerlich, weil alles so überflüssig war. Da Skippy manchmal auf den Teppich machte, wenn sie zu Hause waren, hatten sie reichlich Gelegenheit, mit dem Problem in einer Weise umzugehen, die Skippy geholfen hätte zu verstehen, was man von ihr verlangte: dass sie ihr Geschäft draußen verrichten sollte. Indem sie eine unangemessene Korrektur benutzt hatten, war jedoch aus einem einfachen Stubenreinheitsproblem ein Aggressionsproblem geworden.

In Zukunft, sagte ich, sollten sie Skippy genau beobachten. Wenn sie sahen, dass sie Anstalten machte, drinnen zu urinieren, sollten sie ruhig sagen: „Komm schon, Kleine, mach das lieber draußen," und die Hündin sanft zur Tür befördern und mit ihr hinausgehen. Dort mussten sie sie loben, wenn sie sich löste. Es war ganz einfach und wirkte – wie ich ein paar Wochen später erfuhr – wie Zauberei.

Ich war erfreut, dass die Whitlocks bereit waren, noch einmal ganz von vorn zu beginnen. Manche Leute sind nicht so flexibel, besonders wenn es um traditionelle Korrekturmittel wie eine zusammengerollte Zeitung geht, die zu viele Leute sogar heutzutage weiterhin verwenden.

Eine andere Sorte von unangemessener Strafe ist die alte Zuflucht, „seine Nase hineinzustecken". So widerwärtig es klingt und ist – Hunde im ganzen Land werden regelmäßig mit der Nase in ihr Malheur gestoßen und die meisten von ihnen sind wahrscheinlich ganz schön überrascht über diese Wendung der Dinge. Sogar wenn sie tatsächlich wissen, dass sie den Fehltritt begangen haben, haben sie es nicht verdient, so behandelt zu werden. Und es funktioniert sowieso nicht. Die freundlicheren, sanfteren Techniken, die ich die Whitlocks anzuwenden lehrte, funktionieren.

Oft ist eine Auszeit ein guter Ansatz, mit Fehlverhalten umzugehen, und 30 Sekunden bis zwei Minuten sind dabei am effektivsten. Statt hinter dem Hund herzurennen und zu schreien oder zu schlagen, was dem Hund die Aufmerksamkeit verschafft, die er haben wollte – auch wenn es negative Aufmerksamkeit ist –, nehmen Sie mit einer Auszeit die sozialen Verstärker weg, die das schlechte Verhalten in Gang halten. Stattdessen ist er ganz allein in einem Raum. Wenn Sie ihn herauslassen, benimmt er sich meistens besser und erntet als Folge davon Lob. Mit der Zeit lernt er den Unterschied kennen zwischen sich austoben und angeschrien werden einerseits und ruhig auf seinem Kissen liegen und Lob und Leckerchen bekommen andererseits.

Manche Leute benutzen eine Hundebox als Ort für Auszeiten. Das ist in Ordnung, wenn der Hund sich in seiner Box wirklich wohl fühlt. Aber wenn er Trennungsangst hat oder die Box als Ort der Strafe betrachtet, wird es nicht funktionieren und Sie müssen einen anderen ruhigen Raum finden.

Leider verstehen manche Menschen die Feinheiten des Trainings nicht. Zusätzlich zu den Erziehungsmethoden „Verhau ihn mit einer Zeitung“ oder „Steck ihn mit der Nase rein“ habe ich einige weitere bizarre Strategien gesehen, die Leute entwickelt haben, um ihre Hunde Gehorsam zu lehren.

Ich erinnere mich an eine drei Jahre alte Springer-Spaniel-Hündin namens Mingo. Mingo benahm sich ihren Besitzern gegenüber aggressiv, die unglücklicherweise mit ihr zu dem falschen Experten gingen. Statt eine Auszeit zu empfehlen, empfahl der Doktor eine Technik, die vor einigen Jahren in Mode war, aber inzwischen von den meisten verantwortungsvollen Tierärzten und Trainern abgelehnt wird.

Ihr Tierarzt riet ihnen, der Hündin ein Würgehalsband und eine Leine anzulegen und sie hochzuziehen, bis sie in der Luft hing, wenn sie sich schlecht benahm. Die Idee war, dass die Besitzer sich als Alphahund im Familienrudel etablieren sollten. Den Hund aufzuhängen sollte dazu dienen, ihm zu zeigen, wer der Boss war.

Was der Tierarzt nicht erwähnte, war, dass dies der Wirbelsäule oder Luftröhre des Hundes Schaden zufügen oder die Durchblutung des Gehirns unterbrechen kann. Ich weiß nicht, wie eine medizinisch gebildete Person so etwas empfehlen kann. Es ist einfach unmenschlich.

Leider haben viele Hundebesitzer diese Technik als Bestrafung verwendet. In Mingos Fall dachten ihre Besitzer, Tom und Sally Baker, dass es dabei helfen würde, ihr Gebell zu beenden und dazu führe würde, dass sie sie nachts im Schlafzimmer nicht mehr herausforderte. Es ist keine große Überraschung, dass das nicht funktionierte.

An diesem Punkt riefen sie mich an. Es stellte sich heraus, dass Mingo die Gewohnheit angenommen hatte, das Schlafzimmer zu verteidigen. Sie ließ Tom oder Sally nicht mehr ins Schlafzimmer zurück, wenn sie es zufällig irgendwann während der Nacht oder am Morgen verlassen hatten. Mingo bellte und knurrte, und die beiden hatten Angst vor ihr.

Es ist nicht ungewöhnlich, dass Hundehalter immer verärgerter werden, wenn sie mit dieser Art von aufsässigem Verhalten konfrontiert werden. Sie neigen dazu, den Hund eher noch anzustacheln, statt sich zurückzuziehen, bis er ruhiger ist. Tom hatte versucht, Mingo am Halsband zu greifen, aber das hatte zu einem Biss geführt. Daher änderte er seine Taktik. Er sagte zum Beispiel: „Runter vom Bett!“ Wenn sie es nicht tat, starrte er sie an. Anstarren ist für manche Hunde sehr provozierend und Mingo beantwortete es mit Knurren und Zähnefletschen. Daraufhin ergriff Tom die Decke, warf sie über sie und versuchte sie aus dem Zimmer zu schleifen, ohne gebissen zu werden. Das waren keine glücklichen Zustände.

Wie sich herausstellte, war Mingo klug und man konnte gut mit ihr arbeiten. Ich brachte dem Ehepaar bei, sie nicht herauszufordern oder Unterwerfung zu erzwingen, sondern sie etwas erfahren zu lassen, das angenehmer war als das Bett zu bewachen. Ich schlug vor, dass sie einige von Mingos Lieblingsspielzeugen zusammen mit einem großen Büffelhautknochen im Schlafzimmer aufbewahren und ihr nur dort erlauben sollten, daran zu kauen. Dies verhalf dazu, sie davon abzulenken, das Bett zu bewachen.

Zusätzlich half ich Tom, ein paar nicht provozierende und nicht strafende Signale zu entwickeln. Trotz Mingos Vorgeschichte mit Aufhängen am Würgehalsband und Wegschleifen in einer Decke reagierte sie sehr gut auf andere Signale. In der dritten Woche des Programms sprang sie zuverlässig vom Bett, wenn Tom mit den Fingern schnipste, und nahm dann glücklich sein Lob in Empfang. Dies zeigt die erstaunliche Unverwüstlichkeit unserer Haustiere. Letzten Endes wollen sie uns nur zu Gefallen sein.

Vor einigen Jahren erhielt ich einen Anruf wegen eines Pärchens von Ausbrecherkönigen. Die beiden Hunde, eine zwei Jahre alte Labradormixhündin und ein drei Jahre alter Deutscher Schäferhund, waren in der Nachbarschaft berühmt dafür, dass sie während der Abwesenheit ihres Besitzers stets aus ihrem eingezäunten Hinterhof entkamen. Der Besitzer, Marvin Bigelow, ärgerte sich über die Tierarztrechnung, die er kürzlich von seinem nächsten Nachbarn bekommen hatte, nachdem der Schäferhund Hero aus seinem Gehege entkommen war und den Hund des Nachbarn angegriffen hatte.

Ich bin immer wieder erstaunt darüber, was Leute alles ohne Rücksicht auf die geistige Gesundheit oder den Beweggrund ihres Hundes tun, wenn sie mit Dingen wie Tierarztrechnungen oder Schadensersatzforderungen wegen beschädigten Eigentums konfrontiert werden. Erst wenn die Rechnungen sich stapeln und sie mit ihrer Weisheit am Ende sind, ziehen sie es in Betracht, einen Profi zu konsultieren.

Marvin war entschlossen, diese Hunde in seinem Hof zu behalten, koste es, was es wolle. Wie er mir sagte, begann er damit, den Hof mit Stacheldraht einzuzäunen, aber das hatte nicht funktioniert. Sie sprangen geradewegs darüber hinweg. Nachdem er den Zaun einige Male erhöht hatte, konnten die Hunde nicht mehr drüber kommen. Also fingen sie an zu graben.

„Hatten sie Erfolg damit?“ fragte ich.

„Oh ja, sie schafften es,“ sagte er. „Da habe ich auch unten am Zaun Stacheldraht befestigt.“

Oh-oh, dachte ich. Keine gute Idee.

„Hero hat sich ganz schön aufgerissen bei dem Versuch, heraus zu kommen,“ sagte er. „Ich bezahle den Tierarzt immer noch dafür.“

„Ist Hero jetzt in Ordnung?“

„Oh ja. Ein paar Narben. Dann beschlossen wir jedenfalls, Honey allein draußen zu lassen, weil sie nur versucht, hinaus zu kommen, wenn er es tut. Wir taten Hero in den Keller.“

„Okay. Wie hat sich das ausgewirkt?“

Der große Mann schüttelte den Kopf. „Er wurde verrückt da

unten. Die Nachbarn kamen und beschwerten sich über den ganzen Lärm. Bellen, Winseln, Jaulen und was sonst noch alles."

Das war der Punkt, an dem Marvin darauf verfiel, den Hunden Geschirre anzupassen. Inzwischen hatte ich meinen Stift sinken lassen und hörte mit entsetzter Faszination zu.

„Was haben Sie damit gemacht?"

„Tja, wir haben den beiden die Geschirre draußen im Gehege angelegt und dann befestigten wir sie mit einem Seil aneinander."

„Sie haben sie aneinander gekoppelt?" fragte ich schwach.

„Jawohl, und dann habe ich ein paar Gewichte besorgt und sie an den Geschirren festgebunden, damit sich die Hunde, falls sie sich durchgruben, nicht so schnell fortbewegen und keine anderen Hund angreifen konnten."

Mir wurde klar, dass Marvin versuchte, die Dinge unter Kontrolle zu behalten, ohne wirklich zu berücksichtigen, dass da zwei lebende, fühlende Tiere waren, die Schaden nahmen. Zusätzlich zu beinahe ständigen Gehege„verbesserungen" griff Marvin oft auf Strafen zurück. Wenn die Hunde ausbrachen und wieder nach Hause kamen, brachte er sie zurück ins Gehege, zeigte ihnen die Löcher, die sie gemacht hatten, und schlug sie dann. Ziemlich bald lernten sie, nicht wieder zurückzukommen, nachdem sie weggelaufen waren. Er musste sie verfolgen und niederhetzen. Und nun nahm er die Gewichte, um sie langsamer zu machen.

In gewisser Weise reagierten die Hunde sehr logisch auf die Situation. Warum zurückkehren, wenn man gerufen wird, wenn man dann geschlagen wird? Als Folge mussten sie sich mit beschwerten Geschirren herumschlagen und waren zusammengebunden wie ein Paar siamesischer Zwillinge. Wenigstens mochten die Hunde einander und die Fesseln hatten sie nicht dazu getrieben, miteinander zu kämpfen. Das war der einzige Lichtblick, den ich in dieser Horrorgeschichte erkennen konnte.

Um den Hunden zu helfen, musste ich zuerst Marvin und seiner Frau Debbie helfen zu verstehen, warum die Hunde wegliefen. Schließlich tut das nicht jeder Hund, vor allem nicht, wenn er einen Kumpel hat, der ihm im Zwinger Gesellschaft leistet.

„Ich bin jedes Mal überrascht, wenn ich nach Hause komme und die beiden weggelaufen sind," sagte sie. „Sie sehen immer so zufrieden aus, wenn ich aus dem Fenster sehe."

„Sie versuchen nicht, zu entkommen, wenn Sie hier sind?"

„Nie," sagte sie. „Sie wissen, dass ich ein Auge auf sie habe."

Dies war mein erster nützlicher Hinweis. Ich hatte das deutliche Gefühl, dass das eigentliche Problem Trennungsangst und nicht das Eingesperrtsein im Gehege war.

„Wenn Sie das Haus verlassen, durch welche Tür gehen Sie da?" fragte ich. „Durch die hintere?"

„Das ist richtig," sagte Debbie.

„Also sehen die Hunde, wie Sie weggehen?"

„Hundertprozentig. Und wir warnen sie mehrfach, dass sie sich benehmen sollen, während wir weg sind," sagte Marvin.

„Was sie ignorieren," fügte Debbie hinzu.

Das war, wie ich glaubte, ein weiterer Anhaltspunkt für Trennungsangst. Marvin und Debbie sagten den Hunden ausführlich „Auf Wiedersehen", wenn sie das Haus verließen. Nachdem sie all diese Aufmerksamkeit bekommen hatten, mussten die Hunde dann beobachten, wie ihre Besitzer weggingen. Das war vermutlich der Moment, in denen ihre Gefühle der Angst und Aufregung sie veranlassten, mit dem Graben anzufangen. Sie sagten sich wahrscheinlich: *He, wo gehen sie alle hin? Es ist beängstigend, allein zu sein, also lass uns machen, dass wir von hier wegkommen!*

Ich versuchte den Bigelows zu helfen, die Dinge vom Standpunkt der Hunde aus zu betrachten. Ja, die beiden verursachten dem Ehepaar Probleme, aber nicht weil sie schlecht oder böswillig waren. Sie vermissten nur ihre Besitzer und versuchten mit ihrer Angst fertig zu werden, indem sie buddelten und ausbrachen.

Ich stellte für sie ein Programm zusammen, das mehr Aufmerksamkeit und regelmäßige Spaziergänge beinhaltete. Außerdem empfahl ich, dass sie unregelmäßige Phasen der Trennung einplanen sollten, in denen sie das Haus für Zeitspannen zwischen einer Minute und einer Stunde verließen. Das würde es schwieriger für die Hunde machen, vorherzusagen, wann sie für einen ganzen

Tag weggingen. Solange sie dachten, ihre Besitzer würden jeden Moment wiederkommen, würden sie viel weniger einsam und ängstlich sein.

Weiterhin sagte ich ihnen, dass es weniger günstig sei, den Hunden Aufmerksamkeit – auch negative Aufmerksamkeit – für ihr Fluchtverhalten zu geben, als ihnen viel freundliche Zuwendung für ihr positives Verhalten zu schenken. Mit anderen Worten sollten sie die Hunde dafür belohnen dass sie im Hof blieben und nicht versuchten, zu entkommen.

„Was soll damit erreicht werden?“ fragte Marvin.

Manchmal verstärken oder belohnen Menschen schlechtes Benehmen, wenn sie ihm viel Aufmerksamkeit schenken, erklärte ich. Es ist wie bei einer Lehrerin in der Schule, die dauernd den Unruhestifter der Klasse anschreit: „Billy, setz dich. Billy, geh auf deinen Platz. Billy, setz dich jetzt endlich hin.“ Obwohl sie es beabsichtigt, bestraft sie das Herumlaufen nicht. Indem sie Billy Aufmerksamkeit gibt, verstärkt sie in Wirklichkeit sein Verhalten.

„Bis hierher kann ich Ihnen folgen,“ sagte Marvin.

„Okay,“ sagte ich. „Wenn sie nun Billys Herumwandern ignoriert und auch nichts anderes das Herumwandern verstärkt, wird das eintreten, was wir das Aussterben eines Verhaltens nennen. Mit anderen Worten: er wird sich hinsetzen. Wie Billy reagieren Hunde viel besser, wenn man nicht auf ihren Fehlern herumreitet und ihnen dadurch Aufmerksamkeit für schlechtes Benehmen schenkt.“

Als letzten Schritt empfahl ich, dass sie Hero kastrieren lassen sollten. Dies würde seinen Drang, zu streunen und andere Hunde zum Kampf herauszufordern, verringern. Als ich sie verließ, ging ich davon aus, dass ich den Bigelows eine neue Sichtweise und Verständnis für das Fehlverhalten ihrer Tiere ermöglicht und ihnen außerdem die Mittel an die Hand gegeben hatte, es in einer humanen und fürsorglichen Weise zu korrigieren. Der Rest lag nun bei ihnen.

Natürlich tun die meisten Hundehalter ihr Bestes, um Fehlverhalten zu beheben, ohne auf grausame oder befremdliche Bestrafungsmethoden zurückzugreifen. Das Problem ist, dass die Leute oft nicht die leiseste Ahnung haben, wie sie ihre Hunde kontrollieren oder ihr Verhalten formen können. Sie sind sich im Unklaren darüber, wie sie Belohnungen und Bestrafungen einsetzen sollen. Das Resultat mag ein gestörter erwachsener Hund sein, der keine Vorstellung von Grenzen hat. Manchmal kann man den Besitzern nicht wirklich die Schuld geben. Sie können einem nur Leid tun und man kann versuchen, ihnen und ihren Tieren aus dem Schlamassel zu helfen, in das sie geraten sind.

Nehmen Sie Munchkin. Die sechs Jahre alte weiße Zwergpudelhündin regierte im Grunde genommen ihr exquisites Heim in Atlanta, das ihr komplett mit den Besitzern und einer Haushälterin zur Verfügung stand, die allesamt ihr Bestes taten, um sicherzustellen, dass die Bedürfnisse des Hundes befriedigt wurden. Nachdem ich Eleanor und Alan Morton interviewt hatte, war klar, dass ihnen dabei herzlich wenig Zeit für sich selbst übrig blieb.

Von der Minute, in der sie morgens aufwachte, bis zum Zeitpunkt, zu dem sie zu Bett ging, zögerte Munchkin nicht, die Mortons wissen zu lassen, wenn sie etwas haben wollte, was fast ständig der Fall war. Wenn sie gestreichelt werden wollte, sprang sie zum Beispiel auf Alans Schoß. Wenn er für einen Moment aufhörte, sie zu streicheln, biss sie ihn. Wenn Eleanor telefonierte, bellte sie so lange wütend, bis sie auflegte. Sie schnappte außerdem nach der Haushälterin, wenn diese versuchte, Munchkins Decke von der Couch zu nehmen. Kurz gesagt, der Hund tat, was immer ihm verflixt noch mal gefiel.

Munchkin war stubenrein, aber sie mochte das Gefühl von nassem Gras an ihren zierlichen Pfoten nicht, daher benutzte sie oft das großzügige Wohnzimmer, das Esszimmer oder das Schlafzimmer ihrer Herren als Toilette. Um die Malheure einzugrenzen, stellten die Mortons überall im Haus Barrieren auf, um sie, so gut es ging, im Auge zu behalten. Babygitter sind effektive Barrieren, aber in einem Zuhause, das mit kristallenen Kronleuchtern, seidenen Lampenschirmen und orientalischen Teppichen ausgestattet ist, wirken sie, gelinde gesagt, unpassend.

Munchkin verlangte so oft hinausgebracht zu werden, dass die Mortons am Ende des Tages oft erschöpft waren. Dennoch hatten sie das Gefühl, ihr das Hinausgehen nicht verweigern zu können, weil sonst noch mehr Unglücke im Haus passieren könnten.

Munchkin war eindeutig ein Kandidat für einen Hundeerziehungskurs, aber als ich das Thema ansprach, sagte Eleanor, dass sie schon dort gewesen waren, ganz kurz. Sie hatte gebellt, geheult und jede Gruppe gestört. Es war offensichtlich, dass der Hund ein nervliches Wrack war. Die Mortons hatten versucht, ihr vom Tierarzt verschriebene Beruhigungsmittel zu geben, aber ohne begleitende Verhaltenstherapie hatten die Medikamente nicht besonders gut gewirkt. Schließlich hatte ihr Tierarzt empfohlen, dass sie mich anrufen sollten.

Mir war klar, dass das, was Munchkin brauchte, etwas mehr Ordnung und Disziplin in ihrem Leben war. Ich empfahl, dass Eleanor eine kurze Leine kaufen sollte, die sie benutzen konnte, um Munchkin im Haus unter Kontrolle zu halten. Ich sagte Eleanor und Alan, dass sie üben sollten, Munchkin vor der Haustür „Sitz" und „Bleib" machen zu lassen, bevor sie sie hinausließen, wie sie im Erziehungskurs gelernt hatten. Munchkin mochte das nicht, aber sie wusste auch, dass man ihr nicht erlauben würde hinauszugehen, wenn sie nicht tat, was ihr gesagt wurde. Daher lernte sie sich ein bisschen besser zu benehmen, wenn sie an der Leine war.

Ich empfahl außerdem, dass sie Munchkins Lager auf der Couch abschaffen sollten. Stattdessen sollten sie sie nur im Schlafzimmer schlafen lassen, aber unter einer Bedingung: Sie durften sie nur hineinlassen, wenn sie sie an der Leine führten. Dies änderte das Kräfteverhältnis weiter zu ihren Gunsten.

Als ich das erste Mal mit den Mortons sprach, war ich nicht allzu zuversichtlich, dass sie bereit oder willens wären, die notwendigen Veränderungen vorzunehmen. Ich war angenehm überrascht, als ich einige Wochen später ein paar Zeilen von Eleanor bekam. In dem Brief stand:

Donnerstagabend kam meine Tochter zu Besuch. Munchkin war eine solche Pest, dass ich sie schließlich an die Leine nahm und sie unten an meinem Stuhl festband und sie wurde sofort ruhig. Zum Schluss rollte sie sich auf dem Boden zusammen. Nach einer Weile entfernte ich die Leine und sie benahm sich viel besser.

Offensichtlich war Munchkin dabei, zu lernen, wo die Grenzen waren und welche Konsequenzen es gab. Und ich weiß, dass die Besitzer sich besser fühlten, als sie etwas Kontrolle über ihren kleinen Tyrannen gewonnen hatten.

Wo wir davon sprechen, Kontrolle zu übernehmen: Es gibt eine neue Technologie, die die Art ändert, wie wir draußen mit unseren Hunden umgehen. Der im Boden eingegrabene unterirdische Zaun, der unter einem Dutzend Markennamen angeboten wird, war unbekannt, als ich vor vielen Jahren begann, etwas über Hundeverhalten zu lernen. In bestimmten reichen Gegenden des Landes, wo Leute auf ein oder zwei Hektar Land leben und Zäune irgendeiner Art nicht praktikabel sind, ist dies zum Mittel der Wahl geworden.

„Unsichtbare" Zäune funktionieren so: ein Kabel wird an der Grenze des Grundstücks im Boden vergraben – oder zumindest um den Teil des Grundstücks, von dem der Besitzer möchte, dass der Hund dort bleibt – und der Hund bekommt einen kleinen Metallkasten um den Hals gehängt. Wenn der Hund zu nahe an den vergrabenen Draht kommt, hört er einen Warnton aus dem Metallkästchen. Wenn er den Ton ignoriert und weitergeht, erhält er einen leichten Stromschlag. Die meisten Hunde kapieren ziemlich schnell und lernen, sich von den Grenzen des Gartens fern zu halten. Aber wie jede Technologie oder Technik zur Kontrolle von Tieren ist auch diese nicht narrensicher. Zum Beispiel sehen manche Hunde etwas Aufregendes auf der anderen Seite der Grenze und brechen, Stromschlag oder nicht, geradewegs durch. Dann zögern sie zurückzukommen, weil sie wissen, dass sie ein weiterer Schlag erwartet.

Ein anderes Problem bei diesen Geräten ist die Elektrizität an sich. Obwohl die Stromschläge als mild beschrieben werden, gibt es keine Möglichkeit, die individuelle Schmerzschwelle für jeden einzelnen Hund zu bestimmen. Noch beunruhigender ist die Tatsache, dass manche Hunde anfangen werden, den Schlag mit einem ganzen Abschnitt des Gartens oder in manchen Fällen mit ihrem Besitzer zu assoziieren, und diesen danach meiden wie die Pest.

Es gibt auch ein subtileres Problem: Ich bin manchmal besorgt darüber, dass Leute, die ihn benutzen, eine Tendenz haben, ihn als elektrischen Babysitter zu betrachten. Sie tun ihre Hunde nach draußen und vergessen sie im Grunde genommen. Aber Hunde brauchen eine Menge persönlichen Austausch mit ihren Besitzern – Zaun oder nicht. Menschen, die das vergessen, stellen möglicherweise fest, dass sie einen Hund haben, der nie den Garten verlässt, aber andere Verhaltensprobleme entwickelt, mit denen sie sich schließlich herumschlagen müssen.

Vor ein paar Jahren besuchte ich eine Familie in einem Vorort von Atlanta. Als ich vorfuhr, konnte ich kleine Flaggen rund um die Grenze ihres Gartens flattern sehen – die vielsagenden Zeichen eines unterirdischen Zauns. Wie ich bald herausfand, war der Zaun nur ein Aspekt des beziehungslosen Nebeneinander-her-Lebens der Familie mit ihrem Hund, einem attraktiven schwarzen Labrador namens Boomer.

Fast von Anfang an war klar, dass Boomer äußerst unpassend für diese menschliche Familie war. Er war ein energiegeladener, liebenswerter Hund. Seine Besitzer waren jedoch offensichtlich viel mehr darauf konzentriert, ihre jeweiligen Karrieren zu verfolgen als Boomers Bedürfnisse zu befriedigen. John und Susan Parker verließen das Haus vor sieben Uhr und kamen erst heim, wenn es dunkel war. Ihre Kinder – zwei Jungen und zwei Mädchen – waren entweder in der Schule oder spielten in der Nachbarschaft und spazierten oft erst zur Haustür herein, wenn ihre Eltern nach Hause gekommen waren.

Von derart beschäftigten Menschen umgeben, bekam Boomer nicht viel Aufmerksamkeit. Sogar an Wochenenden, wenn alle daheim waren, war er oft auf der Veranda eingeschlossen, wo seine Hundehütte so gedreht war, dass sie auf eine leere Wand zeigte. Boomer konnte die meiste Zeit nicht sehen, was die Familie anstellte, und bestimmt hatte er nicht das Gefühl, Teil der Familie zu sein. Er wurde nur ein paarmal am Tag in den Garten hinausgelassen, um sein Geschäft zu verrichten. Spaziergänge an der Leine? Vergessen Sie es. „Wir haben den unsichtbaren Zaun," sagte Susan.

Es war nicht verwunderlich, dass Boomer fast verzweifelt nach Aufmerksamkeit lechzte. Wann immer jemand vorbeikam oder jemand aus der Familie einen Moment innehielt, um ihm den Kopf zu tätscheln, rannte er herum und bellte oder sprang hoch, wobei er denjenigen oft kratzte. Natürlich wurde dieses überdrehte Verhalten nicht gewürdigt, sodass er gewöhnlich angeschrien oder in den Garten oder auf die Veranda verbannt wurde. Oder er wurde mit einer zusammengerollten Zeitung eingeschüchtert.

Das eigentliche Problem war, wie ich herausfand, dass keiner der Parkers jemals Zeit mit Hunden verbracht hatte. Boomer war ihr erstes Haustier, und sie hatten nicht die geringste Vorstellung davon, was er brauchte oder wie sie für ihn sorgen sollten. Es war offenkundig, dass ich diese Familie das grundlegendste aller Prinzipien lehren musste: Hunde sind Familienmitglieder und sie brauchen eine Menge Aufmerksamkeit. Sie benötigen außerdem etwas Grundausbildung, um zu lernen, dass Anspringen, Bellen oder andere Formen von übertrieben überschwänglichem Verhalten nicht angemessen sind. Die Parkers hatten die Vorstellung, dass Boomer sich automatisch benehmen würde, mehr oder weniger wie der automatische elektrische Zaun.

Ich erklärte ihnen, dass Boomer nur ins Familienleben mit einbezogen werden wollte. „Er legt es nicht darauf an, lästig zu sein," erzählte ich ihnen. „Sein Verhalten muss geformt und entwickelt werden und er muss konsequent gelobt werden, wenn er das Richtige tut. Er möchte nur mit dabei sein und wie ein Gleichgestellter behandelt werden."

Es ehrt die Parkers, dass sie bestürzt waren zu erfahren, dass sie nicht die perfekten Eltern gewesen waren. Sie bombardierten mich mit Fragen darüber, was Boomer an Bewegung, Aufmerksamkeit und so weiter wirklich brauchte.

Bewegung war eindeutig das Wichtigste. Labradors sind energiegeladene Hunde, und solange sie diese Energie nicht verbrauchen können, werden sie sehr viel schwieriger zu kontrollieren sein. Einen Hund allein in einen großen Garten zu lassen ist – ob mit oder ohne unsichtbaren Zaun – nicht genug, weil er einfach herumliegen und darauf warten wird, dass jemand mit ihm spielt. Deshalb musste ich die Bedeutung von regelmäßigen Spaziergängen und Spielphasen erklären.

Es war keine Überraschung, dass keines der Kinder begierig darauf war, für diese lästige Pflicht angeworben zu werden. Aber nach einer Reihe von Einwänden – und einer Geldforderung – waren wir in der Lage, ein System auszuarbeiten, nach dem verschiedene Kinder Boomer mehrfach am Tag auf Spaziergänge mitnehmen würden. Die Bewegung würde mehr bewirken als ihn nur ruhiger zu machen, erklärte ich. Es war auch ein großartiger Weg, ihn in die Familie zu integrieren.

„Boomer fühlt sich im Moment nicht sehr als Teil der Familie und er weiß nicht, was er tun soll, wenn jeder ihn anschreit und wegschiebt," erklärte ich den Kindern. „Versucht also, ihm etwas anderes zu tun zu geben – werft einen Ball oder so etwas, wenn er herüberkommt, um mit euch zu spielen." Alle nickten. „Und ich hoffe, ihr erinnert euch an Boomer, wenn ihr etwas vorhabt," fügte ich hinzu. „Hunde möchten auch nicht gern ausgeschlossen sein."

Es gab einen weiteren Chor von Zustimmung, diesmal etwas enthusiastischer, wie ich fand. Ein Schritt nach dem anderen.

Der nächste Schritt – der einfachste – war, die Designerhundehütte herumzudrehen. Die Veranda war nicht der schlechteste Platz für Boomer, um einen Teil seiner Zeit dort zu verbringen, aber es war absolut entscheidend, dass er in der Lage war, seine Familie zu beobachten. Hunde sehnen sich nach Gesellschaft und sie müssen wissen, was um sie herum vorgeht. So wie die Hundehütte aufgestellt gewesen war, war Boomer automatisch von allem abgeschnitten und es muss sich für ihn wie eine Strafe angefühlt haben.

Zum Schluss fragte ich Susan, ob sie daran gedacht hatten, mit Boomer an einem Erziehungskurs teilzunehmen. „Hundertprozentig," sagte sie. „Wir haben einfach noch keine Zeit gehabt, uns darum zu kümmern."

„Es lohnt sich," sagte ich. „Sie werden viel mehr Freude an ihm haben, wenn Sie in der Lage sind, mit ihm zu spielen und ihn auszuführen, ohne malträtiert zu werden."

„Es gibt also Hoffnung für diesen Hund?" fragte John.

„Sicher," sagte ich. „Besonders mit all Ihren Kindern. Nach ein paar Runden Frisbee oder Fußball wird er in großartiger Form sein."

Mit den Jahren habe ich gelernt, dass es nicht immer einfach für die Leute ist, sich zu ändern. Und wenn die Menschen sich nicht ändern, ändern sich auch die Probleme mit den Hunden nicht. Aber als ich an jenem Tag das Haus der Parkers verließ, wusste ich, dass sie das Interesse und die Energie hatten, es durchzuziehen.

Ein paar Monate später war ich in ihrer Nachbarschaft und gedachte nur kurz vorbeizufahren. Tatsächlich, da war Boomer im Garten und jagte einem Basketball nach, umgeben von den lebhaften Parker-Jungen und drei ihrer Freunde. Alle sahen aus, als ob sie sehr viel Spaß hätten. Und ausgelassen wie sie alle waren, war ich ziemlich sicher, dass keiner von ihnen, einschließlich des Hundes, je einen Klaps mit einer zusammengerollten Zeitung bekam. Und das, muss ich schon sagen, ist ein Erfolg.

INDIA
Die Hündin, die ihren Kumpel auslachte

Wenn ein professioneller Hundetrainer einen Tierverhaltenstherapeuten um Hilfe bittet, weiß man, dass das Problem ernst ist. Wenn zwei Trainer anrufen, müssen sie wirklich in Schwierigkeiten sein.

John und Cindy Frankel widmeten sich sieben Tage die Woche Hunden. Was Haustiere betrifft, waren sie der Ansicht: je mehr, desto besser. Wie sie jedoch herausfanden, können die Dinge sich etwas verkomplizieren, wenn aus einem Hund zwei werden und ein oder zwei Katzen ins Gewühl geworfen werden. Wie jeder andere kann ein Hundetrainer oder Verhaltensforscher einen hervorragend trainierten Hund mit makellosen Manieren haben – praktisch ein Aushängeschild seiner Arbeit – und es dennoch mit Verhaltensproblemen zu tun bekommen, besonders, wenn mehr als ein Haustier beteiligt ist.

Nur allzu oft werden Haushalte mit mehreren Tieren zur Brutstätte von Konflikten, Gerangel um Rollen oder einfach persönlichen Differenzen. Mein Job ist es, Leuten dabei zu helfen, einige der grundlegenden Prinzipien zu verstehen, nach denen man mehrere Haustiere managt, sodass alle als eine große, glückliche Familie zusammenleben und nicht als eine gestörte.

Ich bin nicht sehr oft gebeten worden, Hundeausbildern Ratschläge zu geben. Trainer und Verhaltenstherapeuten haben verschiedene Hintergründe, Ausbildungen und Denkansätze. Ich war ein bisschen besorgt darüber, dass ich den Frankels auf den Schlips treten könnte. Sie hatten jahrelange Erfahrung darin, Hunde auf bestimmte Weise auszubilden, und ich wusste, dass ich mit ihrem dabei erworbenen Glaubenssystem würde zurechtkommen müssen, während ich gleichzeitig meinem auf Psychologie basierenden Standpunkt treu bleiben wollte. Ich hoffte nur, dass ich ihnen würde helfen können, ohne in eine Mauer von miteinander in Konflikt stehenden Theorien zu krachen.

Die Frankels hießen mich herzlich willkommen und sagten, dass ein früherer Klient von mir ihnen meine Adresse gegeben habe. Die Frankels hatten ihre Garage in eine Mischung aus Büro und Höhle umgewandelt. Ein mit Papieren übersäter Schreibtisch war von Hundeboxen und Kissen umgeben. Und darauf lümmelten sich ihre Haustiere.

Dixie, eine fünfjährige Husky-Australian-Shepherd-Mix-Hündin kam herübergetrottet, um mich zu begrüßen, während India, eine drei Jahre alte Husky-Collie-Mischlingshündin misstrauisch von ihrem Kissen neben dem Tisch aufsah. India sah ein bisschen lädiert aus und ich fragte mich, ob Dixie etwas damit zu tun hatte. Ein dritter Hund, Candy, war eine Pekingesen-Mischlingshündin. Sie rannte eine Weile herum und untersuchte all die Menschen und Hunde. Dann ließ sie sich auf einem Stuhl nieder, um ihr Revier zu überblicken. Zusätzlich zu diesen drei Haustieren waren die Frankels Pflegeeltern für eine Reihe von Hunden, die in Notzeiten kamen und wieder gingen, wenn sie bereit waren, sich einer neuen Familie anzuschließen.

„Buster, unser letzter Pflegehund, hat gerade ein neues Zuhause gefunden, aber wir haben immer noch Ghost da drüben," sagte Cindy. Ghost, eine Spitzmix-Hündin, sah uns gelangweilt an und machte sich nicht die Mühe, aufzustehen. „Sie verbringt viel Zeit damit, in ihrer Box zu schlafen," sagte Cindy. „In Erwartung eines neuen Heims, wie ich annehme."

„Also gibt es eine von Zeit zu Zeit wechselnde Anzahl von Hunden in Ihrem Haus?" fragte ich. „Das kann die Dinge ganz schön interessant machen."

In diesem Moment schoss noch ein weiteres Haustier in den Raum, eine große orangefarbene Katze. „Da kommt Smedley," sagte John. Beim Anblick der Katze hörte Dixie auf, mir die Hand zu lecken, und nahm die Verfolgung auf. Der Raum verwandelte sich schnell in ein wildes Durcheinander von bellendem und fliegendem Fell. Die Frankels warteten geduldig, bis ihre diversen

Haustiere sich wieder beruhigt hatten. Offensichtlich war dies so üblich. „Smedley sorgt dafür, dass die Dinge interessant bleiben," sagte John.

„Also, was kann ich für Sie tun?" fragte ich.

Das Problem, erklärte John, war, dass es nach drei Jahren perfekten Einvernehmens zu einer Anzahl von Zwischenfällen zwischen Dixie und India gekommen war.

Vorfall Nummer eins: Die verschiedenen Hunde lagen eines abends im Wohnzimmer auf dem Fußboden. Jeder Hund nagte an einem Büffelhautkauknochen. Candy ließ ihren Knochen einen Moment liegen, um in einer Ecke des Raumes nach etwas zu schnüffeln. India, die ihren eigenen Kauknochen bereits verputzt hatte, dachte sich, sie würde hinüber schleichen und sich Candys schnappen. Gerade da raste Smedley durchs Zimmer und reizte Candy dazu, ihn zu verfolgen. Candy hatte ihn fast eingeholt, als Smedley an India vorbei raste, die sich plötzlich mit Candys Knochen im Maul auf frischer Tat ertappt fühlte. Erwischt!

Candy änderte die Richtung und verfolgte India und den gestohlenen Knochen. Nun war Candy kaum größer als eine Katze und stellte keine Bedrohung für India dar. Aber India wurde nervös und nagelte Candy am Boden fest. Der kleine Pekinese heulte vor Schmerz und Angst.

„Wir packten India und setzten sie für eine Auszeit raus auf die Veranda," sagte John. Was sie nicht bedachten, war, dass Dixie das ganze Unternehmen beobachtet hatte. Dixie mochte Candy und es gefiel ihr nicht, dass auf ihr herumgehackt wurde. Also war der Boden für weitere Probleme bereitet.

Cindy und John verschwendeten keine Zeit und reagierten auf das erste Zeichen von Ärger in ihrem Paradies. Sie entschlossen sich dazu, alle Büffelhautknochen wegzunehmen. Wenn es ein Gegenstand ist, der den Kampf verursacht, ist es vernünftig, den Gegenstand zu entfernen – was gut und schön ist, solange man ihn durch etwas anderes ersetzt, das die Hunde genießen können. Aber das taten sie nicht und dies war der Punkt, an dem die Hunde ein wenig gereizt und empfindlich wurden. „Sie haben wahrscheinlich angefangen, um Ihre Aufmerksamkeit zu konkurrieren, in der Hoffnung, dass Sie ihnen einen Kauknochen geben würden," sagte ich.

Danach begannen die Dinge den Bach hinunterzugehen. „Wir mussten aufhören, die Koppelleine zu benutzen, und mussten sie zu zweit ausführen, weil Dixie angefangen hatte, India nicht mehr in Ruhe zu lassen," sagte John. „Jedes Mal wenn India bellte oder winselte, knurrte Dixie sie an."

„War Dixie immer der ranghöchste Hund unter den dreien?" fragte ich.

„Ja," sagte Cindy. „Aber nachdem India Candy platt gemacht hat, fing India an, dreister zu werden." Auf den Spaziergängen hatte Indias Rute begonnen, sich zu heben, wenn Dixie ihr zu nahe kam. Die Frankels erkannten die Warnsignale.

„Jaah, das klingt nach Ärger," sagte ich und war froh darüber, dass sie vom Fach und sehr versiert im Kommunikationsverhalten von Hunden waren. Sie würden keine Schwierigkeiten haben, die Signale zu erkennen, die ein dominanter Hund zeigt.

Ich dachte an ein Paar zurück, dass ich einige Jahre zuvor im ländlichen Georgia kennen gelernt hatte. Sie hatten keine Ahnung, womit sie es bei ihren beiden Hunden zu tun hatten. Der eine Hund, ein sanfter Golden Retriever, griff regelmäßig ihren anderen Hund, einen Deutschen Schäferhund, an. Wir beobachteten die Hunde ein paar Minuten lang. Ich sah, dass die Schäferhündin versuchte, mit dem Golden zu spielen, und der Golden reagierte darauf mit einem kräftigen Anrempeln. Das bedeutet, dass ein Hund sich an den anderen lehnt und ihn mit der Hüfte oder dem Hinterteil knufft. Hunde machen das auch bei Menschen, wenn sie versuchen die Oberhand zu bekommen. Diese Art von Verhalten kann zu Aggression führen – Wölfe machen es genauso. Aber natürlich erkennen die meisten Leute das nicht. Sie glauben, ihre Hunde lehnen sich zum Spaß aneinander.

Aber zurück zu Dixie und India. Wenn der Rang von zwei oder drei Hunden zu ähnlich wird und sich die Konkurrenzsituation zupitzt, steigt die Wahrscheinlichkeit von Aggressionen. Das passierte, nachdem die Geschichte mit den Kauknochen vorbei war.

Vorfall Nummer zwei: Dixie war in der Küche und Cindy warf ihr ein Leckerchen zu. Sie fiel hintenüber, stieß sich den Kopf an einer Schüssel und jaulte vor Schmerz auf. India wanderte in aller Unschuld in die Küche und plötzlich fiel Dixie über sie her.

„India hat über Dixie gelacht, weil sie hintenüber gefallen ist und sich den Kopf gestoßen hat, und darum hat Dixie sie angegriffen," sagte Cindy.

Tja, dachte ich bei mir, nun ist es so weit. Schließlich waren wir an einen Punkt gelangt, an dem ich eine andere Interpretation der Ereignisse würde vorschlagen müssen. Es ist nur normal für Menschen, ihren Haustieren menschliche Emotionen zuzuschreiben, aber die Realität ist meistens eine andere.

„Ich glaube nicht, dass Hunde wirklich über das Missgeschick oder den Abstieg von anderen Hunden lachen," sagte ich und wählte meine Worte mit Bedacht. „Aber India könnte ein breiteres ‚Lächeln' auf dem Gesicht gehabt haben als gewöhnlich, weil sie sich etwas ängstlich und unterwürfig fühlte. Das führt dazu, dass die Zähne stärker sichtbar sind, und es würde sicherlich aussehen, als ob der Hund lacht."

Cindy erwog diese Theorie schweigend.

„Ich bezweifle, dass Dixie wirklich gekränkt darüber war, ausgelacht zu werden," sagte ich, „aber es ist möglich, dass sie den plötzlichen Schmerz durch den Sturz mit Indias Erscheinen in der Küche in Verbindung brachte und so den Eindruck gewann, India sei dafür verantwortlich."

„Das klingt vernünftig," sagte John zu meiner Erleichterung.

„Gab es einen weiteren Vorfall?" fragte ich.

„Es gab drei Kämpfe, bevor wir zu dem Schluss kamen, dass dies mehr ist, als wir bewältigen können," sagte John.

Vorfall Nummer drei: Alle waren im Schlafzimmer versammelt – und ich meine wirklich alle. Das Paar hatte keine Kinder, aber sie hatten viele vierbeinige Begleiter zu Bett zu bringen. Anders als Ausbilder, die ihre Hunde und ihr Privatleben völlig trennen, lud dieses Ehepaar nachts alle seine Tiere ins Schlafzimmer ein. Es war nicht ungewöhnlich, dass ein oder zwei Hunde oder eine Katze am Fußende des Bettes herum hingen. An jenem Abend war Candy am Fußende des Bettes und Dixie auf dem Bett an Johns linker Seite. Ghost hatte ein seltenes Gastspiel in diesem Zimmer gegeben und war aufs Bett gesprungen, um John das Gesicht zu lecken.

Froh über seine anhänglichen Tiere machte John den fatalen Fehler, India auch aufs Bett einzuladen. Da rastete Dixie aus.

„Sie fing an zu winseln und zu bellen und wurde sehr aufgeregt," sagte John.

„Das Winseln und Bellen ist nicht ungewöhnlich," sagte ich. „Manche Hunde tun das, wenn sie schon einmal einen Kampf mit einem anderen Hund gehabt haben und sich wieder in der gleichen Situation befinden."

Es ist, als ob die Hunde ahnen, dass etwas Schlimmes passieren wird, aber sie können es nicht aufhalten. Das Bellen ist ihre Art zu sagen: *Verschwinde von hier; das darfst du nicht!* Und das Winseln bedeutet: *Wir werden uns in die Haare geraten.*

Aber die Ereignisse überschlugen sich, ehe die Frankels das ganze Hundegespräch interpretieren konnten. Sobald India die Pfoten aufs Bett setzte, gab Dixie es ihr. John fand sich inmitten eines Hundekampfes wieder. Während Ghost und Candy sich schnell in Sicherheit brachten, erkannte Smedley die gute Gelegenheit, die sich hier bot. Sie katapultierte sich aufs Bett und hängte sich an Johns Bein.

An diesem Punkt sprang Cindy aus dem Bett und zerrte India ins Badezimmer.

Die schreckliche Nacht endete mit einem Notfallbesuch beim Tierarzt, wo India betäubt und genäht werden musste. Sie litt unter einer aufgerissenen Lefze und einigen losen Zähnen und musste sich an dem Tag, an dem ich kam, immer noch davon erholen.

Als die Franklins mit ihrer Geschichte zu Ende waren, bemerkte ich, dass Dixie uns vom Wintergarten aus beobachtete, in den sie verbannt worden war. Ich konnte mir vorstellen, dass sie sich ganz schön abgekanzelt fühlte, als sie mit ansehen musste, wie India, die zufrieden bei John auf der Couch saß, die Spitzenposition in der Familie übernahm.

Es gibt eine Grundregel, wenn es zu Problemen zwischen Hunden kommt und die lautet folgendermaßen: Wenn es Streit gibt, ist das – egal wer angefangen hat oder wer wen attackiert – *immer* der Fehler des untergeordneten Hundes. Wenn ein Scharmützel beginnt oder ein Hund den anderen bedroht, korrigiert man immer zuerst den unterlegenen Hund. Beachten Sie, dass ich korrigieren sage und nicht bestrafen. Sie wollen nur dafür sorgen, dass der Hund mit dem, was er tut, aufhört. Sie können den unterlegenen Hund nehmen und ihm sagen, dass er in einer Ecke „Platz" machen soll. Dann müssen Sie zurückgehen und den dominanten Hund korrigieren, damit er keine Vorteile aus der Situation zieht. Er kann in eine andere Ecke gebracht werden. Denken Sie daran, dass beide Hunde eine Rangbeziehung zu Ihnen haben: Ihre Rolle besteht darin, gegenüber beiden dominant zu sein.

Dabei muss man sorgfältig vorgehen ohne die Situation durch Bestrafung oder Geschrei zusätzlich aufzuheizen. Je mehr Sie so etwas tun, umso wahrscheinlich ist es, dass der Hund beißen wird oder Angst bekommt. Die Art, wie Sie daran gehen, diese Beziehungsprobleme zu lösen, ist, die ursprüngliche oder zumindest zuletzt bestehende Rangbeziehung unter den Hunden wieder herzustellen. In manchen Fällen kann es allerdings notwendig sein, den Rang umzukehren und von vorne anzufangen. Wir sprachen ein paar Minuten darüber und die Frankels stimmten überein, dass Dixie der Leithund sein und India wieder die zweite Geige spielen müsse.

„Ich nehme an, dass India diejenige sein sollte, die draußen auf der Veranda ist," sagte John. Wir schauten durch das Fenster auf Dixie, die verdrießlich dalag und kein Auge von John und Cindy ließ. Ich nickte.

„India tut mir so Leid," sagte Cindy.

Ich verstand ihre Gefühle, aber sie waren hier fehl am Platze. Sie mussten die Hackordnung akzeptieren, wenn die Lage der Dinge sich nicht verschlimmern sollte.

Die Frankels erklärten sich einverstanden, Dixie wieder in die Führungsrolle einzusetzen. Das bedeutete, ihr die besten Ressourcen zuerst zu geben – zum Beispiel Futter, Leckerchen oder Aufmerksamkeit von Menschen. India würde in ihrer untergeordneten Rolle gehalten werden, indem sie alles als Zweite bekam, und das möglichst nicht in Dixies Anwesenheit, zumindest nicht in der nächsten Zeit.

Die Leute denken oft, dass es gemein ist, einen Hund besser als den anderen zu behandeln. Die Idee ist nicht, dem zweiten Hund Futter und andere Ressourcen ganz vorzuenthalten, sondern sie ihm nur an zweiter Stelle zu geben. Hunde leben nicht in einer Demokratie, wo jeder gleichberechtigt ist. Den Mythen zum Trotz versuchen in Wirklichkeit auch nicht alle Hunde, die Spitzenposition in der Hierarchie zu erlangen. Die meisten von ihnen sind vollkommen zufrieden damit, untergeordnet zu sein, und werden überhaupt nie versuchen, die Leiter zu erklimmen.

Hunde kommen am besten miteinander zurecht, wenn sie stabile Rollen haben, unabhängig davon, ob einer dem anderen überlegen ist. Diese Rollen werden unter dem Einfluss von Faktoren wie Genetik und Persönlichkeit von den Hunden selbst festgelegt. Es ist nicht unbedingt der größere oder ältere Hund, der die dominante Kraft im Haushalt wird. Ich habe viele Beispiele gesehen, in denen ein Hund viele Jahre lang der Herr im Hause war, bis ein Welpe die Szene betrat und in kürzester Zeit die Führung übernahm. Schließlich sind Welpen nur einige Monate lang klein und es ist ohnehin nicht die Größe, die zählt.

Besitzer von mehreren Hunden können die Harmonie fördern, indem sie dafür sorgen, dass jeder Hund sich in seiner eigenen Rolle wohl fühlt. Sie bestrafen den Hund in der untergeordneten Rolle damit nicht, sondern sie befähigen ihn dazu, Dinge auf eine bestimmte Weise zu tun, sodass er sich wohl fühlt und nicht mit demjenigen in der dominanten Rolle konkurriert.

Sie müssen Ihr Augenmerk darauf richten, was Hunde wichtig finden und wie sie die Rolle des jeweils anderen sehen. *Du kannst nicht am Fußende des Bettes schlafen – das ist meines. Du darfst keinen*

Zugang zum Kissen auf der Couch haben – das ist auch meines. Aber du kannst alles andere tun, was du willst, sogar zuerst fressen, solange ich diese beiden bequemen Liegeplätze habe.

Das ist das Merkwürdige an dominanten und untergeordneten Rollen: Sie sind oft unter dem Aspekt ganz bestimmter Ressourcen definiert. Nur weil ein Hund in Bezug auf weiche Ruheplätze dominant ist, heißt das noch lange nicht, dass er in Bezug auf Dinge dominant ist, die gut schmecken. Es ist Sache des Besitzers, dem Alphahund die Dinge zu geben, an denen ihm liegt, wenn er dessen dominante Rolle verstärken will.

In den ersten paar Wochen des Programms hielten die Frankels die Hunde so viel wie möglich getrennt. Sie hielten sie in getrennten Quartieren, gingen bei den Spaziergängen verschiedene Wege und benutzten verschiedene Türen, um hinein- und hinauszugehen. Sie hielten die Hunde außerdem von den Orten ihrer früheren Vergehen fern, um Kämpfen um das Territorium vorzubeugen. Während dieser Zeit lernten die Hunde, eher ruhig als aggressiv zu sein. Schließlich brachten die Frankels die Hunde erneut zusammen, halfen ihnen, wieder Freunde zu werden, und waren darauf vorbereitet, sie zu trennen, sobald sich Zeichen von Aggression zeigten.

Nach dem, was ich zuletzt hörte, funktionierte das Programm der Frankels gut. Obwohl sie die Hunde nie wieder zusammen an der Koppelleine ausführten, konnten sie ihre alte Gewohnheit, abends an alle Kauknochen auszuteilen, wieder aufnehmen. Cindy rief mich ein letztes Mal an.

„Raten Sie mal, was los ist," sagte sie.

„Was?"

„India lacht endlich wieder!"

„Okay," lachte ich und gab nach. „Dieses Mal glaube ich Ihnen."

Nicht jedes Problem, das in einem Haushalt mit mehreren Tieren aufkommt, ist eine Sache von Dominanz oder Unterwerfung. Manchmal entsteht einfach ein logistisches Problem, das niemand vorhergesehen hat, wenn man ein weiteres Tier in die Familie holt. Dies passierte dem Dekan der Fakultät für Psychologie der Mercer Universität, wo ich lehre.

Frank Dane ist ein geachteter Experte der Sozialpsychologie. Außerdem ist er mein Chef, daher war ich ein bisschen nervös, als er sich eines Tages über meinen Schreibtisch beugte und leise fragte, ob ich bei ihm zu Hause vorbeischauen und ihm und seiner Frau Linda helfen könne, „eine kleine Hunde-und-Katzen-Angelegenheit" zu lösen. Selbstverständlich sagte ich zu und ein paar Tage später ging ich nach der Arbeit bei ihnen vorbei, um zu schauen, was los war.

Ich hatte erwartet, dass es wahrscheinlich ein Problem in der Beziehung zwischen den Tieren sein würde. Wie sich zeigte, war es eigentlich mehr als ein Verhaltensproblem, das sie hatten – eines, das mit logistischen Komplikationen einherging. Zuerst wusste ich das nicht, weil es Frank und Linda etwas peinlich war, darüber zu sprechen.

„Ich habe so ziemlich alles schon mal gehört, Frank," sagte ich in dem Versuch, es ihnen leichter zu machen. Insgeheim fragte ich mich, was es wohl sein mochte, das diese Schlingel im Schilde führten.

Frank und Linda warfen sich einen Blick zu. Während ich wartete, streichelte ich eine Schildpatt-Katze namens Tootsie. Frank räusperte sich.

„Hatten sie einen Kampf?" bot ich an und versuchte so, einen Anfang zu machen. Linda hatte mir schon früher erzählt, dass Tootsie ein Neuankömmling in der Familie war. Frank und Linda hatten nicht gezögert, Tootsie zu adoptieren, nachdem ihr Besitzer im Mittelwesten gestorben war. Aber wenn sie mich gefragt hätten, hätte ich ihnen gesagt, dass sich solche spontanen Entscheidungen, mehr als ein Tier zu halten – egal wie lobenswert der Grund dafür ist – , manchmal als große Fehler entpuppen. Wie ich annahm, hatten sie herausgefunden, dass es um ein Vielfaches schwieriger ist, zwei oder mehr Tiere zu halten als eines.

Ich wusste schon, dass sie ihren Hund, einen acht Jahre alten schwarzen Labi mit Namen Rufus, seit etwa vier Jahren besaßen. Er war die Art von bravem Hund, die ihrer Familie ewig dankbar dafür zu sein scheint, dass sie sie aus dem Tierheim gerettet hat. Aber es hätte mich nicht gewundert, wenn das plötzliche Auftauchen von Tootsie eine Serie von Kämpfen um die Vorherrschaft ausgelöst hätte. Normalerweise gewinnt die Katze, sogar wenn sie der Neuankömmling ist.

„Es geht nicht um Kämpfe," sagte Linda. „Sie kommen gut miteinander aus." Tatsächlich saß Rufus Frank ruhig zu Füßen und blickte milde auf die Katze.

„Rufus frisst aus Tootsies Klo," erklärte Frank.

Ich musste lächeln. „Oh, es handelt sich um das alte Problem mit dem Sch...-Mundgeruch."

„So etwas gibt es öfter?" fragte Linda.

„Ich sagte ja schon, ich habe alles gesehen," sagte ich. „Also geht Rufus ans Katzenklo. Das ist nicht so ungewöhnlich."

Frank und Linda sahen erleichtert aus. Als ich sie drängte, mehr Einzelheiten zu beschreiben, erzählten sie mir ihre Geschichte. Als sie Tootsie gerade erst vom Flughafen abgeholt hatten, stellten sie ihre Katzentoilette in die Waschküche und ein oder zwei Wochen lang ging alles gut. Das änderte sich, als sie Tootsie mit Flohspray einsprühten – leider ebenfalls in der Waschküche. Tootsie flippte völlig aus und ging da nicht mehr hinein, nicht einmal um ihre Toilette zu benutzen. Kleine Katzenmalheure begannen im Haus aufzutauchen. Also stellten sie Tootsies Klo ins Badezimmer.

Während Rufus nie Gelegenheit hatte, in die Waschküche zu kommen, ging er gelegentlich ins Badezimmer und entdeckte dort schnell eine neue Geschmackssensation. Keiner weiß, warum Hunde gelegentlich einen Appetit auf Katzenhäufchen entwickeln. Es kommt vermutlich daher, dass diese unverdaute Reste von Katzenfutter enthalten, das die meisten Hunde lieben. Ich persönlich habe den Verdacht, dass manche Hunde zu ängstlich sind, sich der Katze direkt zu nähern, und ihre angeborenen Riechbedürfnisse stattdessen befriedigen, indem sie aus dem Katzenklo speisen. Wer weiß? Auf jeden Fall ist das, was Hunde völlig annehmbar finden, für ihre

Besitzer inakzeptabel. Frank und Linda hatten die Angewohnheit, feuchte, schlabberige Hundeküsse willkommen zu heißen und sie brauchten nicht lange, um zu bemerken, dass Rufus' Mundgeruch sich verschlechtert hatte.

„Wir haben die Katzentoilette schon überall im Haus hingestellt, aber der Hund geht immer wieder dran," sagte Frank. „Ich kann nicht den ganzen Tag daneben stehen, um sie jedes Mal sauber zu machen, wenn die Katze sie benutzt." Ich lernte Frank, dem ich sonst in einer eher wissenschaftlichen Umgebung begegnete, eindeutig von einer neuen Seite kennen. Ich verbarg ein Lächeln, als ich mir vorstellte, wie er um die Katzentoilette herumlungerte und versuchte, Rufus zuvorzukommen.

„Was sollen wir tun? Was würden Sie vorschlagen?" fragte Linda.

Ich schlug vor, mit einem Rundgang durchs Haus zu beginnen. Frank und Linda zeigten mir die verschiedenen Orte, an denen sie die Toilette aufgestellt hatten und von denen keiner Rufus abgeschreckt hatte. Dann spürten wir alle verbleibenden Plätze auf, die sie noch nicht ausprobiert hatten, und sie sagten mir, warum sie sich nicht eignen würden. Schließlich fanden wir uns in der Bibliothek im Untergeschoss ihres dreistöckigen Hauses wieder, wo das Katzenklo seit neuestem stand.

„Das ist bisher der beste Ort, aber wir können Rufus nicht die ganze Zeit fern halten," sagte Linda. Ich sah, dass es keinen Platz gab, an dem man eine Katzentür hätte einbauen können, was oft die einfachste Lösung ist. Also sagte ich ihnen, dass sie eine zweite Toilette im Badezimmer im unteren Geschoss aufstellen sollten. Diese Stelle würde eine Ausweichmöglichkeit sein, die die Katze zeitweise benutzen konnte, während wir einen Weg ausfindig machten, wie wir Rufus vom Hauptkatzenklo fern halten konnten.

Frank und Linda waren nicht allzu begeistert darüber, die Katzentoilette in ihr Badezimmer zu stellen, aber ich erklärte ihnen, dass dies eine äußerst vernünftige Stelle war und beinahe die einzige, die sie nicht ausgeschlossen hatten. Ich regte an, dass sie die Toilette in die Badewanne stellen und den Duschvorhang in die Mitte schieben sollten. Dies würde Tootsie etwas Privatsphäre geben und ihr eine Fluchtroute offen lassen, die Katzen brauchen, um sich wohl zu fühlen. Ich schlug außerdem vor, dass sie einen speziellen Türpfosten kaufen sollten, der es erlauben würde, die Tür nur einen Spaltbreit zu öffnen – gerade weit genug, dass die Katze hereinkommen konnte, aber nicht groß genug für den Hund. Dann fing ich an, über Wege nachzudenken, die ihnen ermöglichen würden, das Katzenklo in der Bücherei zu lassen und dabei den Hund auszusperren, aber die Katze hereinzulassen. Es war keine einfache Sache.

Ich schlug vor, dass sie ein neues Katzenklo besorgen sollten, eines in völlig anderer Form, Farbe und Stil. Ich wollte nicht, dass Rufus die neue Toilette sah und an seine früheren Tafelfreuden erinnert wurde. Nachdem ich mich etwas weiter in der Bibliothek umgesehen hatte, empfahl ich, dass sie die Toilette in die Ecke stellen sollten, mit einigen großen Topfpflanzen davor, die für Privatsphäre sorgten. Weiterhin sagte ich ihnen, sie sollten ein paar Schritte vor den Topfpflanzen einen Streifen Klebeband auf den Fußboden kleben, mit einer Reihe Murmeln darauf. Ich wusste aus Erfahrung, dass Hunde nicht gern auf Murmeln treten, weil diese anfangen, unter ihren Füßen herumzurollen. Zusätzlich würde diese Anordnung als Signal dienen. Wenn Frank und Linda sahen, dass die Murmeln von dem Klebeband gerollt waren, würden sie wissen, dass Rufus den Bereich unbefugt betreten hatte. Wir beobachteten, wie Tootsie anmutig über die Murmeln stieg, ohne sie durcheinander zu bringen. Als Frank und Linda mich zweifelnd ansahen, erklärte ich ihnen, dass ein schwarzer Labi nichts Anmutiges an sich hat und die Falle funktionieren würde.

Frank hatte irgendwo gehört oder gelesen, dass der Kot einer Katze schlecht schmecken würde, wenn man dem Futter Natriumglutamat beimengen würde. Ich hatte Schwierigkeiten, mir vorzustellen, dass er ohne Natriumglutamat gut schmeckte, aber Frank wollte einen Versuch damit machen. Er wollte außerdem Tabascosoße auf den Kot gießen, sodass Rufus eine unangenehme Überraschung erleben würde, wenn er einen Bissen nahm. Mir schien es einfacher, die Hinterlassenschaften aus der Katzentoilette zu entfernen, statt sie wie einen Imbiss zu würzen, aber was sollte ich sagen? Er war mein Chef.

Ein paar Tage später schaute Frank wieder in meinem Büro vorbei und erzählte mir, dass die Taktiken sehr gut gewirkt hätten. Rufus durchbrach die Falle ein- oder zweimal, aber sein Atem verbesserte sich eindeutig. Um nichts zu riskieren, wandte Frank zusätzlich eine Hightech-Lösung an. Ich hatte beiläufig erwähnt, dass er in der Nähe der Box einen Bewegungsmelder aufstellen könnte, der mit Laserlicht arbeitete. Diese Idee gefiel Frank. Er ging in ein Elektronikgeschäft und suchte sich ein teures Sicherheitssystem mit einem Alarm aus. Ein Losgehen des Alarms reichte aus, um Rufus die Treppe wieder hinaufrennen zu lassen. Ich bin sicher, der Hund fing in dem Moment an zu denken, dass langweilige Hundekuchen eigentlich gar nicht so schlecht waren.

Nach einer Woche brauchte Frank das Sicherheitssystem nicht mehr. Rufus hatte begonnen zurückzuweichen, wenn er das Klebeband auf dem Fußboden sah, weil er es mit dem Alarm in Verbindung brachte. Innerhalb von zwei Wochen war das Problem verschwunden. Rufus wandte sich wieder dem Hundefutter zu. Tootsie hatte zwei Katzenklos und keine Flöhe. Und ich ging wieder zur Alltagsbeziehung mit meinem Chef über, in der Gewissheit, dass seine „kleine Hunde-und-Katzen-Angelegenheit“ zu seiner Zufriedenheit gelöst war und ich davon ausgehen konnte, meinen Job zu behalten.

Wenn man Rufus’ kulinarische Abenteuer bedenkt, ist es ein Glück, dass Frank keinen Hund wie Spike besaß – einen Dobermann-Labrador-Mix, der einen Revierkampf mit seinem Kumpel Tramp, einem Mischling aus Deutschem Schäferhund und Labrador, hatte. Spike war, was man einen Leinenbeißer nennt. Er hasste es, sich der Leine passiv zu unterwerfen. Er packte die Leine mit dem Maul und hielt sie fest, als ob er sagen wollte: Wenn wir einen Spaziergang machen, werde ich die Leine halten!

Spikes Besitzer, Marcia und Sam Tucker, folgten dem Rat ihres Trainers und taten etwas Bitter Apple auf die Leine. Bitter Apple ist ein Haustier-Abwehrmittel, von dem man sagt, dass es einen für Hunde grässlichen Geschmack hat. Aber Spike liebte es und leckte jeden Tropfen davon auf. Der Trainer der Tuckers empfahl dann, die Leine mit Tabasco zu bespritzen. Das gefiel Spike sogar noch besser. Mit all den zusätzlichen Gewürzen war er weniger denn je geneigt, die Leine loszulassen – aber das war die geringste Sorge der Tuckers.

Wie ich schon früher erwähnte, müssen Hunde, die zusammenleben, ihre jeweilige Stellung im Haushalt kennen. In den meisten Familien machen die Hunde ihre Rollen ziemlich schnell aus. Diese Beziehung bestimmt weitgehend ihr Verhalten in den meisten anderen Aspekten ihres Zusammenlebens.

Die meiste Zeit waren Tramp und Spike die besten Freunde. Wenn sie im Haus waren, spielten sie miteinander und lagen beieinander herum. Sie konkurrierten nicht um Spielzeuge oder Futter. Spike war der Boss. Er gab die Regeln vor. Tramp fügte sich ihm kritiklos. Aber im Garten übernahm Tramp das Kommando und wurde Boss, während Spike demütig seiner Führung folgte.

Hier lag eine Situation vor, in der die Hunde stabile Rollen innehatten, obwohl die Rollen sich – abhängig davon, wo die Hunde waren –, umkehrten. Leider traten am Checkpoint Charlie, der Glasschiebetür, die vom Esszimmer auf die Veranda führte, Probleme auf. Hier befanden sich die Rollen der Hunde im Übergang, und der Eingang wurde praktisch zum Schlachtfeld, wann immer die Hunde hinein- oder hinausgingen.

„Wenn ich die Tür öffne," sagte Marcia zu mir, „will Spike hinausgehen, aber Tramp zwängt sich an ihm vorbei, damit er zuerst hinausgehen kann. Dann dreht sich Tramp um und fängt an, Spike anzubellen und anzuknurren, der immer noch im Eingang steht."

„Hält das Spike zurück?"

„Für eine Weile, aber dann versucht er hinauszuschleichen und Tramp locht ihn."

„Spike ist nie gern hinausgegangen," bemerkte Sam. „Als er

jung war, musste ich ihn gewöhnlich hinaustragen. Und er rannte immer geradewegs wieder hinein oder schob die Tür mit der Schnauze auf."

Der Kampf um den Eingangsbereich war seit etwa sechs Monaten im Gange, seitdem Spike einmal durch die Glastür geschaut und ein Eichhörnchen auf der Terrasse gesehen hatte. „Er hat drei Tage beim Tierarzt verbracht," sagte Marcia. „Als er nach Hause kam, hatte Tramp die Spielregeln geändert."

„Das bedeutet, er ließ Spike nicht mehr aus der Tür?"

„Richtig."

Es klang für mich so, als ob Tramp während Spikes Abwesenheit beschlossen hatte: *Du bist weggegangen und ich habe dich wirklich vermisst, aber komm bloß nicht wieder. Wenn du wiederkommst, dann gibt es hier ein paar neue Spielregeln.*

„Möchten Sie sehen, wie diese Auseinandersetzungen ablaufen?" bot Sam an. Ich wollte ihn eigentlich nicht beim Wort nehmen. Ich versuche es immer zu vermeiden, Aggressionen zwischen Hunden zu provozieren, vor allem wenn die Besitzer sich selbst dem Risiko aussetzen, gebissen zu werden. Aber die Hunde mussten sowieso hinausgehen und ich stimmte zögernd zu, ihre Interaktion zu beobachten und zu sehen, ob ich irgendetwas lernen konnte.

Das Problem trat genau so auf, wie die Tuckers es beschrieben hatten. Das Einzige, was sie mir nicht gesagt hatten, was ich aber selbst sehen konnte, war, dass Tramp zusammen mit seinen aggressiven Signalen eine Reihe von unmissverständlichen Spielverbeugungen zeigte. Wenn Hunde ihr Vorderende nach unten beugen und ihr Hinterende in die Luft ragt, ist das ein Zeichen für Spiel. Versuchte Tramp tatsächlich, Spike zum Spielen aufzufordern, statt ihn verletzen oder herausfordern zu wollen? Wahrscheinlich von beidem etwas.

Ich schätzte, dass das Problem darin bestand, dass Spike kein Spieler war. Obwohl er auf seine Art an Tramp gebunden schien und den Tag über nahe bei ihm blieb, mochte er eigentlich keine anderen Hunde und war nicht allzu begierig darauf, mit ihnen in Kontakt zu treten. Also spielte Spike nicht mit, was immer auch

Tramps Absichten waren, und was als Kampfspiel begonnen haben mochte, hatte sich schnell zu einem echten Kampf entwickelt.

Es kam mir nicht wie ein besonders kompliziertes Problem vor. Ich empfahl, dass die Tuckers die Hunde einfach zu verschiedenen Zeiten oder zu verschiedenen Türen hinauslassen sollten. Auch wenn dieser Ansatz die zugrunde liegenden Ursachen nicht anpackte, würde er das Problem doch bestimmt lösen. Die Leute verstricken sich manchmal zu sehr in die Angelegenheiten und denken nicht logisch über alle Möglichkeiten nach. In solchen Fällen gehen Menschen zu Therapeuten und Hundebesitzer heuern Tierpsychologen an.

Wie ich erwartet hatte, machte es einen großen Unterschied, die Hunde zu verschiedenen Zeiten und durch verschiedene Türen hinauszulassen. Ich empfahl auch, dass die Tuckers sich angewöhnten, dem Hund, der drinnen war, ein paar Leckerchen zu geben und mit ihm zu spielen, während der andere draußen war. Dies würde den Hund, der drinnen war, davon abhalten, dem anderen durch die Tür zu folgen, wo eine Konfrontation unausweichlich war. Es würde außerdem dazu dienen, den Hund, der drinnen bleiben musste, in gute Laune zu versetzen, sodass er weniger geneigt sein würde, während des Hinausgehens einen Kampf zu beginnen. Zusätzlich schlug ich vor, dass sie versuchen sollten, jedem Hund mehr Bewegung zu verschaffen. Müde Hunde sind kaum je aggressive Hunde.

Wie sich herausstellte, trug die zusätzliche Bewegung einige unerwartete Früchte. Ein paar Wochen später fand ich während eines nachfolgenden Anrufs heraus, dass Tramp im Zuge seiner längeren Spaziergänge eine Freundin gefunden hatte, einen netten Pudel einige Häuserblöcke entfernt. Die beiden Hunde spielten und tollten nach Herzenslust herum, während ihre Besitzer miteinander schwatzten. Tramp war im Laufe der Wochen sehr viel weniger daran interessiert, mit Spike zu kämpfen.

„Danke für Ihre Hilfe," sagte Sam. „Endlich geht es bei uns wieder normal zu."

„Ich denke, Sie sollten auch diesem Pudel danken," sagte ich.

„Es ist großartig, dass sich herausgestellt hat, dass Tramp kein Kämpfer, sondern ein Spieler ist."

Zorro, ein sehr lebhafter, zwei Jahre alter Deutscher Schäferhund, war ebenfalls ein Spieler. Er erdrückte seine Begleiterin, eine neun Jahre alte Katze namens Ginger, einfach mit seiner Liebe – ganz buchstäblich. Wenigstens schien es das zu sein, was Ginger befürchtete. Sie unternahm große Anstrengungen, um seinem übermäßig anhänglichen Herumtollen und gelegentlichen Verfolgungsjagden durch das Haus zu entgehen. In der Tat war Ginger so entnervt, dass sie fast eine Gefangene im eigenen Heim war.

Diese Situation war mehr oder weniger die Kehrseite eines Szenarios mit mehreren Haustieren, die nicht miteinander auskommen. Wenn ein überschwänglich freundlicher Typ mit einem kleineren, Ruhe und Frieden suchenden Tier zusammenlebt, bedeutet das eine Menge Stress und Chaos für alle Beteiligten. Man kann die Persönlichkeiten der Tiere nicht ändern. Alles was man tun kann, ist, ihnen zu helfen, in einer Weise miteinander umzugehen, bei der das Opfer entkommen, sich neu organisieren oder seinen eigenen Raum beanspruchen kann, wenn es das braucht.

„Ich kann Ginger nicht mehr dazu bewegen, die Treppe herunterzukommen," sagte Michelle Baron, als wir uns trafen. „Und die Situation verschlechtert sich ständig."

Während wir uns unterhielten, sah ich Zorro hechelnd am Fuß der Treppe. Auf dem oberen Treppenabsatz sah ich eine niedliche orangefarbene Katze auf unsere kleine Gruppe herunter starren. „Zorro ist sehr geduldig," sagte Michelle. „Er ist bereit, hier zu stehen, bis sie versucht, herunterzukommen. Es kann eine halbe Stunde oder länger dauern. Und er tut das mehrere Male am Tag."

„Hat Zorro Ginger je gefangen oder sie verletzt?" fragte ich. Die Abneigung der Katze gegen den freundlichen Hund wäre leichter zu verstehen gewesen, wenn sie unter seinen Pfoten ein Missgeschick erfahren hätte.

„Oh nein," sagte Michelle. „Er mag es nur, sie herumzujagen und vielleicht zu lecken. Aber sie will damit nichts zu tun haben. Tatsächlich hat sie seine Nase schon einige Male mit den Krallen beharkt."

„Aber das hält ihn nicht von dem Versuch ab, Freundschaft zu schließen, was?"

„Sie haben es durchschaut," sagte sie und lächelte das erste Mal. „Er gibt nicht auf."

Ich bat Michelle, den Tagesablauf der Katze zu schildern.

Sie zeigte nach oben. „Das ist ihr Tagesablauf."

„Wie meinen Sie das?"

„Ich meine, sie sitzt einfach die meiste Zeit da oben. Ich muss ihr Futter und Wasser bringen und ihre Katzentoilette oben im Badezimmer aufstellen. Sie will einfach nicht herunterkommen, es sei denn, Zorro ist draußen oder hinter dem Babygitter in der Küche – aber er winselt, wenn ich ihn da einsperre."

Oh je. Das war schlimmer als ich gedacht hatte.

„Geht die Katze jemals nach draußen?"

„Ginger liebte es immer, nach draußen zu gehen," sagte sie. „Aber manchmal jagt Zorro sie auch, wenn sie im Freien sind. Tatsächlich geht er hinter jeder Katze her, die er findet. Das ist sein Hobby."

„Also geht sie nun gar nicht mehr nach draußen?"

„Sie geht, wenn sie an ihm vorbei die Treppe hinunterschleichen kann ... Da kommt sie."

Ich beobachtete, wie Ginger verstohlen die ersten Stufen herunter kroch. Zorro war davon in Anspruch genommen, mich eingehend zu beschnuppern, daher dachte Ginger wahrscheinlich, es sei eine gute Gelegenheit.

Als sie etwa auf halbem Wege nach unten war, sah Zorro auf. *Aha!* schien er zu denken. Er steckte den Kopf durch die Stäbe des Treppengeländers und gab ein freundliches Wuff von sich.

Ginger raste die Treppe wieder hinauf.

„So geht das den ganzen Tag," sagte Michelle. „Sie schafft es niemals bis nach draußen." Sie zeigte auf das Esszimmerfenster, das weit offen stand, obwohl die Klimaanlage an war.

„Ich lasse es die ganze Zeit auf, nur für alle Fälle,“ sagte sie.

Ich sah zu, wie Ginger mehrere weitere Versuche unternahm, die Treppe herunterzukommen. Sie war etwas zu langsam und etwas zu furchtsam – eine unglückliche Kombination in Anbetracht der Hindernisse auf ihrem Weg.

Zorro schien sich auch nicht allzu sehr zu amüsieren. Bei Gingers zweitem Versuch rutschte er aus und schlitterte über den Holzfußboden. Er hatte überhaupt keine Bodenhaftung. Wenn Deutsche Schäferhunde versuchen, sich schnell auf einem Parkettboden zu bewegen, schlagen sie unweigerlich hin.

Nachdem wir eine Stunde lang geredet hatten, war ich ebenso begierig wie Michelle, das Ende der Sache absehen zu können. Aber diese Dinge kann man nie sofort lösen. Es bedurfte tatsächlich mehrerer Monate Arbeit mit beiden Tieren, um sie aus ihrer ungewöhnlichen Sackgasse herauszuholen.

Ganz sicher musste Zorro seinen Teil leisten. Er musste lernen, auf Kommando sitzen zu bleiben und geduldig genug zu sein, Ginger nahe herankommen zu lassen, ohne eine Jagd zu beginnen. Ich zeigte Michelle, wie sie Zorro während ihrer Übungseinheiten an einer kurzen Leine behalten sollte, und sie arbeitete regelmäßig mit ihm.

Ich riet ihr außerdem, Zorro eine Auszeit zu geben, wenn er sich schlecht benahm, indem sie ihn allein in einen anderen Raum sperrte. Er lernte bald, dass es ihm ein paar Minuten Einzelhaft einbrachte, wenn er Ginger im Haus jagte.

Es war wichtig, dass wir nichts taten, was Zorros verspielte Art unterband. Ich bat Michelle, ihn regelmäßig mit nach draußen zu nehmen und einen Ball oder Frisbee zu werfen. Das würde dazu beitragen, dass er lernte, dass Michelle diejenige war, an die er sich wenden sollte, wenn er spielen wollte, und nicht die Katze.

Um es Ginger leichter zu machen, die Treppe herunterzukommen, klebte Michelle Packpapier ans Treppengeländer. Wenn Zorro die Katze nicht sehen konnte, war es viel weniger wahrscheinlich, dass er sie jagen würde. Umgekehrt konnte Ginger auch Zorro nicht sehen, was bedeutete, dass sie nicht so leicht kehrtmachte und wegrannte. Ginger lernte bald, die Treppe herunter und aus dem Fenster oder über das Babygitter zu rasen, ehe Zorro reagieren konnte.

Nun, da sich Zorro nicht mehr in einem dauernden Zustand der Erregung befand, war es viel einfacher, ihn um sich zu haben. Ginger fasste nach und nach Mut, näher zu kommen und ihn zu überprüfen. Michelle erzählte mir später, dass es nicht so aussehe, als ob sie jemals die Busenfreundin werden würde, die Zorro sich vorgestellt hatte, aber am Ende tolerierte Ginger ihn einigermaßen. Und in vielen Hund-Katze-Beziehungen ist Toleranz so ungefähr das Beste, was man bekommen kann.

Mit mehr als einem Haustier zusammenzuleben kann einem zu schaffen machen, egal ob es Hunde, Katzen, Goldfische oder Wüstenrennmäuse sind. Aber ich denke, dass wir in dieser turbulenten Welt alle tierischen Freunde brauchen, die wir finden können. In den meisten Fällen gibt es wirklich keinen Grund dafür, Haustiere wegen der Art, wie sie miteinander umgehen, in eine Hundehütte zu verbannen. Sie können lernen, in Frieden miteinander zu leben.

Wenn also nichts dagegen spricht, ermutige ich zur Haltung von mehreren Tieren – falls Sie die Möglichkeit haben, die Dinge nicht zu Ihrer eigenen Bequemlichkeit zu arrangieren, sondern die Interessen der Tiere im Auge zu behalten. Und wenn Sie die Gelassenheit haben, mit anzusehen, wie Ihr Heim zu einem Zoo wird. Denn als Besitzer von drei Hunden und einer Katze kann ich Ihnen garantieren, dass es das werden wird.

Aber wenn die ganze Bande nachts auf dem Bett versammelt ist, passt alles zusammen. Ich würde es um nichts in der Welt anders haben wollen.

Misty
Die Hündin, die das Haus zerlegte

Dolores und Tim Fitzgerald hatten kürzlich ein Haus gekauft und zogen mit ihrem Säugling, zwei Bearded Collies und großen Hoffnungen ein. Die Tatsache, dass das Haus renoviert werden musste und ein paar bauliche Veränderungen nötig waren, schreckte dieses tatkräftige junge Paar nicht ab. Sie würden die Umgestaltung mit neuen Gipsfaserplatten, Tapete und Farbe beinahe nebenbei vornehmen. Es würde ein paar Monate dauern, aber wenn sie fertig wären, würde alles perfekt sein... So dachten sie jedenfalls.

Sechs Monate später saßen wir drei im Elternschlafzimmer und inspizierten die Trümmer. Ich konnte verstehen, warum Dolores geklungen hatte, als ob sie in Panik sei, als sie anrief, um einen Beratungstermin zu vereinbaren. Das Zimmer sah aus, als ob jemand herein gekommen wäre, der eine Spitzhacke geschwungen hätte. „Misty frisst das ganze Haus auf," sagte Dolores kläglich.

„Brocken für Brocken," fügte Tim hinzu.

Ich sah auf die Hunde hinunter. Misty saß sittsam zu unseren Füßen und sah so unschuldig aus wie am Tag ihrer Geburt. Rusty starrte in die Ferne und seufzte, dann legte er sein bärtiges Kinn auf die Pfoten. Sie schienen mir ziemlich ausgeglichen zu sein, aber offensichtlich brachte sie irgendetwas auf.

„Was genau hat sie angefressen?" fragte ich.

„Alles," sagte Tim. „Gipsfaserplatten, Putz, Tapete, Holzverkleidung – es gibt nichts, das sie noch nicht probiert hätte."

Ich nahm meinen Stift heraus und machte ein paar Notizen. „Erzählen Sie doch von Anfang an," schlug ich vor.

Misty hatte ihren Job als Abbruchexpertin aufgenommen, bald nachdem sie in das Haus eingezogen waren, erklärte Tim. Nach den ersten paar Episoden brachten sie Misty zu ihrem Tierarzt, der vermutete, dass sie unter einem Nährstoffmangel leiden könnte. Nachdem er einige Tests durchgeführt hatte, stellte er bei Misty einen leichten Kalziummangel fest und gab ihr ein paar Ergänzungsmittel. Das ist nicht so seltsam, wie es klingen mag, denn Hunde, die einen Mangel an bestimmten Nährstoffen haben, entwickeln gelegentlich merkwürdige Geschmacksvorlieben – für Dreck, Gipsfaserplatten oder andere ungenießbare Objekte. In diesem Fall halfen die Futterzusätze allerdings nicht. Daher hatte ihr Tierarzt ihnen empfohlen, mich anzurufen.

„Was glauben Sie, warum tut sie das?" fragte Dolores.

Ich hatte ein paar Ideen. Die Wahrscheinlichkeit war groß, dass Misty sich einfach noch nicht richtig an den Umzug angepasst hatte. Das, zusammen mit dem neuen Baby im Haus, könnte ihr Vertrauen erschüttert und sie ängstlich und unsicher gemacht haben. Hunde, die ängstlich sind, verarbeiten ihren emotionalen Aufruhr manchmal, indem sie alles in Sichtweite zerstören.

„Lassen Sie uns an den Anfang zurückgehen, vor dem Umzug," sagte ich. „Ich möchte mir einen Eindruck vom Gesamtbild verschaffen, ehe ich irgendwelche Schlüsse ziehe."

Ich wusste, dass ich die Vorgeschichte der Familie untersuchen und mindestens sechs oder acht Monate zurückgehen musste, bevor ich dieses Puzzle zusammen setzen konnte. Mir war auch klar, dass ich ziemlich schnell eine praktikable Lösung vorschlagen musste. Misty litt offensichtlich unter einer Form der Angst und es konnte nicht gut für sie sein, Baumaterialien aufzunehmen. Außerdem waren die Fitzgeralds begierig darauf, die Renovierung fortzuführen und dieser ganze Schaden kostete sie eine schöne Stange Geld.

Es war etwas überraschend für mich, dass Tim und Dolores enthüllten, dass schon vor ihrem Umzug nicht alles in Ordnung gewesen war. Sie sagten mir, dass Misty in ihrem vorigen Appartement gelegentlich Schuhe oder den Teppich angekaut hatte. Das Kauen hatte außerdem vor der Ankunft der kleinen Erin begonnen. So viel zu der „einschneidende Veränderungen"-Theorie.

Während wir uns unterhielten, sagte ich den Fitzgeralds, dass es nicht unbedingt nötig sei, zu wissen, was genau Mistys Fehlverhalten anfänglich ausgelöst hatte. Ich habe die Erfahrung gemacht, dass eingehende Fragen nach dem Hintergrund vor allem nützlich sind, um vermutete Quellen für Probleme auszuschließen. Wenn Roger zum Beispiel vor seinem zehnten Geburtstag nie jemanden gebissen hat, ist es ziemlich sicher, dass er kein Temperamentsproblem hat. Aber das sagt uns nichts darüber, was er hat. Solange Roger nicht erklären kann, was schiefläuft, und die Besitzer nicht in der Lage sind, ihn 24 Stunden am Tag zu beobachten, müssen wir uns mit wohl begründeten Vermutungen zufrieden geben, um die Frage nach dem Warum zu beantworten.

Was mich am meisten bewegt ist die Frage nach dem Wie. Wie kann man das Fehlverhalten stoppen und den Hund mit einer gesünderen, sozial akzeptablen Alternative versorgen?

Trotz jener früheren Probleme war Mistys zerstörerische Neigung vor dem Umzug nicht wirklich in Erscheinung getreten, sagte Tim, und es war in den letzten fünf Monaten immer mal wieder vorgekommen. Der Schaden trat fast stets in der Nacht auf, fügte er hinzu. Sie hatten die Schuldige tatsächlich nie auf frischer Tat ertappt.

„Haben Sie gleich gewusst, dass Misty die Übeltäterin war?“ fragte ich.

„Da gab es wenig Zweifel,“ sagte Tim und langte nach unten, um Mistys Kopf zu kraulen. „Wir haben sie morgens mit all diesen kleinen Stückchen weißen Gipses im Bart angetroffen. Als wir gesehen haben, was mit den Gipsplatten passiert war, war es nicht schwer, zwei und zwei zusammenzuzählen. Nicht wahr, Misty?“

Misty sah auf und lächelte glücklich. Sie sah mir nicht wie ein Abbruchunternehmer aus. Wenn überhaupt, sah sie erstaunlich zufrieden aus. „Ich kann davon ausgehen, dass Sie sie nicht körperlich dafür bestraft haben, dass sie das Haus zerstört hat?“

„Nein,“ sagte Tim. „Wir verhauen das Baby nicht dafür, dass es seine Spielzeuge herumwirft oder auf seine Kleidung spuckt, warum sollten wir also Misty bestrafen?“

„Wir denken, Hunde sind Hunde,“ fügte Dolores hinzu, „aber ganz bestimmt möchten wir, dass sie damit aufhört.“

Wenn man den Zustand des Hauses in Betracht zog, war das eine sehr nachsichtige Einstellung. Ich glaube, dass nicht viele Besitzer so verständnisvoll gewesen wären. Mehr als einmal habe ich erlebt, wie Leute wegen einer angekauten Socke durchgedreht sind.

„Nun, Hunde sind Hunde, aber Sie haben ein Recht darauf, dass Ihre Tiere Ihr Haus in Ruhe lassen," bemerkte ich. „Es ist gut, dass Sie die Dinge nicht dadurch verkompliziert haben, dass Sie sie bestraft haben, aber dies darf nicht so weitergehen."

Ich hatte mehrere Gründe dafür, den Fitzgeralds dankbar zu sein, dass sie nicht mit einer zusammengerollten Zeitung hinter Misty her gewesen waren. Da die Vorfälle sich nachts ereignet hatten, Stunden ehe die menschlichen Familienmitglieder den Schaden entdeckten, hätte Misty keine Ahnung gehabt, warum sie bestraft wurde. Wenn man sie nicht wirklich auf frischer Tat ertappt, haben Hunde Schwierigkeiten damit, Strafe mit einem bestimmten Vergehen in Zusammenhang zu bringen. Sie im Nachhinein auszuschimpfen oder mit einem Papier zu schlagen, ängstigt sie ganz sicher, aber sie haben nicht die leiseste Vorstellung, warum man es tut.

Ich habe auch herausgefunden, dass jede Art von körperlichen oder verbalen Strafen den Stresslevel des Hundes erhöht, und ich war sicher, dass Mistys Gewohnheit, Dinge zu zerstören, anfangs in direktem Zusammenhang mit ihrer Unfähigkeit stand, gut mit Stress zurechtzukommen. Ein oder zwei Schläge – und sie wäre möglicherweise an die Möbel und Haushaltsgeräte gegangen.

Die einfachste Lösung, erklärte ich, würde darin liegen, Misty nachts einzuschließen. Zugegebenermaßen würde dies das Problem – was auch immer es war – nicht an der Wurzel packen, aber es würde das Verhaltensmuster des Zerstörens unterbrechen und Misty eine Chance geben, ihre Prioritäten neu zu ordnen und dem Schlafen den Vorzug vor dem Kauen zu geben.

Die beste Art, ihre Bewegungsfreiheit zu beschränken, würde die Benutzung einer Hundebox sein. Die meisten Leute haben eine automatische Abneigung gegen Boxen, weil sie in menschlichen

Augen wie ein Gefängnis wirken. Und auch einzelne Hunde sehen das so. Aber viele Hunde fühlen sich von Natur aus von kleinen, abgegrenzten Orten angezogen, weil sie sich dort sicher und geborgen fühlen und nicht zuletzt auch warm bleiben. Die meisten Hunde haben mit Boxen kein Problem, besonders wenn sie frühzeitig damit vertraut gemacht werden und solange die Box nicht als Ort der Bestrafung, sondern als eine bequeme Rückzugsmöglichkeit gebraucht wird.

Misty war jedoch noch nie in eine Box gesperrt worden, sodass dies möglicherweise ein Problem darstellte. Einerseits hatte sie keine unangenehmen Assoziationen mit Hundeboxen gemacht. Andererseits ist es nie ganz leicht, einen erwachsenen Hund an eine Box zu gewöhnen, wenn er nicht schon als Welpe eine kennen gelernt hatte. Aber ich wollte gern einen Versuch machen.

Es war offensichtlich, dass Tim und Dolores nicht begeistert von der Idee waren. „Es scheint nichts zu sein, was man einem Hund gern zumutet," sagte Dolores. Aber als ich das Thema noch einmal zur Sprache brachte, stimmten sie zögernd zu, darüber zu diskutieren, womit sie gleich fortfuhren.

„Wir haben schon versucht, sie in den Keller zu bringen," sagte Dolores.

Tim rollte die Augen. „Erinnere mich nicht daran."

Auf meinen fragenden Blick hin erklärte Dolores, dass Misty kein Problem damit hatte, im Keller zu bleiben. Sie verbrachte die Zeit damit, die Gipsplatten von der Wand zu knabbern.

„Okay, lassen Sie uns also die Box nehmen," sagte Tim.

„Gut. Wir versuchen es zuerst mit offener Tür und sehen, ob sie die ganze Nacht darin bleibt," schlug ich vor. „Ich vermute, Sie können das am anderen Morgen am Zustand der Tapete ablesen." Tim warf mir einen Blick zu. „Rusty kann direkt neben der Box schlafen, um Misty Gesellschaft zu leisten," fügte ich hinzu.

Um Misty den Handel schmackhaft zu machen schlug ich vor, dass sie sie mit einem Leckerchen und ein paar Lieblingsspielzeugen in die Box locken sollten. Es würde außerdem hilfreich sein, die Box an einen Platz zu stellen, an dem Misty sich wohl fühlte.

„Wo mag sie gern schlafen?“ fragte ich.

„Gewöhnlich schläft sie auf unserem Bett,“ sagte Dolores.

„Liegt sie noch irgendwo anders im Zimmer, vielleicht während des Tages?“

„Wenn es sonnig ist, liegt sie gern unter dem Fenster,“ erklärte Dolores.

„Okay, dann lassen Sie es uns dort ausprobieren,“ sagte ich und trug den Ort in mein Diagnoseformular ein.

Dann gab ich ihnen ein paar genaue Anregungen dafür, wie sie Misty an die Box gewöhnen konnten. Ich sagte ihnen, dass es hilfreich wäre, wenn sie die Box einfach ein oder zwei Tage lang mit geschlossener Tür herumstehen lassen würden. Dies würde es Misty ermöglichen, sich an ihre Anwesenheit zu gewöhnen, ohne tatsächlich hineinzugehen. Danach konnten sie zur Schlafenszeit ein Leckerchen hineintun und sie hineinlocken. Zwang anzuwenden kam nicht in Frage, weil sie die Box dann nicht als sicher, sondern als bedrohlich ansehen würde.

„Es kann ein paar Tage dauern, bis sie hineingeht,“ sagte ich ihnen, als ich mich zum Aufbruch vorbereitete. „Sollte das der Fall sein, versuchen Sie, geduldig zu bleiben und sie das Tempo bestimmen zu lassen. Wir möchten, das es eine gute Erfahrung für Misty ist.“

Tim rief mich eine Woche später an und ich konnte schon am Klang seiner Stimme hören, dass die Dinge gut gegangen waren. „Wir hatten Misty vom ersten Tag an in der Box,“ sagte er fröhlich. „Sie ging geradewegs hinein und blieb die ganze Nacht drin. Ich glaube, sie ging trotzdem ein paar Mal hinaus, weil morgens ein paar neue Tapetenschnipsel auf dem Boden lagen. Wann können wir die Tür der Box zumachen?“

„Warten Sie lieber noch eine Woche oder so,“ schlug ich vor. „Sie wollen nicht, dass sie sich wie in einer Falle fühlt. Und denken Sie daran, dass diese Leidenschaft des nächtlichen Fressens inzwischen eine ziemlich fest etablierte Gewohnheit ist. Sie braucht einige Zeit, um sich daran zu gewöhnen, es nicht mehr zu tun.“

Tim rief zwei Wochen später zurück. „Raten Sie mal, John.

Keine weißen Krümel mehr in Mistys Bart! Ich glaube, wir sind über den Berg." Und das waren sie.

Glücklicherweise brauchte ich nie einen Schritt weiter zu gehen, was bedeutet hätte, dem Rat ihres Tierarztes zu folgen und den Hund auf eine Art von angstlindernder Medikation zu setzen. Und obwohl wir bei diesem Problem nie wirklich etwas über das „Warum" herausfanden, kamen wir mit dem Wie gut klar. Und zusammen mit neuer Farbe und neuen Tapeten breitete sich in dieser Familie erneut gute Laune aus.

Ein zerstörerischer Hund ist nicht gerade das, womit die meisten Leute rechnen, wenn sie einen Umzug planen, aber das ist oft so mit Verhaltensproblemen. Ich habe im Laufe der Jahre mit Hunderten von Fällen zu tun gehabt, in denen scheinbar belanglose Ereignisse – der Umzug in ein neues Haus oder den Hund für ein paar Tage in eine Hundepension zu bringen – Auslöser für Wochen oder Monate ernsten Problemverhaltens waren.

Für Hunde können selbst kleine Überraschungen beunruhigend sein. Jede Änderung in ihrem Tagesablauf kann erschütternd genug sein, dass sie anfangen, sich auf verschiedene Weise abzureagieren. Natürlich reagiert jeder Hund anders auf Überraschungen. Das wird von allen möglichen Dingen bestimmt, angefangen bei der genetischen Ausstattung des Hundes, die seine Fähigkeit beeinflusst, mit dem Alltag zurechtzukommen, bis hin zum Einfluss von anderen Stressfaktoren in seinem Leben. Zwei Hunde, die dieselbe Überraschung erleben, werden völlig unterschiedliche Reaktionen zeigen. Das ist es unter anderem, was Hunde so interessant macht.

Ich erinnere mich an eine drei Jahre alte Deutsche Schäferhündin namens Rebel, die einen fünftägigen Aufenthalt in einer Hundepension als sanftmütiger Dr. Jekyll antrat und als völlig durchgedrehter Mr. Hyde nach Hause kam. „Die Leute von der Hundepension haben geschworen, dass dort nichts vorgefallen ist, was sie beunruhigt haben könnte," sagte Rebels Besitzerin, Millie Brown, als wir uns trafen, um die neu aufgetretenen Probleme zu besprechen. „Aber ich glaube ihnen nicht."

„Man kann nie genau wissen," sagte ich. „Hat die Pension eine gute Reputation?"

„Oh ja," sagte sie. „Aber ich habe sie noch nie zuvor benutzt – oder irgendeine andere Pension, was das angeht."

„Einfach nur wegzugehen kann Ihren Hund mitgenommen haben," sagte ich ihr. „Hat sie normalerweise irgendwelche Trennungsängste?"

„Eigentlich nicht," sagte Millie. „Ich gehe jeden Tag zur Arbeit und sie fühlt sich wohl. Pflegte sich wohl zu fühlen," korrigierte sie sich. „Es gab nie Verwüstungen oder Gebell oder so etwas."

„Wie hat sie Sie gewöhnlich begrüßt?" Ich wollte wissen, ob Rebel sie typischerweise in überdrehter Art und übertrieben lang begrüßte, wenn sie nach Hause kam, was oft ein deutliches Zeichen für Trennungsangst ist.

„Also das hat sich nicht geändert. Meistens steht sie auf, kommt herüber und sagt Hallo und geht dann wieder," sagte Millie. Das beantwortete die Frage.

„Haben Sie irgendeinen Verdacht, was in der Hundepension passiert sein könnte, Millie?"

„Ich glaube, sie haben ihr einen Maulkorb angelegt," sagte Millie. „Aber natürlich sagen sie, das hätten sie nicht. Als Rebel nach Hause kam, hatte sie kleine wunde Stellen am Maul."

„Nun, wir werden die Wahrheit wahrscheinlich nie wissen, also lassen Sie uns einfach weitermachen," sagte ich.

Millie brauchte eine Stunde, um mir all die schrecklichen Dinge zu erzählen, die Rebel in den letzten drei Wochen begonnen hatte zu tun. Dies war eine Klientin, mit der ich nicht hätte tauschen mögen. Sie musste eine Menge über sich ergehen lassen.

Rebel war ein ruhiger, gehorsamer Hund gewesen, bevor sie in der Pension war, erklärte Millie. In der Woche, nachdem sie wieder kam, zerlegte sie die Mülleimer in der Küche und im Badezimmer und verstreute den Inhalt im ganzen Appartement. Dann kotete sie oben auf den Müll. Das passierte dreimal an einem Tag, sagte Millie, bis sie klüger wurde und die Mülleimer wegstellte.

Doch Rebel begnügte sich nicht damit. Sie ging nachts in Millies Schlafzimmer – es war Januar, wo es sogar in Atlanta ziemlich kalt wird – und zog Deckbett, Decke und Laken von Millies Seite des Bettes. Dieses bizarre Verhalten wiederholte sie in zwei aufeinander folgenden Nächten. In der nächsten Nacht sperrte Millie den Hund zum ersten Mal in Rebels Leben aus dem Schlafzimmer aus.

Ich wusste nicht recht, was ich davon halten sollte. Der Schaden trat auf, egal ob Millie zu Hause war oder nicht, daher nahm ich nicht an, dass es Trennungsangst war. Millie war überzeugt davon, dass Rebel sich an ihr rächte, weil sie sie in der Pension gelassen hatte, aber damit hatte ich ebenfalls Probleme. Der wissenschaftliche Teil in mir weiß sehr gut, dass Hunde nicht wirklich so denken. Aber ich konnte ihre Rachetheorie nicht ganz von der Hand weisen, weil der nichtwissenschaftliche Teil in mir sagen wollte: „Klingt einleuchtend." Die Gründe zu diskutieren, würde uns einer Lösung jedoch nicht näher bringen. Rebel musste eindeutig wieder zu einer passenderen Routine finden, am besten zu einer, bei der sie für gutes Benehmen belohnt wurde.

Das Einfachste war, damit zu beginnen, die Versuchungen zu entfernen. Millie hatte das schon getan, indem sie die Mülleimer beiseite schaffte. Ich gab ihr den Rat, dass sie sie durch Behälter ersetzen sollte, die schwerer aufzubrechen waren und sie weiterhin außer Reichweite von Rebel halten sollte.

Mir fiel auf, dass Rebel dazu neigte, Millie in gewissem Maße im ganzen Haus zu folgen, was typisch für Hunde ist, die befürchten, allein gelassen zu werden. Ich schlug vor, dass sie Rebel loben sollte, wenn der Hund sich in einiger Entfernung hinlegte. Dies würde Rebel dabei helfen, zu begreifen, dass sie gute Dinge zu erwarten hatte, wenn sie wartete.

Es war auch wichtig, dass Millie Rebel mehr Bewegung verschaffte, der ein Snack folgte, wenn sie wieder hereinkam. Ein müder, nicht besonders hungriger Hund ist ein zufriedener Hund, erklärte ich ihr. Und ein zufriedener Hund ist weniger geneigt,

Ärger zu machen. Schließlich schlug ich vor, dass sie und Rebel Grundgehorsam mit Kommandos wie „Sitz“ oder „Bleib“ üben sollten. Dies würde Rebel wieder daran gewöhnen, die Erwartungen ihrer Besitzerin zu erfüllen und dann kleine Belohnungen zu bekommen, wenn sie es gut machte. Immerhin hatte Rebel in letzter Zeit nur noch sehr kleine Rationen kostbaren Lobes erhalten.

Nur für den Fall, dass irgendetwas von draußen den Hund erregte – Millie hatte den Verdacht, dass eventuell Kinder von draußen ans Fenster klopften, um sie zu ärgern –, schlossen wir die Jalousien. Ich bat Millie, einen Fernseher oder das Radio anzulassen, während sie zur Arbeit ging, um irgendwelche Geräusche von der Straße zu überdecken, die vielleicht dazu beitragen konnten, dass Rebel Unfug machte.

Und ich vergewisserte mich, dass Millie verstand, dass sie den Hund nicht mehr strafen durfte – sie hatte, wie sie zugab, in den vergangenen drei Wochen viel herumgeschrien –, weil das nur zu noch mehr Angst führen würde. Die Idee war, einen sehr geregelten Tagesablauf zu schaffen, der Rebel helfen würde, sich behaglicher zu fühlen, und ihr mehr Gelegenheiten bot, gelobt zu werden.

Wie sich herausstellte, wirkte dieses einfache Programm wie Zauberei. In der folgenden Woche gab es nur noch einen weiteren Anfall von Fehlverhalten und danach gar keinen mehr. Als Millie das letzte Mal anrief, erklärte sie, dass Rebel, obwohl sie Rache süß gefunden haben mochte, die Versöhnung offensichtlich noch süßer fand.

„Übrigens,“ fügte sie hinzu, „ich werde über Ostern eine Woche wegfahren.“

„Junge, Junge,“ sagte ich. „Nun, da habe ich nur ein Wort für Sie.“

„Hundesitter,“ sagten wir einstimmig.

Für manche Hunde ist es, als ob sie auf einen anderen Kontinent verschifft würden, wenn sie in eine Hundepension gebracht werden. Besonders das erste Mal wissen sie nicht, was sie erwartet, und die Störung ihrer Routine kann traumatisch sein. Aber unangenehme Überraschungen können aber genauso gut in kleinen Portionen kommen. Ich denke da an so einfache Dinge wie zum Tierarzt oder zum Hundefriseur zu gehen. Während die meisten Hunde diese Erlebnisse ohne irgendwelche Probleme wegstecken, brechen andere zusammen – für gewöhnlich sobald sie wieder zu Hause sind.

Dies passierte mit Clover, einem Irish Wolfhound, dessen Wolfskrallen im Alter von sieben Monaten entfernt wurden. Nach der Operation – und für den Rest seines Lebens – drehte Clover durch, wenn irgendjemand versuchte seine Pfoten zu berühren. Er war misstrauisch gegenüber Fremden und geriet förmlich in Panik, wenn seine Besitzer mit ihm zum Tierarzt gingen.

Ich traf Clover vor etwa 15 Jahren und verbrachte eine gewisse Zeit mit dem Versuch, Lösungen zu finden. Ich schlug sogar vor, dass die Familie wechselnde Routen zur Tierarztpraxis nehmen sollte, damit Clover wenigstens in ruhigem Gemütszustand ankam. Aber Clover war ein guter Beobachter. Wenn er auch nur einen Lebensmittelladen oder einen Park am Wege wieder erkannte, ging er sofort die Wände hoch. Heutzutage benutzen in den USA viele Tierärzte mobile Praxen in Lieferwagen, um Hausbesuche zu machen, aber das war damals noch nicht verbreitet.

Für manche Hunde ist es nicht weniger traumatisch, frisiert zu werden als zum Tierarzt zu gehen. Ich denke da an einen drei Jahre alten Cockerspaniel mit Namen Pooch. Während einer Routineschur wurde Pooch am Ohr geschnitten und er vergaß das nie. Seine Besitzer, Jerry und June Berkey, gaben es auf, ihn in einem Hundesalon pflegen zu lassen, weil er ausrastete, sobald er merkte, wo sie hingingen. Sie beschlossen ihn zu Hause zu trimmen, aber der Schaden war bereits angerichtet. Der Anblick des Pflegetisches im Keller brachte ihn dazu, wie rasend zu bellen und zu beißen. Tatsächlich löste alles, was ihn an die Fellpflege erinnerte, solche Reaktionen aus, sogar eine Bürste, die sein Fell berührte.

„Pooch liebte es früher, gebürstet zu werden," erklärte June, als sie anrief, um das Problem zu besprechen. Cockerspaniels müssen etwa alle zwei bis drei Wochen getrimmt werden, um ihr gutes Aussehen zu behalten, und Pooch fing an, ziemlich ungepflegt auszusehen. Der einzige Weg, wie man ihn überhaupt noch trimmen konnte, war, ihm ein starkes Beruhigungsmittel zu geben, das der Tierarzt verschrieben hatte. Sogar dann war es reine Glückssache, ob Pooch bis zum Ende ruhig genug bleiben würde. Manchmal hatten sie Pech und wurden trotz all ihrer Vorsichtsmaßnahmen gebissen.

Hunde mit starken Ängsten haben gewöhnlich eine ganze Reihe von Signalen – Anblicke, Geräusche oder Gerüche –, die ihren Angstpegel Schritt für Schritt ansteigen lassen. Für Pooch gehörten zu diesen Signalen der Anblick einer Bürste, die Kellertreppe hinunterzugehen und das Geräusch der Haarschneidemaschine. Jedes Signal schaltete die Angst des armen kleinen Hundes einen Gang höher. Wenn er mehrere Signale wahrgenommen hatte, wurde er ein beinahe hoffnungsloser Fall.

Ich fand, dass seine Reaktionen – beißen, knurren und schnappen – ganz schön extrem waren, besonders weil sie von nichts Schlimmerem ausgelöst wurden als einem ordentlichen Bürsten. Aber dann entdeckte ich eine weitere Tatsache, durch die alles klar wurde.

June erklärte, dass sie gerade herausgefunden hatten, dass Pooch eine Hautallergie hatte, die dazu führte, dass es ihm unangenehm war, wenn Leute ihn berührten. Ich legte meinen Stift einen Moment hin. Es schien unwahrscheinlich, dass der Zustand der Haut allein unangenehm genug war, um Poochs starke Reaktion auszulösen, aber bestimmt machte es seine Ängste schlimmer. Ich wusste nun, dass wir zuerst damit fertig werden mussten, ehe wir irgendeinen echten Fortschritt machen konnten.

Glücklicherweise hatte ihr Tierarzt viel Erfahrung darin, Allergien zu behandeln, und er konnte die meisten Hautirritationen in nur wenigen Wochen lindern. Nachdem das erledigt war, arbeitete ich mit den Berkeys, um ihnen zu helfen, Pooch gegen die Schrecken der Fellpflege zu desensibilisieren.

Zuerst einmal bat ich die Berkeys, sich einen Raum im Haus aussuchen, der Pooch spezielles Zimmer sein konnte – ein Ort, den

Pooch weder mit Unbehagen noch mit Angst assoziierte. June entschied, dass die Waschküche ideal sein würde. Pooch hatte noch nie einen Grund gehabt, da hinunterzugehen, und es gab viel Platz, um den Pflegetisch aufzustellen.

Ich erklärte ihnen, dass sie Pooch regelmäßig mit in die Waschküche nehmen und ihn mit Leckerchen, Zuwendung und sanftem Streicheln überschütten sollten, bevor sie auch nur daran dachten, ihn zu trimmen oder ihre Utensilien aufzubauen. Ich wollte erreichen, dass Pooch dachte: *Dies ist ein guter Platz, an dem ich mich großartig fühle, und kein Platz, an dem man mir wehtut. Hier gefällt es mir.*

Wenn Pooch eindeutig verstanden habe, dass die Waschküche ein großartiger Aufenthaltsort war, sagte ich, sollten sie eines Tages dort hinuntergehen und eines der Folterwerkzeuge, zum Beispiel eine Schere, mit einem Leckerchen obendrauf auf den Boden legen.

Pooch brauchte nicht lange, um bei seinem nächsten Besuch unten die Schere mit dem Leckerchen darauf zu bemerken. Anfangs war er von dieser neuen Entwicklung nicht begeistert, aber er wollte unbedingt das Leckerchen haben. Daher ging er nach einigen Fehlversuchen hinüber und schnappte es sich – und natürlich passierte nichts. Die Berkeys wiederholten diese Übung mehrere Male und benutzten verschiedene Pflegeutensilien. Pooch lernte nach und nach, dass es nichts gab, wovor er Angst haben musste. Ganz im Gegenteil: Er entdeckte, dass Pflegeutensilien ihm oft schmackhafte Belohnungen einbrachten.

Es war an der Zeit, zum nächsten Schritt überzugehen. Ich sagte den Berkeys, sie sollten etwa einmal am Tag die elektrische Schermaschine aufnehmen und, ohne sie anzustellen, Pooch damit kurz berühren, sie hinlegen und Pooch etwas loben. Dasselbe mussten sie mit der Bürste und der Schere machen. Es dauerte ein paar Wochen, aber Pooch entdeckte wiederum, dass nichts Schlimmes passierte.

Der letzte Schritt bestand natürlich darin, tatsächlich damit zu beginnen, Pooch zu trimmen, nicht auf einmal, sondern allenfalls ein paar Schnipser zur Zeit. Während er sich immer wohler fühlte, würden sie in der Lage sein, ihn länger am Stück zu pflegen. Und genau das passierte auch wirklich. Innerhalb eines Monats unterzogen sie Pooch ausgedehnten Pflegemaßnahmen und ernteten für ihre Bemühungen dankbare Blicke statt Bisse.

Medizinische Eingriffe und unbelebte Objekte wie Scheren sind nicht die einzigen Dinge, die das Leben etwas zu interessant für unsere nichts ahnenden vierbeinigen Freunde machen können. Neue Leute, besonders kleine Leute, können sogar noch beunruhigender sein. Das fand eine junge Border-Collie-Hündin namens Nell heraus, als sie zusammen mit ihren Besitzern, Lila Bench und ihrem Freund Brad, durch einen von Atlantas schönen Parks spazierte.

Ich traf Lila und Brad in ihrem einfach möblierten, winzigen Appartement. Es war kein sehr großartiger Ort, außer dass er einen grandiosen Ausblick auf den Piedmont Park bot. Lila hing eindeutig an Nell und ihren zwei Katzen, aber ebenso eindeutig war sie sehr beunruhigt. Das Leben sei prima gewesen, erklärte sie, bis das Schicksal zuschlug.

Nell war ein verspielter Hund, der gut mit Menschen und anderen Tieren auskam. Sie begleitete Lila an drei Tagen in der Woche zur Arbeit und leistete ihr tagsüber Gesellschaft. Nachts schlief Nell vor der Schlafzimmertür. Sie kam erst morgens ins Schlafzimmer, wenn es an der Zeit war, ihre Besitzer zu wecken. Dann nahmen Lila oder Brad – oder beide – Nell mit in den Park, wo sie Auslauf hatte. Abends steuerten sie für eine Runde Frisbee wieder den Park an. Wenn Hunde sich ein Paradies vorstellen können, sieht es wahrscheinlich ganz ähnlich aus wie dies, dachte ich.

Man füge ein vier Jahre altes Kind mit einem Plastikschwert hinzu. Lily weinte beinahe, als sie mir erzählte, was geschah.

„Der kleine Junge fing an, Nell mit dem Schwert zu hauen und er hörte nicht auf, als ich es ihm sagte. Als seine Mutter ihn wegholte – sie war am Eisstand gewesen –, war Nell richtig verängstigt und duckte sich.“

„Was für ein Pech," sagte ich. „Hat sie sich schnell erholt?"

„Eigentlich nicht," sagte Lila. „Sie stand da und zitterte eine Weile und dann gingen wir nach Hause, weil wir beide sehr mitgenommen waren."

Der Vorfall wäre vielleicht nicht so bedeutsam gewesen, wenn ihm nicht ein weiterer auf den Fersen gefolgt wäre. Dieses Mal kam das Problem in Gestalt eines noch jüngeren Kindes daher, eines Kleinkindes, das mit einer großen Karotte in jeder Hand durch den Park marschierte und wieder einmal ziemlich unaufmerksame Eltern hatte.

„Nell tollte gerade herum und sah das niedliche Kind mit den Karotten," erinnerte sich Lila. „Bevor ich wusste, was geschah, rannte Nell hinüber, riss dem Kind eine der Karotten aus der Hand und schnappte nach seinem Gesicht. Das Kind fing an zu heulen und seine Eltern kamen angerannt. In dem Moment habe ich die Nerven verloren."

Ich konnte mir nicht vorstellen, dass diese sanfte junge Frau sich gehen lassen würde, aber Brad bestätigte rasch ihre Geschichte. „Sie drehte völlig durch," sagte er.

Lila hatte Nell unverzüglich ergriffen und zu Boden gedrückt. „Sie strampelte, um wieder hochzukommen, aber ich ließ nicht zu, dass sie auch nur einen Muskel bewegte," sagte Lila.

„War das Kind verletzt?" fragte ich.

„Ich glaube nicht," sagte Brad. „Seine Eltern rauschten allerdings ziemlich schnell mit ihm davon. Sie hielten sich nicht damit auf, zu diskutieren oder so."

„Was passierte also mit Nell?" fragte ich.

„Nun ja, ich muss sie für etwa zehn Minuten auf dem Boden festgehalten haben," sagte Lila. „Sie wollte aufstehen, aber ich ließ sie nicht. Ich konnte nicht fassen, dass sie ohne Grund dieses Kleinkind gebissen hatte."

„Sie hatte garantiert einen Grund," sagte ich in dem Versuch, sie zu trösten. „Keinen sozial akzeptablen Grund, aber einen, der in ihren Augen Sinn macht."

„Warum hat sie das bloß getan?"

„Ich weiß es wirklich nicht," sagte ich. „Es ist seltsam, dass das aus heiterem Himmel passiert ist. Sie hat nie zuvor jemanden angegriffen, richtig?"

„Nein!" sagte Lila schnell.

„Das ist nicht ganz korrekt," sagte Brad. „Was ist mit dem einen Mal, als sie den Wartungsmann nicht herein lassen wollte? Und sie hat deine Nichte angeknurrt, und wir mussten sie im Schlafzimmer einschließen."

„Du hast Recht," sagte Lila kleinlaut. „Das hatte ich vergessen. Aber sie hat niemanden gebissen."

„Lassen Sie uns auf den Vorfall im Park zurückkommen," bat ich. „Was passierte weiter?"

„Nach ungefähr zehn Minuten kam einer von Nells Hundefreunden auf zu uns. Ich hatte mich wieder beruhigt, daher ließ ich Nell aufstehen. Aber statt zu spielen zog sie den Schwanz ein und rannte davon."

„Oh je."

„Ich verfolgte sie durch den ganzen Park," sagte Lila.

Schließlich fing sie Nell ein und brachte sie nach Hause. Das hätte das Ende der Geschichte sein sollen, aber seitdem war Nell nicht mehr derselbe Hund. Jedes Mal, wenn sie an einem Kind vorbeikamen, sprang Nell vor, als ob sie beißen wollte, sagte Lila. Sie hatten einen Punkt erreicht, an dem sie und Brad Angst hatten, sie überhaupt noch auszuführen.

„Nell verknüpft vermutlich den Schmerz und das Trauma der Bestrafung – dass Sie sie niedergehalten haben – mit dem kleinen Kind," überlegte ich. „Obwohl Sie sie bestraft haben, war es das Kind, auf das sie sich konzentrierte."

Statt zu antworten ließ Lila den Kopf hängen. „Sie könnte auch vor dir Angst haben," sagte Brad und versuchte sie damit etwas zu trösten. Es war tatsächlich gar nicht so weit hergeholt. Sie hatte Glück gehabt.

Auf jeden Fall hatte das Paar beschlossen, dass Nell unter ihrer Kontrolle sein musste, wenn sie außerhalb des Appartements waren, aber die Leine an sich war ein Problem. Nell war nicht daran gewöhnt und mochte sie kein bisschen. An diesem Punkt kam ich ins Spiel.

Da war ein großartiger Hund mit ein paar aggressiven Tendenzen, der einfach mit den falschen Leuten zusammengetroffen war. Nun reagierte er stärker denn je. Ich stimmte zu, dass Nell in Zukunft angeleint sein müsse. Um sie zu kontrollieren, während sie sich an den Gedanken gewöhnte, an der Leine zu sein, schlug ich vor, dass sie einen Gentle Leader ausprobieren sollten, ein Hilfsmittel, das ich schon zuvor erwähnt habe (siehe Seite 144). Es verschafft dem Halter einen großen Vorteil. Sogar ein Hund von der Größe eines Border Collies kann ganz schöne Kräfte entwickeln, wenn er entschlossen ist, vorzuspringen oder seinen Besitzer hinter sich herzuziehen. Mit dem Gentle Leader wird er jedoch schnell lernen, dass er mit Ziehen oder Losspringen nichts erreicht und ebenso gut ruhig gehen kann. Gleichzeitig hilft das System natürlich, für die Sicherheit anderer Menschen zu sorgen.

Dies war nur eine Verteidigungsmaßnahme. Um das Problem wirklich zu lösen, brauchte es etwas mehr. Und zufällig begab es sich, dass der Schlüssel dafür, Nell zu helfen, Lila geradewegs in den Schoß fiel.

Jemand hatte Lila eine Puppe gegeben. Sie war fast einen Meter groß, etwa dieselbe Größe wie die Kinder, die die Ursache dafür gewesen waren, dass Nell auf die schiefe Bahn geriet. Statt zu warten, wie der Hund sich gegenüber richtigen Kindern verhalten würde, was zu gefährlich gewesen wäre, kamen Lila und ich überein, dass wir versuchen würden, Nell mit der Puppe zu täuschen. Ich wusste aus Erfahrung, dass das möglich war und es war besser, als jemanden einem Risiko auszusetzen.

Ich nahm an, dass wir mit etwas Übung in der Lage sein würden, Nell zu lehren, sich in Anwesenheit von Kindern völlig anders zu benehmen. Und das taten wir folgendermaßen: Ich stellte die Puppe mit einem Hundekuchen in der Hand verborgen außerhalb des Appartements auf. Dann sagte ich Lila, sie sollte mit Nell aus dem Appartement herauskommen. Als sie sich der Puppe näherten, bekam Nell schnell einen beunruhigten Ausdruck. Sie schien zu denken: *He, Kleine, verschwinde von meiner Tür – Knirpse wie dich esse ich zum Frühstück.*

Als sie etwas näher kamen, änderte sich Nells Ausdruck jedoch. *Oh mein Gott, was für eine Art von Kind ist das?* schien sie zu denken. *Und was ist das für ein feiner Geruch?* Sie ging zu der Puppe hinüber und bohrte mit der Nase nach dem Leckerchen in ihrer Hand. Jeder Vorsatz, eine Attacke zu starten, den sie gehegt haben mochte, war vergessen, als sie das Leckerchen knabberte und schluckte.

Bevor ich ging, sagte ich Brad und Lila, sie sollten fortfahren, mit der Puppe zu üben. Sie sollten sie an verschiedene Plätze stellen, sagte ich. Ich empfahl außerdem, dass Brad neben der Puppe stehen und sie etwas bewegen sollte, wenn Nell sich näherte. Sie benutzten diesen Trick etwa eine Woche lang und, ob Sie's glauben oder nicht, Nell benahm sich jedes Mal, als ob die Puppe ein echtes Kind wäre – ein Kind, das sie nicht mehr angreifen wollte.

Zu dieser Zeit war ich zuversichtlich, dass Nell sich mit Kindern im Park recht gut machen würde. Natürlich musste sie noch streng beaufsichtigt werden, aber die größte Gefahr schien vorbei zu sein. Ich riet Lila und Brad, dass sie noch nicht zulassen sollten, dass Fremde dicht herankamen und Nell streichelten, da es keine Garantie dafür gab, dass sie nicht aggressiv reagieren würde. Was sie jedoch tun konnten war, Fremden, vor allem Kindern, Hundekuchen auszuhändigen und sie zu bitten, diese einen Meter vor Nell hinzuwerfen. Beinahe jeder tat es gern, sodass Nell bald mehr als ihre übliche Ration Leckerchen bekam, zusammen mit etwas zusätzlicher positiver Aufmerksamkeit.

Zu allem Überfluss empfahl ich, dass Lila und Brad eine Liste mit Nells glücklichen Worten wie „spazieren gehen" aufstellen sollten, die sie benutzen konnten, um Nells Stimmung zu verbessern, wenn sie jemals einen Anflug von schlechter Laune zeigen sollte. Es stellte sich heraus, dass es eine ziemlich lange Liste war, weil es trotz ihrer Probleme viele Dinge gab, die diese Hündin glücklich machten.

Nell änderte sich nicht über Nacht, aber nach etwa zehn Wochen berichtete Lila, sie seien nicht länger besorgt darüber, wie Nell sich mit Kindern verhalten würde. Sie hoben den Gentle Leader auf, um ihn zu benutzen, wenn Lilas Nichte zu Besuch kam. Warum sollte man das Schicksal schließlich erneut herausfordern?

Einer der größten Schocks für einen Hund – und einer, der oft tief im Hundeherzen Konflikte hervorruft – ist die Ankunft eines Babys. Der Hund versteht sofort, dass dieses winzige, brüllende Bündel Glück Teil des menschlichen Familienverbandes und damit Teil der Familie des Hundes ist. Er versteht auch, dass ganz plötzlich das Baby sehr viel Aufmerksamkeit und er selbst kaum noch welche bekommt. Wie Sie sich vielleicht vorstellen können, kann dies eine Menge Probleme verursachen.

Ich war etwas überrascht, als ich eines Tages ans Telefon ging und Luke Stillman am Apparat hatte. Ich hatte Luke und seine Frau Barbara mehrere Jahre zuvor getroffen, als ihr Gordon Setter McGee an einem Besorgnis erregenden Fall von Trennungsangst litt. Es war ein recht unkomplizierter Fall gewesen und McGee war ziemlich schnell darüber hinweggekommen. Ich hatte nicht erwartet, je wieder von ihnen zu hören.

Luke erklärte, dass er und Barbara ihr erstes Baby erwarteten. Er hoffte, dass ich vorbeischauen und einige Fragen beantworten könnte, die sie beunruhigten.

„McGee scheint Kinder nicht besonders zu mögen," sagte Luke, als wir uns eine Woche später trafen. „Und Barbara ist deswegen krank vor Sorge."

Ich bin mehr als einmal gebeten worden, dabei zu helfen, Hunde auf das freudige Ereignis im Leben ihrer Besitzer vorzubereiten. Ich wünschte, mehr Leute würden auf diese Weise vorausdenken, ehe sie Babys und Hunde zusammenwürfeln, weil es genug Anpassungsschwierigkeiten gibt, über die man sich sorgen muss, wenn das Baby nach Hause kommt. Das Haustier fühlt sich bei der Familienumbildung oft verloren, was zu allem Überfluss auch noch zu Verhaltensproblemen führen kann.

„Ich möchte, dass McGee das Baby mag und sich nicht ausgeschlossen fühlt," sagte Barbara. „Ich will ihn nicht irgendwo einsperren müssen, weil wir beunruhigt sind."

„Es gibt keinen Grund dafür, dass Sie das tun müssten," sagte ich und begrüßte den Hund mit ein paar freundlichen Klapsen. „Aber Sie haben erwähnt, dass er Kinder nicht zu mögen scheint. Warum sagen Sie das?" Ich hatte mich plötzlich erinnert, dass McGee früher gegenüber einer Grundschule lebte. Wenn es eine Erfahrung gibt, die dazu führen kann, dass Hunde sich gegen Kinder wenden, ist es das unvermeidliche Necken durch den Zaun.

„Wir haben es kürzlich mit einem Baby und einem Kindergartenkind ausprobiert," fing Barbara an.

Ich hob die Augenbrauen und fragte: „Tatsächlich?" Wir redeten über menschliche Versuchskaninchen!

„Jaah, das Kindergartenkind war zu Besuch hier und McGee hat sich nicht besonders gut benommen. Er war in Ordnung, wenn Jordan sich hingesetzt hatte oder sich nicht bewegte..."

„Was hat er den Rest der Zeit über getan?" unterbrach ich.

„Nun ja, einmal hat er sogar nach Jordan geschnappt, als der herumrannte."

„Okay," sagte ich. Verständlich, aber nicht gut. „Und was war mit dem Baby?" Ich hatte beinahe Angst zu fragen.

„Tja," sagte Luke, „das war ganz interessant. Barbara hielt es, als sie auf der Couch saß. McGee kletterte geradewegs auf die Couch und beinahe auf die beiden drauf."

Barbara streichelte McGee, der zufrieden neben ihr lag. „Armer McGee," sagte sie. „Gar nicht eifersüchtig, nicht wahr?"

Die Geschichte, die ich gerade gehört hatte, war beunruhigend. McGee war offensichtlich sehr eng an Barbara gebunden und ebenso offensichtlich zeigte er Merkmale von Eifersucht. Man gebe ein Neugeborenes dazu und hat eindeutig ein Problempotenzial. Dennoch dachte ich, es würde nicht allzu schwer sein, McGees Verhalten zu ändern. Der Schlüssel war, wie ich wusste, ihn allem Neuen im Voraus auszusetzen: ich wollte, dass McGee sich völlig an den Anblick, die Geräusche und Gerüche von Babys gewöhnte, bevor das wirkliche Baby ins Haus kam. Zu dem Zeitpunkt würde er es als alten Hut betrachten. Keine Überraschungen.

Als Erstes bat ich die Stillmans, das Baby der Nachbarn noch einmal „auszuleihen“ und seine Babylaute aufzunehmen – das Gurgeln, Weinen, Schreien, Lachen und alles, was aus seinem Mund kam. Dann sollten sie es McGee etwa einmal am Tag sehr behaglich machen. Sie sollten das Band bei sehr geringer Lautstärke abspielen und ihn dabei die ganze Zeit streicheln. Welcher Hund könnte damit Probleme haben? McGee jedenfalls nicht.

Als Nächstes bat ich sie, die Babyausstattung anzuschaffen, falls sie das nicht schon getan hatten. Ich wollte nicht, dass McGee eines Tages erwachte und plötzlich merkte, dass Barbaras Büro weg war und all dieses neue Zeug seinen Platz eingenommen hatte. Wenn das Babyzimmer fertig eingerichtet war, sollten sie McGee auffordern, hineinzugehen und sich umzuschauen. Tatsächlich sollten sie ihn sogar ermutigen, dort zu schlafen, wenn er das wollte.

Danach, so riet ich ihnen, sollten sie eine dieser Puppen besorgen, die weinen, wenn man auf einen Knopf drückt. Die Idee war, McGee einen Eindruck von dem Anblick und den Geräuschen eines echten Babys zu verschaffen. Ich schlug außerdem vor, dass sie eine benutzte Windel von den Nachbarn borgen sollten. (Ich nahm an, dies war eine Leihgabe, die sie nicht würden zurückgeben müssen.) Hunde erfahren die Welt weitgehend durch ihren Geruchssinn. Wenn das Baby schließlich kam, würde dies ein weiteres Gebiet sein, auf dem McGee vorgewarnt war. Wiederum keine Überraschungen.

Als Teil des laufenden Programms sollten sie die verschiedenen Teile der Babyausstattung zu verschiedenen Zeiten und an verschiedenen Orten aufstellen oder benutzen, sagte ich. Jedes Mal, wenn McGee einem dieser Gegenstände ausgesetzt war, sollten sie ihn auffordern, sich ruhig hinzusetzen, und ihn streicheln, wenn er es tat. McGee schluckte all das, sagten sie mir bei einer unserer Nachbesprechungen am Telefon. Er war neugierig wegen all dieser Vorgänge, aber er schien sich bis dahin mit allem wohl zu fühlen.

Was McGee lernte, war, dass all diese Babygerüche, -anblicke und -geräusche völlig ungefährlich waren. Er kapierte außerdem, dass das Baby eine Person war, die er wie andere Menschen behandeln sollte. Dies diente dazu, sicherzustellen, dass er das Baby nicht als potenzielle Beute einordnete – ein seltenes Phänomen, aber eines, das vorkommt. Ich gab den Stillmans ein oder zwei Ratschläge darüber, das Baby und McGee nicht allein in einem Raum zu lassen – denselben Rat würde ich in Bezug auf jeden Säugling oder jedes Kleinkind und jeden Hund geben.

Ich ermunterte sie dazu, den Hund von allen Verantwortlichkeiten als Wachhund zu befreien, die zu übernehmen er möglicherweise ermutigt worden war. Die Leute glauben oft, es sei eine gute Idee, ihre Hunde darauf zu trainieren, Wachhund für die Kinder zu sein. Aber das kann ein gefährliches Spiel sein, weil Hunde nicht immer genau unterscheiden, wen sie beißen. Ich bat sie, den Hund nicht dafür zu belohnen, dass er Fremde anbellte oder -knurrte, zum Fenster raste, wenn er ein Geräusch hörte, oder sich zwischen Familienmitgliedern und Besuchern aufbaute. Diese Art von Verhalten sollte ignoriert oder korrigiert werden. Verhalten, das ruhig und friedlich war, sollte ermutigt und belohnt werden.

Die Stillmans waren die perfekten Klienten – bereit, alles zu versuchen und zu tun, um sowohl ihr Baby als auch ihren Hund zu beschützen. Nach meinem anfänglichen Besuch und ein paar nachfolgenden Anrufen hörte ich eine Weile nichts mehr von ihnen und nahm an, dass alles gut verlaufen war.

Mehrere Wochen später rief Luke an. Er erzählte mir, dass sie ein kleines Mädchen hatten. Ihr Name war Jillian und sie war erst seit einer Woche zu Hause.

Luke hatte sich in den sprichwörtlichen stolzen Vater verwandelt und konnte nicht aufhören, über das Baby zu reden. Ich ließ ihn ein paar Minuten gewähren, fragte mich aber die ganze Zeit, wie es McGee ging. Vielleicht war er am Ende doch vergessen worden?

„Und McGee benimmt sich einfach großartig," sagte Luke. „Er liebt das Baby einfach nur, daher gibt es überhaupt keine Probleme."

Endlich atmete ich auf. Eine Woche war vorbei und nur noch fünf oder sechs Jahre zu bewältigen. Ich gratulierte Luke und sagte ihm, er solle meine Telefonnummer nicht wegwerfen – nur für den Fall der Fälle.

Wenn Leute an Ereignisse denken, die die Emotionen eines Hundes aus dem Gleichgewicht bringen können, stellen sie sich normalerweise Dinge wie Misshandlungen, Ärgern oder einfach Vernachlässigung vor. Und in der Tat führt diese Art von „Überraschungen" oft zu ziemlich ernsten Verhaltensproblemen. Aber es ist wichtig, sich daran zu erinnern, dass Hunde anders als Menschen nicht alles verstehen, was um sie herum vor sich geht. Sie wissen zum Beispiel nicht, dass sie in eine Hundepension kommen, weil man nicht zu Hause sein wird, um sie zu füttern. Alles was sie wissen, ist, dass sie an einem Tag zu Hause sind und sich die Ohren kraulen lassen und am nächsten Tag ganz allein in einer fremden Umgebung gelassen werden und nicht die geringste Ahnung haben, warum. Aus diesem Grund können sich sogar kleine Veränderungen im Leben eines Hundes wie große Ereignisse anfühlen.

In den „zusammengesetzten" Familien von heute müssen Hunde mit mehr „Fremden" zurechtkommen als je zuvor – mit neuen Stiefeltern, Wochenendkindern, Mitbewohnern und anderen bedeutsamen Personen. Dies kann zu Problemen führen, weil der Hund nicht begreift, wer diese neuen Leute sind und, noch wichtiger, warum sie all diese Aufmerksamkeit bekommen. Eifersucht kann für Haustiere ebenso wie für Menschen eine gefährliche Emotion sein, wie Ross Cutler entdecken musste.

Ich kannte Ross schon einige Jahre, seitdem ich seinem Hund, einem schönen Akita namens Cheyenne, durch ziemlich harte Zeiten geholfen hatte, als sie in Ross' neues Zuhause in Atlanta zogen. Jetzt gab es ein anderes Problem. Ross' neuer Lebensgefährte Maxwell Hawkins war drei Wochen zuvor eingezogen und Cheyenne machte den beiden das Leben schwer.

„Er brauchte mir nicht bedingungslose Liebe entgegenzubringen oder sowas," sagte Max, als wir uns trafen. „Es würde mir reichen, wenn dieser Hund mich verdammt noch mal Guten Morgen sagen ließe, ohne mich zu beißen."

„Das ist nicht zu viel verlangt," stimmte ich zu.

Max war lange Zeit ein regelmäßiger Besucher des Hauses gewesen, bevor er eingezogen war, und Cheyenne schien nie etwas dagegen zu haben. Aber nachdem er erst einmal mit all seinen Habseligkeiten eingezogen war, begab sich Cheyenne auf den Kriegspfad. Sie stand, saß oder lag bei jeder Gelegenheit zwischen den beiden Männern.

Sogar während Ross und Max das Problem beschrieben, bemerkte ich, dass Cheyenne sich vom Kamin her heranschob. Sie bezog ruhig direkt vor Ross Stellung – ihre Art, uns ohne jeden Zweifel wissen zu lassen, dass Ross ihr und niemand anderem gehörte.

Ross hatte Cheyenne vor vier Jahren als Welpen bekommen und er hatte sie immer mit Aufmerksamkeit überschüttet. Ich wusste auch, dass Ross dazu neigte, Cheyennes natürliche Wachsamkeit zu fördern, sodass die gegenwärtige Situation nicht allzu überraschend war. Gleichzeitig konnte ich es Max nicht verdenken, dass er sich Sorgen machte. Cheyenne sah so aus, als müsse man sie ziemlich ernst nehmen, und Akitas waren noch nie eine Rasse, mit der man sich anlegen sollte.

Wenn Cheyenne nichts weiter getan hätte als Wache zu stehen oder sich zwischen die beiden Männer zu schieben, wäre die Situation nicht so ernst gewesen. Aber ich erfuhr, dass Cheyenne Max zweimal gebissen hatte. Bei mehr als einer Gelegenheit hatte sie geknurrt, als er versuchte, nachts ins Schlafzimmer zu kommen. Das belastete die Beziehung des Paares, um es vorsichtig auszudrücken. Ich fragte, was das Beißen ausgelöst habe.

„Letzte Woche spielte ich Fangen mit Cheyenne und sie wollte den Tennisball nicht hergeben," sagte Max. „Dabei biss sie mich. Mir war nicht klar, dass sie so besitzergreifend ist."

Tatsächlich passte dieses Verhalten gut zu dem, was sie geschildert hatten. Hunde können in Bezug auf ihre Spielzeuge äußerst emotional werden und es verwunderte nicht, dass ein alter Tennisball dazu diente, zwischen der Hündin und dem, den sie als menschlichen Eindringling betrachtete, einen Krieg ums Territorium zu entfachen. Offensichtlich betrachtete Cheyenne auch Ross auf fast die gleiche Weise als Teil ihrer „Besitztümer".

„Max, warum suchen Sie nicht ein paar neue Spielzeuge für Cheyenne aus?" fragte ich. „Das könnte dazu beitragen, eine eigene Beziehung mit ihr aufzubauen." Ich erzählte ihm von einem ziemlich neuen Spielzeug, das Buster Cube genannt wird und in das man Leckerchen hineinstecken kann. Wenn der Hund das Ding mit der Nase oder den Pfoten herumschiebt, fallen ab und zu kleine Stückchen des Futters heraus. Manche Hunde spielen stundenlang damit.

„Lassen Sie dies Zeug zum Tauziehen einfach im Laden," fügte ich hinzu.

„Keine Sorge," sagte Max.

Ich schlug außerdem vor, dass Max etwas echte Verantwortung für den Hund übernehmen sollte. Außer mit ihr zu spielen sollte er sie einen Teil der Zeit füttern. Es wäre auch gut, sie auszuführen – zuerst zusammen mit Ross, später allein.

„Und was kann ich tun?" fragte Ross. „Oder lassen?"

„Sie sollten Cheyenne die Verantwortung dafür abnehmen, Sie zu beschützen," sagte ich. „Und Sie sollten sie stets loben, wenn sie sich Ihnen und Max gegenüber fügsam zeigt."

Mit diesen Vorschlägen waren die beiden in der Lage, Cheyenne nach und nach dazu zu bringen, dass sie Max als vollkommen akzeptable Person im Haus ihrer Hauptbezugsperson ansah. Der Schlüssel war, dass Max, der „Eindringling", sich als Cheyennes Co-Besitzer etablieren musste. Als das irgendwann erreicht war, konnte Cheyenne ihrerseits teilweise Besitz von ihrem neuen Kumpel ergreifen.

Egal wie sehr wir versuchen, die Art und Weise zu ändern, in der sich Hunde in unseren Lebensstil einfügen, ist es am Ende doch immer der Hund, der die Wahl trifft, wie er sich anfänglich benehmen wird. Wir können damit einverstanden sein, es dabei bewenden lassen oder Schritte unternehmen, es zu ändern.

Ich wundere mich immer wieder über die bloße Anzahl der Dinge, die mit unseren vierbeinigen Freunden schiefgehen können. Wie sehr wir sie auch beschützen und verwöhnen, sehen sie sich doch Tag für Tag einer verwirrenden und stressigen Umwelt gegenüber, mit der ihre Vorfahren nie zurechtkommen mussten. Es liegt an uns, ihren Besitzern, ihnen dabei zu helfen, sich daran anzupassen.

Ich ziehe den Hut vor jenen Hundehaltern – wie den meisten, die ich in diesem Buch erwähnt habe –, die davon überzeugt sind, dass ihre Hunde ein erfülltes und glückliches Leben verdienen, und bereit sind zu tun, was immer nötig ist, um jedes Problem zu lösen, das auftauchen mag. Wir wissen in unserem Herzen, dass unsere treu ergebenen Hunde dasselbe für uns tun würden, wenn sie könnten. Und dafür sind beste Freunde da.

Service

Zum Weiterlesen

Beck, Peter: Das Beste für meinen Hund. Profitipps für Hundefreunde. Kosmos, Stuttgart 2000.

Donaldson, Jean: Hunde sind anders ... Menschen auch – So gelingt die Verständigung zwischen Mensch und Hund. Kosmos, Stuttgart 2000.

Durst-Benning, Petra und Carola Kusch: Der große Spiele-Spaß für Hunde. 60 Spiele für drinnen und draußen. Kosmos, Stuttgart 1997.

Feddersen-Petersen, Dr. Dorit: Hunde und ihre Menschen. Sozialverhalten, Verhaltensentwicklung und Hund-Mensch-Beziehung als Grundlage von Wesenstests. Kosmos, Stuttgart 2001.

Feddersen-Petersen, Dr. Dorit: Hundepsychologie. Wesen und Sozialverhalten. Kosmos, Stuttgart 2000.

Feltmann-von Schroeder, Gudrun: Welpentraining mit Gudrun Feltmann. Der gute Start. Kosmos, Stuttgart 2000.

Harries, Brigitte: Ein Welpe kommt ins Haus. Kosmos, Stuttgart 1995.

Harries, Brigitte: Hundesprache verstehen. Kosmos, Stuttgart 1998.

Hoefs, Nicole und Petra Führmann: Das Kosmos-Erziehungsprogramm für Hunde. Kosmos, Stuttgart 1999.

Hoefs, Nicole und Petra Führmann: Das Kosmos-Erziehungsprogramm für Hunde. Video. Kosmos, Stuttgart 2001.

Jones, Renate: Welpenschule leichtgemacht. Kosmos, Stuttgart 1997.

Kejcz, Yvonne: Hundehaltung. Kosmos, Stuttgart 2001.

Kejcz, Yvonne: Unser Hund wird alt. Kosmos, Stuttgart 1994.

Pietralla, Martin: Clickertranining für Hunde. Kosmos, Stuttgart 2000.

Pryor, Karen: Positiv bestärken, sanft erziehen. Die verblüffende Methode, nicht nur für Hunde. Kosmos, Stuttgart 1999.

Ross, John und Barbara McKinney: Hunde verstehen und richtig erziehen. Kosmos, Stuttgart 1994.

Schöning, Dr. Barbara: Hundeverhalten. Verhalten und Körpersprache verstehen; Welpenentwicklung optimal fördern; Probleme vermeiden. Kosmos, Stuttgart 2001.

Tellington-Jones, Linda: Tellington-Training für Hunde. Das Praxisbuch zu TTouch und TTeam. Kosmos, Stuttgart 1999.

Tellington-Jones, Linda: Tellington-Training für Hunde. Video. Kosmos, Stuttgart 2001.

Winkler, Sabine: Hundeerziehung. Sanfte Erziehung von Anfang an; Hundesprache verstehen; Probleme effektiv lösen. Kosmos, Stuttgart 2000.

Winkler, Sabine: So lernt mein Hund. Der Schlüssel für die erfolgreiche Erziehung und Ausbildung. Kosmos, Stuttgart 2001.

Register